O Brasil na Guerra das Malvinas

JOÃO ROBERTO MARTINS FILHO

O Brasil na Guerra das Malvinas

Entre dois fogos

alameda

Grafia atualizada segundo o Acordo Ortográfico da Língua Portuguesa de 1990, que entrou em vigor no Brasil em 2009.

Edição: Haroldo Ceravolo Sereza/ Joana Monteleone
Projeto gráfico, diagramação e capa: Maria Beatriz de Paula Machado
Assistente acadêmica: Tamara Santos
Revisão: Alexandra Colontini
Imagem de capa: U.S. Navy, Public domain, via Wikimedia Commons.

CIP-BRASIL. CATALOGAÇÃO NA PUBLICAÇÃO
SINDICATO NACIONAL DOS EDITORES DE LIVROS, RJ

M343b

Martins Filho, João Roberto
O Brasil na Guerra das Malvinas : entre dois fogos / João Roberto Martins Filho. - 1. ed. - São Paulo : Alameda, 2022.
318 p. ; 23 cm.

Inclui bibliografia
ISBN 978-65-5966-109-1

1. Malvinas, Guerra das, 1982. 2. Malvinas, Guerra das, 1982. - História diplomática. 3. Brasil - Relações exteriores. I. Título.

22-77510 CDD: 997.11
CDU: 94(829.1)

Alameda Casa Editorial
Rua 13 de Maio, 353 – Bela Vista
CEP 01327-000 – São Paulo, SP
Tel. (11) 3012-2403
www.alamedaeditorial.com.br

A João Luiz Pacini Costa
(*In memoriam*)

Sumário

Siglas e abreviaturas

ADIEX Adido do Exército
AFP Agência France Press
AIEA Agência Internacional de Energia Atômica
Alte Almirante
AMREB Arquivo do Ministério das Relações Exteriores Brasília
BBC British Broadcasting Corporation
BRASEMB Embaixada do Brasil
CAL Comisión de Asesoriamento Legislativo
CBRI Conselho Brasileiro de Relações Internacionais
CDU Christlich Demokratische Union
CENIMAR Centro de Informações da Marinha
CEE Comunidade Econômica Europeia
CIE Centro de Informações do Exército
CISA Centro de Informações da Aeronáutica
CONADEP Comisión Nacional sobre la Desaparición de Personas
CS Conselho de Segurança
CSN Conselho de Segurança Nacional
CP-OEA Conselho Permanente da Organização dos Estados Americanos
CTA Centro Tecnológico da Aeronáutica
DAA Departamento das Américas
DC District of Columbia
DCDSI Estado-Maior de Defesa (Inteligência)
DELBRASONU Delegação do Brasil na Organização das Nações Unidas

DELBRASUPA Delegação do Brasil na Organização dos Estados Americanos (antiga União Pan-American)
DSI Divisão de Segurança e Informações do Ministério das Relações Exteriores
DSGE Direction Générale de Sécurité Exterieur
ECM Electronic Countermeasure
EMC Estado Mayor Conjunto
EME Estado-Maior do Exército
EMGE Estado Mayor General del Ejército
ESMA Escuela Superior de Mecánica de La Armada
FAA Fuerza Aérea Argentina
FAB Força Aérea Brasileira
FAP Fuerza Aérea Peruana
FCO Foreign and Commonwealth Office
FT Força-Tarefa
GATT General Agreement on Tariffs and Trade
Gen General
HMS Her Majesty Service
ICRC International Committee of the Red Cross
JB Jornal do Brasil
JSCSC Joint Services Command and Staff College
MDB Movimento Democrático Brasileiro
MEZ Maritime Exclusion Zone
MOD Ministry of Defence
MP Member of Parliament
MRE Ministério das Relações Exteriores
MTF Margaret Thatcher Foundation
NAE Navio-Aérodromo
NCAM Navio de Controle de Área Marítima
NAK National Archives Kew
OD (SA) Overseas Committee (South Atlantic)
OC-OEA Orgão de Consulta da Organização dos Estados Americanos

OEA Organização dos Estados Americanos
ONU Organização das Nações Unidas
OTAN Organização do Tratado do Atlântico Norte
PMDB Partido do Movimento Democrático Brasileiro
PC Privy Council
PCUS Partido Comunista da União Soviética
POW Prisoner of War
PRM Programa de Reaparelhamento da Marinha
PT Partido dos Trabalhadores
PUSS Permanent Under-Secretary of State)
RAF Royal Air Force
RFA República Federal da Alemanha
SAPU South Atlantic Presentation Unit
SAS Special Air Service
SAM Surface-to-Air Missile
SBS Special Boat Services
SG Secretário-Geral
SIAN Sistema de Informações do Arquivo Nacional
SNI Serviço Nacional de Informações
SPD Sozialdemokratische Partei
TFP Sociedade Brasileira de Defesa da Tradição Família e Propriedade
TIAR Tratado Interamericano de Assistência Recíproca
UCR Unión Cívica Radical
UKE United Kingdom Embassy
UPI United Press International
URSS União das Repúblicas Socialistas Soviéticas
VTOL Vertical Take-Off and Landing
ZEM Zona de Exclusão Marítima

Os sentidos da guerra

No final de julho de 1982, cerca de seis semanas depois da rendição argentina nas Malvinas/Falklands,[1] o ministro-conselheiro da embaixada brasileira em Londres, Rache de Almeida, enviou ao Itamaraty, em Brasília, um telegrama muito bem redigido. No dia anterior, informou ele, tinha sido realizado na catedral de St. Paul "o serviço de ação de graças, programado pelo governo como uma cerimônia de glorificação dos feitos britânicos nas Malvinas". Visto oficialmente como ponto alto das comemorações pela vitória, o culto seguia-se "à semana em que, de forma cuidadosamente escalonada, foram retornando os navios envolvidos na campanha para serem recebidos ao som de bandas militares". O diplomata explicava: "com isso, o governo mantinha vivo o ressuscitado sentimento nacionalista e imperialista que produziu uma recuperação sem precedentes na popularidade de Thatcher e do Gabinete". Uma parada estava prevista para outubro.[2]

Mas o arcebispo de Canterbury fugiu ao script. Após abrir a cerimônia com uma menção à "coragem e à resistência daqueles que lutaram no Atlântico Sul deixou claro que esse não era, e não poderia ser, o tema central de sua alocução". Em vez disso, o chefe da Igreja Anglicana preferiu enfatizar "temas como

1 Empregaremos a partir daqui esse termo para designar as ilhas, exceto ao tratar-se de citação de documentos ou autores, nas quais se respeitará o termo original. No Brasil, os textos oficiais e a imprensa empregavam o nome usado pelos argentinos. A pesquisa que deu origem a este livro foi apoiada pelo Conselho Nacional de Pesquisa Científica (CPNQ) na modalidade Bolsa de Produtividade em Pesquisa.

2 Telegrama 1059, Embaixada em Londres para Exteriores, 27-7-82, em BR DFANBSB Z4.REX.IPS.231, Fundo: Divisão de Segurança e Informações do Ministério das Relações Exteriores, SIAN. Acesso em 23 de abril de 2021.

a compaixão e a dor pelas perdas sofridas". Uma frase resumiu o tom de seu sermão: "a Guerra é sinal do fracasso humano e, seja o que for que dissermos ou falarmos neste serviço, deve se colocar nesse contexto".

A atitude do religioso ganhou as manchetes da imprensa londrina, continuava o diplomata. O *Daily Telegraph* anunciou, referindo-se ao arcebispo: "Dr. Runcie irrita os Tories" (ou seja, os conservadores). Já o *Times* imprimiu: "Little rejoicing in Falklands services" ("pouco regozijo na missa"). O título era uma referência irônica a uma das tiradas mais famosas de Thatcher, recriminando a imprensa por uma suposta postura pessimista, após um dos primeiros feitos militares britânicos: "Rejoice, rejoice".[3]

Diante do sermão inesperado, a premiê não se manifestou, mas seu marido deixou escapar que ela estava "cuspindo sangue". O deão da catedral de Saint Paul, responsável pela organização do serviço religioso, respondeu que as críticas dos conservadores eram feitas por pessoas que tinham "se enganado totalmente sobre o papel da Igreja Cristã". O telegrama do ministro-conselheiro encerrava lembrando que os ataques à Igreja seguiram-se aos efetuados aos meios de comunicação, "em particular à BBC". E concluía: "no momento atual, o objetivo é afogar sob a onda patriótica qualquer crítica à atuação do governo".

A guerra das Malvinas/Falkands colocou em choque dois governos de direita. Referindo-se aos anos 1979-1990 em seu país o historiador marxista Eric Hobsbawn escreveu:

> a era Thatcher foi o mais próximo a uma revolução política, social e cultural no século XX, e não para melhor. Armada com o poder menos controlado e mais centralizado à disposição do governo em qualquer democracia eleitoral, tratou de destruir tudo que estivesse no caminho de uma perversa combinação entre a maximização dos lucros da empresa privada e a afirmação nacional, ou, em outras palavras, ambição e jacobinismo (Hobsbawm, 2002, p. 303).

3 Em suas memórias, o ex-premiê trabalhista James Callaghan (1976-79), considerou o confronto nas Malvinas "uma guerra desnecessária" (1987, p. 371).

No polo oposto do espectro ideológico britânico, o professor de Oxford e especialista em assuntos estratégicos Michael Howard deixou sobre a líder britânica os seguintes apontamentos: "Eu continuei a ser convidado para os seminários em Chequers[4] e considerava a Primeira-Ministra amigável e cortês. Mas ela não era uma companhia fácil, carente como era de qualquer senso de humor e cada vez mais impermeável a novas ideias. Às vezes, ela podia ser realmente assustadora". Em seguida, relembra a forma imperial com que a premiê dirigiu uma das reuniões com seus conselheiros, todos servidores públicos com exceção dele próprio e de mais um docente. E depois disso conclui: "enquanto observava aquele perfil perfeito, a tez aveludada e o cabelo louro impecável, eu pensei na sorte que tínhamos de contar com os *checks and balances* da Constituição para impedi-la de arrastar todos nós para fora e nos executar ali mesmo" (Howard, 2006, p. 193).

A brincadeira contida na última frase adquiria conotações sombrias se pensamos na Argentina de 1982, onde não havia democracia, Constituição ou *checks and balances*. A marca distintiva do Processo de Reorganização Nacional, inaugurado com o golpe de março de 1976, foi a profunda e inédita militarização do Estado. No cume da estrutura de poder estavam duas instituições castrenses: a Junta, composta pelos comandantes das três forças armadas e a Presidência da Nação. À primeira cabiam a designação do Presidente e dos membros da Comissão de Assessoramento Legislativo (CAL), bem como o comando das FFAA, a prerrogativa de declarar guerra e decretar o estado de Sítio, além da nomeação dos juízes da Corte Suprema, cujos membros tinham sido afastados com o golpe. O órgão era formado por três oficiais-generais de cada força. Com o fechamento do Congresso Nacional e a suspensão dos partidos políticos, passou a ser o aparelho onde se faziam as leis. Ao presidente cabia escolher ministros, governadores e juízes comuns. A princípio estava previsto que ele seria um "quarto homem" no esquema de poder, pois não poderia pertencer à Junta. Mas desde o início isso não ocorreu. O primeiro ditador do Processo, general Jorge Rafael Videla, foi presidente até 29 de março de 1981 e comandante em chefe do Exército e integrante da Junta Militar até 31 de julho de 1978. Entre Videla e Galtieri foi presidente *de facto* o general

---

4 Chequers é a residência de campo oficial dos primeiros-ministros britânicos.

Roberto Viola. A complexa estrutura, concebida para impedir a personalização da chefia e as divisões internas nas Forças Armadas, marcas dos regimes ditatoriais anteriores na Argentina, não conseguiu evitar nem aquela nem estas. Desde o início da crise das Malvinas/Falklands, a presidência Galtieri seria exemplo disso (Novaro & Palermo, 2007, p. 59-67).

Como se verá, no Reino Unido, a ideia de que a ação nas ilhas no início de abril de 1982 foi orquestrada por uma ditadura militar fez parte central da operação de relações públicas que garantiu amplo apoio ao governo Thatcher, na resposta que se seguiu, em defesa da democracia. Mas o tipo de reação quase unânime que a "retomada das Malvinas (a "invasão", na linguagem britânica) despertou na Argentina foi para o resto do mundo surpreendente, principalmente por incluir a oposição política, do centro à esquerda.[5] A postura de simpatia diante da atitude bélica da ditadura tinha motivações profundas. Como afirmaram Marcos Novaro e Vicente Palermo (2007, p. 539-40),

> a excepcional densidade política da questão Malvinas descansa, antes de qualquer coisa, em sua vastíssima popularidade: ela estava profundamente enraizada na sociedade argentina como causa nacional. Dessas raízes se alimentava a obsessão *malvineira* dos militares, para os quais a relevância da questão, assim como a perfeição da posição argentina no conflito, era simplesmente artigo de fé.

Os mesmos autores, depois de examinar a enxurrada de manifestações favoráveis de todo o espectro político ao desembarque nas ilhas, anotam: "a causa das Malvinas passou no teste: o apoio dos argentinos estava além do bem e do mal de quem as recuperasse. A reação espetacularmente entusiástica se expressou tanto no cidadão comum como nas organizações civis" (Novaro & Palermo, 2007, p. 577).

5 Ver a excelente análise de Novaro e Palermo (2007: 574 e segs.), dialogando com as concepções de Benedict Anderson, sobre o componente territorialista do "nacionalismo dos argentinos": "como interpelação nacionalista, o territorialismo é muito poderoso: intuitivamente compreensível, apresenta-se como uma missão do Estado por excelência; o território, silencioso, fala como a voz da nação e corrobora a unidade e a harmonia que os nacionalismos postulam".

Neste trabalho, o fio condutor será a correspondência diplomática que desvenda os bastidores da participação brasileira na crise, bem como os relatórios militares que acompanharam, no calor da hora, a evolução dos acontecimentos. Embora o autor tenha procurado contextualizar os textos oficiais, recorrendo à literatura sobre a guerra, seja do ponto vista militar ou político, a depoimentos orais e memórias de diplomatas e chefes militares e a matérias de imprensa, o leitor não encontrará aqui uma história da guerra, mas a forma como ela apareceu nos papéis, brasileiros e britânicos, muitos deles secretos ou ultra-secretos. Por fim, os documentos devem ser tomados pelo que são – parte de um discurso controlado sobre os acontecimentos – e não como expressão pura e simples da verdade. Mas parece difícil negar a importância das fontes oficiais na revelação dos bastidores da crise, ou seja as avaliações intramuros e os processos decisórios dos governos brasileiro e britânico, no calor dos acontecimentos.

A pesquisa foi realizada presencialmente em dois arquivos: o do Ministério das Relações Exteriores em Brasília (AMREB) e o dos Arquivos Nacionais, situados em Kew (NAK), no sul de Londres. Além disso, no Brasil, a lei 12.257 de 18 de novembro de 2011, conhecida como Lei de Acesso à Informação, publicada no governo Dilma Rousseff, abriu à consulta amplo acervo de documentos de órgãos como o Conselho de Segurança Nacional (CSN) e a Divisão de Segurança e Informações (DSI) do Ministério das Relações Exteriores. Digitalizadas, essas fontes, que continuam a ser gradualmente publicadas, estão acessíveis na página do Sistema de Informações do Arquivo Nacional (SIAN) na Internet.[6] Da mesma forma, a Margaret Thatcher Foundation (MTF) disponibilizou uma quantidade apreciável de documentos, muitos deles liberados graças a petições da própria fundação, baseados no Freedom of Information Act, de 30 de novembro de 2000.[7]

6 Documentos argentinos e americanos foram revelados em obras jornalísticas como as de Yofre (2011) e Cardoso, Kirschbaum, & Kooy (2012). Gostaria de agradecer ao amigo Marcelo Godoy por ter encontrado no SIAN justamente as séries de documentos diplomáticos, a correspondência entre as embaixadas brasileiras e a Chancelaria, que eu não encontrara no arquivo físico do Itamaraty.

7 Além disso, a partir do aniversário de 30 anos da guerra, a imprensa britânica e a brasileira começaram a revelar papéis recém-liberados nesses acervos. Ver, por

Com base nesse material, nossa análise cria condições para reexaminar temas gerais enfrentados por estudiosos da política externa brasileira que examinaram o tema da crise das Malvinas/Falklands, sobretudo o caráter da "neutralidade" do governo de João Figuereido.[8] Mas permite também revelar, pela primeira vez, episódios até aqui desconhecidos, ou novas informações sobre aspectos já conhecidos do conflito. Entre eles, podemos adiantar: o papel do ministro da Marinha brasileira no atendimento ao pedido dos britânicos para que nossos navios ficassem longe da trajetória da força-tarefa rumo ao sul; a precoce preocupação de nosso país com o emprego de submarinos nucleares britânicos no Atlântico Sul; a recepção dada por oficiais da FAB, na Base Aérea do Galeão, à tripulação do bombardeiro Vulcan, após o pouso de emergência no Rio de Janeiro; o destino do míssil acoplado a essa aeronave; a postura do Brasil diante do caso do infame oficial argentino que se rendeu sem resistência nas Ilhas Geórgia do Sul e, finalmente, as conversas mantidas pelo presidente Figueiredo em sua visita aos Estados Unidos de Ronald Reagan, em pleno conflito, segundo aparecem nas anotações do governo brasileiro.[9]

Quanto ao caráter da neutralidade brasileira, os textos oficiais fornecem dados novos sobre as visões do Itamaraty e do Foreign Office quanto à posição do Brasil diante do conflito; um capítulo é dedicado a um crucial parecer jurídico do MRE, no contexto do episódio que mais afetou as relações entre Brasil e Grã-Bretanha naqueles meses: a retenção do avião Vulcan por algum

exemplo, José Casado e Eliane Oliveira, "País temia um conflito de 'grandes proporções' nas Ilhas Malvinas" e "Ilhas Malvinas: Brasil apoiou tráfico de armas para a Argentina", *O Globo*, 21 de abril de 2012.

8 A literatura acadêmica raramente evita essa questão, ver, por exemplo, Marcelo V. Walsh (1997); Tomaz Espósito (2005); Geisa Franco (2008); João Nackle Urt (2009); Carlos Eduardo Vidigal (2007) e Luiz A. Moniz Bandeira (2012). Uma das exceções é Osvaldo Coggiola (2014:146), para quem não houve neutralidade, porque "o governo do Brasil teve uma política de capitulação diante do ataque anglo-ianque".

9 Na ocasião, o general disse ao presidente que era preciso evitar a todo custo o emprego dos termos "junta" e "ditadura" ao tratar do governo argentino, enquanto o presidente disse que a disputa em torno das Malvinas era "ridícula e não valia mesmo a vida de um homem".

tempo em solo brasileiro para atender a pedido da Argentina, para indignação da premiê Margaret Thatcher.

Entre as evidências encontradas há avaliações pitorescas, como a do embaixador do Reino Unido no Brasil – "o presidente Figueiredo tem um viés pessoal a favor da Argentina, proveniente de seu anos de juventude passados em Buenos Aires" – ou ferinas, como, nas palavras do mesmo diplomata: "os brasileiros não gostam particularmente do regime de Galtieri, que encaram como impopular, opressivo e incompetente". Mas a visão dominante na diplomacia e no governo britânicos foi a de que o Brasil pendia para a Argentina, porque as relações com o vizinho eram mais importantes que as com o parceiro europeu. Não faltaram, nesse quadro, exemplos de impaciência, não só dos diplomatas como da própria chefe de governo, com as atitudes de Brasília.

A necessidade de caracterizar nossa postura surgiu precocemente, com o conflito ainda em andamento. O sociólogo Hélio Jaguaribe referiu-se à "neutralidade favorável", o embaixador Harding mencionou nosso "não envolvimento angustiado" (*anguished non-involvement*) enquanto o ministro-conselheiro da embaixada britânica falou em "imparcialidade-pendente-em-favor-da-Argentina". O mesmo diplomata mencionou o Brasil como "uma influência a favor da sanidade e da contenção na América Latina". No âmbito do Conselho de Segurança Nacional brasileiro, definiu-se nossa postura como de "não-engajamento ostensivo", com a explicação: "não é equidistante, e muito menos neutra, uma vez que apoiamos a reivindicação argentina sobre as Ilhas". Enfim, o documento já mencionado da assessoria jurídica do Itamaraty discutiu, com base na literatura do Direito Internacional, os conceitos de neutralidade "imperfeita", "benevolente" e "estrita", como veremos num capítulo específico.

É possível verificar nos documentos do governo ditatorial de João Figueiredo a importância do contexto da guerra fria, num momento em que a política americana de Reagan a fazia ingressar numa nova e final etapa de radicalização. Nesse quadro, como aparecerá mais adiante, militares e diplomatas brasileiros se preocuparam com a perspectiva de que a ditadura militar anticomunista argentina recorresse à União Soviética ou se aproximasse de Cuba, para evitar a derrota militar. Independente do caráter real da ameaça soviética, ela se fez presente como possibilidade. Na linguagem do governo brasileiro, a crise poderia transformar uma questão bilateral numa ameaça "à própria segurança do Ocidente".

A isso se associou a preocupação com a possível ascensão no país vizinho de um regime militar "peruanista" (nacionalista de esquerda) ou de um governo que desse espaço à volta de "correntes esquerdistas de várias colorações", para usar uma expressão do Estado-Maior do Exército. O que menos se enxergou à época foi o que acabou ocorrendo: o colapso do regime dos generais, sua desmoralização interna e o surgimento da possibilidade, depois de um processo de avanços e recuos que durou décadas, de julgamento e condenação dos generais que levaram a Argentina à aventura militar nas ilhas.

Por fim, sucessivos telegramas da embaixada em Londres à Chancelaria, procuraram avaliar o impacto da resposta de Thatcher ao desembarque argentino nas ilhas, em termos de seu fortalecimento político interno, ou como "extraordinária oportunidade não só para manter a oposição na defensiva, dentro de um clima de união nacional, como para recuperar prestígio na opinião pública". Desta vez, com acerto. Anos depois, o jornalista Hugo Young, no livro que o próprio Campos considerou o melhor relato daqueles anos, escreveu: "Na história política de Margaret Thatcher a guerra desempenhou o papel de um triunfo indubitável. Por ter terminado em uma grande vitória, a oito mil milhas de casa, tornou sua posição inatacável, tanto no partido como no país. Garantiu-lhe o que antes não estava assegurado: um segundo período no governo" (Young, 1993, p. 258).

A surpresa

Em suas *Lembranças de um empregado do Itamaraty*, o chanceler brasileiro Ramiro Saraiva Guerreiro definiu como "uma das raríssimas surpresas" de sua longa carreira diplomática a notícia de que a Argentina "*invadira* e ocupara militarmente as Malvinas" (grifo nosso), a 2 de abril de 1982. O ministro do governo João Figueiredo (1979-1985) estava em Nova York, na escala da volta de sua viagem oficial à China, quando recebeu as novas (Guerreiro, 1992, p. 101). Em Brasília, exercia interinamente seu cargo o secretário-geral do ministério, João Clemente Baena Soares. Em suas próprias memórias, *Sem medo da diplomacia*, ele também viu como inesperada a notícia do desembarque argentino, mas não totalmente. E explicou: "havia certas inquietações. Mas nós achávamos que o bom senso iria prevalecer" (Soares, 2006, p. 53). Já a premiê britânica Margareth Thatcher anotou em *The Downing Street Years*: "A guerra foi muito repentina. Ninguém previu a invasão argentina com mais do que poucas horas de antecedência" (Thatcher, 1993, p. 173).[1]

Apenas no último dia de março, os britânicos conseguiram decifrar mensagens comprovando que uma importante força naval estava se aproximando das Falklands (Middlebrook, 2012, cap. 3). Na manhã de primeiro de abril, o embaixador dos Estados Unidos em Buenos Aires, Harry Shlaudeman, procurou o ditador Leopoldo Galtieri e perguntou-lhe à queima roupa sobre a possibilidade de que houvesse uma ação militar nas ilhas. A resposta foi a esperada: o autocrata disse que não. No mesmo dia, o presidente Ronald Reagan passou horas tentando falar ao telefone com ele. Só o conseguiu depois das 22.00, horário argentino, por insistência do chanceler Costa Méndez, que con-

1 As traduções foram feitas pelo autor.

venceu Galtieri a finalmente atender às insistentes chamadas de Washington: "General, é o presidente dos Estados Unidos. Se Brejnev fala com ele, o senhor não pode negar-se".[2] Referia-se ao líder da União Soviética entre 1964 e 1982.

Reagan escreveu então a sua aliada britânica:

> Cara Margaret,
> Acabei de conversar longamente com o general Galtieri sobre a situação nas Falklands. Transmiti-lhe minha preocupação pessoal sobre a possibilidade de uma invasão argentina. Disse-lhe que iniciar operações militares contra as Ilhas Falkland comprometeria seriamente as relações entre os EUA e a Argentina e insisti que evitasse ação ofensiva. (...) O general ouviu minha mensagem mas não me ofereceu nenhum compromisso de que a atenderia, falou em termos de ultimatos e me deixou com a clara impressão de que embarcara na rota de um conflito armado (Rentschler, 1982).[3]

Poucas horas depois da mensagem, às 4.30 do dia 2 de abril, hora local, comandos argentinos desembarcaram na ilha East Falklands/Soledad, a pouca distância da capital Port Stanley (renomeada Puerto Argentino no dia 21 de abril); cinco horas depois, o governador da ilha se rendeu. Na própria Argentina, quase todos foram pegos de surpresa com a notícia. "O governo militar fizera da operação um tema hermético, programado e decidido por uma elite", pode-se ler numa obra clássica sobre o conflito, publicada originalmente em 1983 (Cardoso, Kirschbaum, & Kooy, 2012, posição 2101). Segundo Novaro e Palermo (2007, p. 558), só nove autoridades da ditadura militar sabiam da decisão de tomar as ilhas.

---

2 Para a minuta do diálogo entre os dois mandatários, ver Cardoso, Kirschbaum & Kooy, 2012, capítulo "Buenos días, argentinos". Na mesma mensagem, Reagan deixou claro a Thatcher que os EUA não ficariam neutros se a Argentina recorresse à força militar.

3 O Diretor de Assuntos de Europa Ocidental do Conselho de Segurança Nacional dos EUA diz ter sido o autor da mensagem. Ver *James Rentschler's Falklands diary, 1 April-25 June 1982*, Thursday 1 April 1982, disponível na página da Margaret Thatcher Foundation: https://www.margaretthatcher.org. Acesso em 17 de fevereiro de 2020.

Nos meses que antecederam o dois de abril, em várias ocasiões, os diplomatas brasileiros estiveram frente a frente com autoridades e diplomatas da Argentina e do Reino Unido. Resta saber se alguma coisa transpirou aí sobre a questão das ilhas e, mais especificamente, sobre a intenção de invadi-las. A primeira dessas oportunidades foi a audiência de Thatcher a Saraiva Guerreiro, quando da visita do chanceler a Londres, em primeiro de dezembro de 1981, quatro meses antes do desembarque argentino, no gabinete da premiê, em 10 Downing Street.[4] Segundo os documentos britânicos, nada foi mencionado sobre as ilhas. A minuta preparada pelo Foreign Office, para uso da governante listava como temas relevantes a serem tratados com o chanceler: relações bilaterais, convite ao presidente Figueiredo para visita oficial a Londres, relações comerciais, economia brasileira e relações econômicas com os países desenvolvidos.[5] O registro posterior sobre a audiência comprova que esses efetivamente foram os temas da conversa.[6]

Um pouco antes, o chefe do Itamaraty tinha se encontrado com sua contraparte britânica, o Secretary of State for Foreign and Commonwealth Affairs (ou, de forma abreviada, Foreign Secretary), Lorde Carrington, também em retribuição à visita oficial deste ao Brasil, a primeira na história. Desta vez, o tema das ilhas apareceu:

---

4 A visita foi uma retribuição à viagem do chanceler britânico Lorde Carrington ao Brasil, em julho daquele ano; o encontro ocorreu em reciprocidade à audiência que o presidente Geisel concedeu ao britânico.

5 O Foreign and Commonwealth Office (FCO), ao qual nos referiremos como Foreign Office, seguindo o costume, foi criado em 17 de outubro de 1968, a partir da junção dos antigos Colonial Office e Foreign Office.

6 "No 10 record of conversation (MT-Foreign Minister of Brazil, Guerreiro)", 1981 Dec 1, PREM19/393 f2, MTF. No perfil de Guerreiro elaborado pelo Foreign Office, este era descrito como "rather introvert", "shrewd and rapid in his understanding of a point" e "highy respected". Por seu hábito de fechar os olhos enquanto escutava seus interlocutores, tinha o apelido de "Soneca". "FCO briefing for nº 10 (Brazilian Foreign Minister)", 1981 Nov 26, PREM 19/393 f4, MTF. Nos documentos digitais da Fundação Thatcher seguiremos a sua forma de datação própria. Ambos com acesso em 13 de fevereiro de 2020.

> (ele) mencionou-me, sem se demorar, a questão das Falklands que considerava de baixa prioridade para seu país, mas reconhecia que os habitantes do arquipélago conseguiram sensibilizar a Câmara dos Comuns para suas posições. Pareceu-me querer resolver o assunto, mas sem que pudesse ser atendida a tese argentina. Fiz comentários a respeito, de ordem geral, propiciatórios de negociações entre os dois países amigos. E ficou nisso. (Guerreiro, 1992, p. 100)

No começo de março de 1982, foi a vez do chefe do Itamaraty receber em Brasília o chanceler Nicanor Costa Méndez. Era a primeira entrevista dos dois, desde que Méndez substituíra, em 12 de dezembro último, Oscar Camilion, embaixador argentino no Brasil de 1976 a 1981, muito estimado por aqui. Nessa altura, o desembarque de um grupo de trabalhadores argentinos, a 19 de março, em Leith, no arquipélago da Geórgia do Sul, aumentara a tensão entre o Reino Unido e a Argentina.[7] Em um dos incidentes mais obscuros da novela Falklands, os ingleses acusaram os argentinos de infiltrar fuzileiros navais disfarçados na equipe de civis encarregados de remover sucata deixada ali pela Compañia Argentina de Pesca. Um navio-transporte da Marinha argentina foi usado na operação. O hasteamento da bandeira azul celeste, presenciada por membros do British Antarctic Survey, concentrou a indignação na imprensa e no Parlamento londrinos. A reação da Grã-Bretanha, com o envio do navio *Endurance* para desalojar os argentinos, parece ter surpreendido a ditadura militar. Para três autores argentinos já citados, "o ocorrido nas Geórgias foi o primeiro ato do drama em escalada que culminou na guerra argentino-britânica" (Cardoso, Krschbaum, & Kooy, 2012, posição 1510).

A embaixada do Reino Unido em Brasília informou o Foreign Office sobre os resultados da visita, no dia mesmo em que Méndez deixou nosso país: "Até onde sabemos, a questão das Falklands não foi mencionada". O despacho avisou provisoriamente que o tema central do encontro foi a questão da guerrilha centro-americana, o que teria exposto as divergências entre os dois países, dada a postura não intervencionista do Brasil e seu distanciamento relativo das

---

7 Ver "La versión naval: el plan de las Georgias. La Operación Davidoff y el Grupo Alfa. Los planes de la Armada" (Yofre, 2012).

posições do governo Reagan.[8] O relato de Sir George William Harding foi respondido de imediato por Robin Fearn, chefe do Departamento de América do Sul do FCO, que pediu a Brasília que sondasse os brasileiros sobre uma eventual solicitação de ajuda no estabelecimento de ligações marítimas entre as ilhas e o continente.[9] "Estamos considerando ativamente planos de contingência, em caso dos argentinos retirarem os serviços" (de transporte aéreo), dizia o documento. Se as circunstâncias políticas impedissem essa alternativa, sobraria apenas a decisão de ligar as ilhas diretamente ao Reino Unido.

Vale dizer, às vésperas da ação argentina, Londres parecia estar prevendo um agravamento da crise mas não uma "invasão", pois nesse caso a hipótese de boa vontade do Brasil parecia muito improvável. Três dias antes, a embaixada em Brasília telegrafou a Londres para informar: "Os brasileiros estão mostrando um vivo e compreensível interesse na evolução do incidente da Geórgia do Sul. Uma vez que nosso objetivo aqui deve ser impedi-los, até onde pudermos, de se alinhar automaticamente com os argentinos, é importante que sejamos capazes de fornecer-lhes nossa versão dos acontecimentos".[10]

Logo depois, aquela primeira impressão sobre os temas tratados no encontro dos dois chanceleres foi modificada. Em diálogo com Rubens Ricupero, no Itamaraty, o embaixador britânico recebeu relato mais detalhado da conversa privada entre Guerreiro e Méndez: apesar de não constar da agenda da visita, o tema das Falklands tomou certo tempo dos chanceleres. Segundo ele, o chefe do Departamento das Américas disse que Costa Méndez "não entrou em detalhes, mas deu a impressão de que a política argentina era a de aumentar a pressão diplomática sobre o Reino Unido nas Nações Unidas e em outros locais". Além disso, para ele, o diplomata brasileiro não havia dado nenhuma indicação de que estivessem contemplando mais que isso, embora

---

8 "Brazil/Argentina", JG Flynn a PR Fearn (South American Department), 5 March 1982, FCO 7-4125, *Brazil Foreign Relations,* 4, NAK.

9 "Brazil/Argentina: Falkland Islands", PR Fearn a JG Flynn, 29 March 1982, FCO 7-4125, 5, NAK., Telegram number 051 of 26 March. Embaixador no Brasil de 1981 a 1984, Harding ocupara o mesmo posto no Peru de 1977 a 1979, e o cargo de sub-secretário assistente do FCO para Américas, nos dois anos seguintes (Mackie, 2014: 223).

10 Harding ao FCO, "Falklands: UKE Brasilia to FCO" ("South Georgia"), PREM19/613 f34, MTF. Acesso em 10 de fevereiro de 2020.

tivesse comentado que certamente não teriam contado, se esse fosse o caso.[11] Na versão passada a Harding por Ricupero, Méndez mencionara incentivos a serem propostos aos ilhéus, na forma de terra no continente, em troca de suas propriedades nas ilhas, ou de ajuda financeira para os que quisessem emigrar para outros países, por exemplo, a Nova Zelândia.

Conforme Ricupero, a aterrissagem surpresa de um avião da Força Aérea argentina em Port Stanley, naquele mesmo dia, poderia ser vista como indício das formas de pressão contempladas pelos argentinos, embora isso não tivesse sido mencionado na conversa.[12] Para Harding, aparentemente Saraiva Guerreiro apenas ouvira seu colega argentino. Concluindo seu despacho, arriscava dizer que o diplomata brasileiro tinha mostrado alguma simpatia pelo pleito britânico, embora deixasse claro que o Brasil não parecia disposto a desagradar nenhum dos dois lados.

Outra versão da conversa privada com Méndez consta da autobiografia do próprio Saraiva Guerreiro e mostra como o relato de Ricupero foi econômico. "Nosso hóspede começou por afirmar, enfaticamente, que a questão das Malvinas era a primeira prioridade da política externa de seu país. A Grã-Bretanha protelava e evitava negociações sérias", lembrou. Em seguida, seu colega argentino teria relatado a conversa sobre as ilhas que tivera em Buenos Aires com um grupo de senadores dos EUA em visita a seu país, afirmando "que pouco ou nada sabiam do assunto", mas lhe pareceram ter compreendido sua importância. Ainda segundo Méndez, em outra ocasião bastante recente, também em visita à capital platina, Thomas Enders, secretário de Estado para Assuntos Americanos "parecia haver compreendido a importância da questão e dissera que os EUA manteriam uma atitude de *hands off*". Ao concluir, o chanceler argentino teria anunciado que "pretendia exercer toda a pressão na Assembléia-Geral das Nações Unidas para obter uma reação mais séria e

11 Falklands: UKE Brasilia to FCO ("Falklands"), 1982 Mar 11, ALW 040/325/1 Part C 101, MTF. Acesso em 7 de fevereiro de 2020.

12 "No dia 11 de março, um Hercules C-130 da Fuerza Aérea Argentina efetuou um pouso de emergência no Aeroporto de Puerto Stanley, na ilha Soledad. O argumento do comandante da aeronave foi que havia detectado falhas no gigantesco transporte, quando se dirigia à base antártica Vice-Comodoro Marambio, onde existe uma pista de pouso" (Cardoso, Kirschbaum, & Kooy, 2012, posição 1463).

positiva da Grã-Bretanha". Guerreiro, em sua versão, não ouviu Méndez em silêncio: "assegurei-lhe que examinaríamos com o melhor ânimo possível o projeto de resolução que a Argentina viesse a apresentar nas Nações Unidas", explicou (Guerreiro, 1992, p. 101).

No dia 17 de março, em longo telegrama confidencial à Chancelaria, em Brasília, o embaixador brasileiro em Buenos Aires, Carlos F. Duarte, registrava: "as conversações argentino-britânicas sobre a questão das Malvinas, realizadas em Nova York, no final do mês passado, abriram novas incógnitas quanto às possibilidades de avanços efetivos para uma solução do secular litígio territorial".[13] Impaciente com a falta de resultados, o governo argentino formulou proposta nesse encontro, no sentido de que se realizassem reuniões bilaterais mensais, com as agendas pré-estabelecidas, explicou o embaixador. Mas a tática negociadora da Argentina não se limitou a esse procedimento de trabalho, "parecendo estender-se a um endurecimento geral de suas posições com o Reino Unido". Desde a época do chanceler Camilión no Palácio San Martin (sede do Ministério das Relações Exteriores argentino), "este país vem dando mostras de sua disposição de lançar-se numa verdadeira ofensiva tendente a obter dos britânicos reconhecimento dos direitos de soberania sobre o arquipélago", continuava o telegrama. Camilión ocupou o ministério de 29 de março a 12 de dezembro de 1981, na presidência do general Jorge Rafael Videla (1976-1981).

Essa tendência teria se acentuado com a ascensão do general Galtieri à Presidência, num quadro em que "não só ganham maior espaço as pressões dos setores radicais, sobretudo militares inconformados com o que consideram falta de boa vontade e intransigência", como também "as posições definidas do chanceler Costa Méndez, há muito tempo profundo conhecedor do assunto". Duarte lembrava que, ao final da reunião de final de fevereiro, o governo argentino divulgara um comunicado unilateral, segundo o qual, se as reuniões mensais não levassem a uma "pronta solução", o país se reservaria o direito de por fim às negociações e "escolher livremente o procedimento que melhor (atendesse) a seus interesses". Segundo o embaixador, esse tom

13 Telegrama 571, Embaixada em Buenos Aires para Exteriores, 17/03/82, confidencial, BR DFANBSB Z4.REX.IPS.227, Fundo: Divisão de Segurança e Informações do Ministério das Relações Exteriores, SIAN. Acesso em 13 de dezembro de 2020.

de ultimatum do texto argentino "veio dar certa credibilidade às versões que tinham circulado aqui recentemente quanto a eventuais ações fora do âmbito negociador, que estariam sendo contempladas pelo regime para alcançar seus objetivos". Citando comentários da imprensa, o diplomata brasileiro comentava que tais ações "poderiam consistir quer numa tentativa de ocupação militar das ilhas, quer no rompimento de relações diplomáticas com o Reino Unido".

Cerca de duas semanas depois, telegrama da embaixada do Brasil no Panamá informava o Itamaraty:

> Em recente encontro social, o embaixador da Argentina aqui adiantou-me – sem maiores reservas – que o processo de incorporação das Malvinas estaria "concluído em três meses". Sua afirmação revela uma decisão política por trás dos incidentes que se vem ultimamente acumulando naquele arquipélago e dá a entender já haver mesmo um cronograma para o encaminhamento do assunto.[14]

A última ocasião para aquilatar a percepção no Brasil sobre o que estavam tramando seus vizinhos platinos, se deu na visita feita pelo embaixador Harding ao secretário do Itamaraty, Baena Soares. A conversa se deu na véspera da invasão e atendeu a pedido de Londres para que o embaixador instasse a diplomacia brasileira a intervir junto aos argentinos. O motivo imediato do pedido parece ter sido o incidente nas ilhas Geórgia. A resposta do ministro interino foi que teria que discutir o pedido com as outras autoridades brasileiras envolvidas. Prometeu dar uma posição ao embaixador tão logo possível.[15]

Baena Soares aproveitou para se referir a reportagens publicadas dentro e fora do Brasil sobre o envio de reforços da Royal Navy ao Atlântico Sul, incluindo um "submarino nuclear"; expressou a preocupação das autoridades brasileiras com a presença ou o trânsito de armas nucleares na área, violando as cláusulas do Tratado de Tlatelolco e pediu ao embaixador se Londres po-

14 Telegrama 131, de Embaixada em Panamá para Exteriores, 30-3-82, secreto, BR DFANBSB Z4.REX.IPS.227, SIAN. Acesso em 13 de dezembro de 2020.

15 Telegram number 059 of 1 April 1982, Harding ao FCO, FCO 7-4123, "Brazilian attitude to the Falklands Island dispute Part A", 3, NAK.

deria esclarecer urgentemente aquelas reportagens. O embaixador respondeu que não tinha informação direta mas procuraria obtê-la. Pessoalmente, explicou que a alusão a submarinos nucleares devia certamente se referir ao tipo de propulsão e não a armamentos. Instado por Baena, Ricupero, presente à audiência, confirmou que a visão de Harding era coerente com as informações de que dispunha o Itamaraty.[16]

O embaixador então voltou ao tema que o levara ao Itamaraty, dizendo que agora falava em caráter pessoal. Referiu-se à radicalização do discurso argentino no período subsequente às conversas mantidas em Nova York entre os dois países, em fevereiro, para desconsolo dos britânicos: "nós tínhamos pensado que as conversações tinham feito progresso real e que estávamos a caminho do acordo sobre como tratar das negociações no futuro", explicou. "O tom ameaçador adotado subsequentemente nas declarações públicas em Buenos Aires causou-nos preocupação, ao revelar um estado de espírito perturbador (*a disquieting state of mind*) entre certos segmentos do governo argentino, que parecia, como em ocasiões anteriores, dividido", completou.

Para Harding, era inconcebível que a expedição não autorizada à Geórgia, tendo ou não a autorização do governo e do alto comando argentinos, não tivesse o conhecimento de algumas pessoas no comando da Marinha, uma vez que fora empregado navio dessa força. Aludindo à crise do Canal de Beagle com o Chile, em dezembro de 1978, o diplomata enfatizou que quando o alto comando platino falava com vozes diversas o risco de escalada aumentava.

16 Em seu livro de memórias, *Time and chance,* James Callaghan relata que, quando premiê, em dezembro de 1977, quando ficou claro que a nova rodada de negociações sobre as Falklands com a Argentina poderia resultar em tensão, "uma força foi despachada mesmo antes que as negociações começassem, apoiada por um submarino nuclear com ordens para permanecer e exercer vigilância sobre as aproximações marítimas (*seaward*) às Ilhas. Esse submarino desempenhava uma função muito valiosa ao observar as movimentações de navios, a fim de avaliar qualquer incremento que pudesse apontar para uma invasão". E completa: "não fizemos comunicação formal à Argentina sobre esses movimentos preventivos, mas informei o chefe do MI6 de nossos planos antes que os navios zarpassem e é possível que, como eu esperava, alguma informação tenha chegado às Forças Armadas argentinas" (Callaghan, 1987, p. 375). A sigla se refere ao Secret Intelligence Service, encarregado das ações de espionagem externa.

Tudo o que os britânicos queriam era uma solução pacífica para o problema, por meios diplomáticos já testados. Voltou a insistir na esperança de que os brasileiros pudessem conversar com seus vizinhos nesse sentido.[17] Baena trouxe de volta o tema dos submarinos e perguntou se os vôos da companhia aérea estatal LADE para Port Stanley tinham sido suspensos.

Harding efetivamente encaminhou a Londres, de imediato, o pedido de esclarecimento do Brasil sobre os submarinos. A curta resposta também chegou logo: "Não estamos confirmando reportagens sobre submarinos, mas a suposição em parágrafo 3 sobre o tipo de propulsão está correta".[18] No dia 29 de março Thatcher tinha autorizado o deslocamento ao Atlântico Sul de três submarinos de propulsão nuclear – *Splendid, Spartan* e *Conqueror.*[19]

17 "Os brasileiros estão obviamente desejosos de que a a situação potencialmente explosiva nas Falklands seja descartada", escreveu, para concluir que provavelmente o pedido de seu país seria atendido. "Falkland Island/South Georgia", Telegram number 059 of 1 April, FCO 7-4123, 3, NAK.

18 "Falkland Islands", telegram number 050 of 2 April, FCO 7-4123, 4, NAK.

19 O único dos três pronto para partir, pois estava nas cercanias de Gibraltar, foi o *Spartan,* da classe Swiftsure, lançado em 7 de abril de 1978. Zarpou no dia primeiro de abril (Hastings & Jenkins, 1983, p. 61; Middlebrook, 2012, posições 983-992). O *Splendid* era da mesma classe (5-10-79). O *Conqueror* pertencia à classe Churchill (28-8-69). Outros dois juntaram-se depois à força-tarefa: *Courageous* (Churchill, 16-10-71) e *Valiant* (classe do mesmo nome, 3/12/63).

Entre dois fogos

"Os homens invadiram as Malvinas", disse pelo telefone o embaixador brasileiro em Buenos Aires, Carlos Duarte, ao chanceler interino (Soares, 2006, p. 52). A hora precisa não está registrada. Num informe da Força Aérea, sabe-se que o coronel aviador Mendonça, nosso adido aeronáutico no país vizinho, telefonou ao titular da 1ª Subchefia do Estado-Maior da FAB, na residência deste, para dar a notícia às 8.30.[1] Começava para as autoridades brasileiras a agitada manhã daquela sexta-feira, dia 2 de abril de 1982. Em Nova York, ao acordar, Saraiva Guerreiro foi surpreendido por seu porta-voz para a imprensa, Bernardo Pericá, com a mesma notícia: "Ministro, a Argentina invadiu as Malvinas e os jornalistas brasileiros, que o acompanharam à China, gostariam de ouvir seus comentários" (Guerreiro, 1992, p. 101). Como se não bastasse, o embaixador Harding apareceu no ministério e foi recebido por Ricupero. Queria saber se o pedido de gestões brasileiras junto aos argentinos fora atendido. Mas a esta altura as notícias vindas da Argentina tinham mudado a situação radicalmente. Para o embaixador, isso queria dizer que a gestão brasileira seria afetada. Mesmo assim, ele disse a Ricupero que os britânicos ainda esperavam que o Brasil falasse "firmemente" com seus vizinhos.[2]

---

1 Logo depois, o adido aeronáutico da Argentina em Brasília ligou para dizer que seu país tinha "recuperado" as ilhas. Ver Estado-Maior da Aeronáutica, 1ª Subchefia, Seção de Informações, "Acompanhamento da Guerra das Malvinas", secreto, BR DFANBSB N8.0.PSN, EST.43 - Dossiê II das Malvinas - dossiê, Fundo: Conselho de Segurança Nacional, SIAN. Acesso em 24 de fevereiro de 2020.

2 O diplomata brasileiro explicou que, após a conversa no dia anterior do embaixador com Baena Soares, o ministério tinha informado Saraiva Guerreiro e o presidente Figueiredo e aguardava-se uma decisão. Telegram number 060 of 2 April, Brasilia a FCO, FCO 7-4123, 5, NAK.

Conforme Harding relatou na mesma tarde a Londres (daí em diante, as comunicações seriam frequentes), "Ricupero enfatizou que o Brasil não teve conhecimento prévio das intenções argentinas de invadir as ilhas e disse que relatos de imprensa originários de Buenos Aires, alegando que o Brasil tinha prestado seu apoio à Argentina, eram falsos". Harding retrucou que esperava que os brasileiros esclarecessem publicamente essa distinção. Antes, o chefe do Departamento das Américas adiantou o ponto que sustentaria a primeira manifestação oficial brasileira: o Brasil apoiava a reivindicação argentina desde 1833, mas apenas quanto a negociações pacíficas. Em suas recordações, Saraiva Guerreiro se vangloria de ter lembrado da data e da posição brasileira: "Ocorreu-me na hora, sem hesitações, a declaração certa. Às vezes, o anjo da guarda nos ajuda" (Guerreiro, 1992, p. 102).

Como aponta o próprio chanceler, a curta declaração embutia "implicações importantes". Estas seriam: 1) reconhecia que o direito argentino às ilhas tinha longa história; não respondia a motivações de momento; 2) não se mencionava a ação militar argentina, uma forma sutil de "dessolidarização", para usar a expressão do ministro; 3) apontava para a posição do Brasil de defesa de uma solução negociada e pacífica. A nota oficial que se seguiu ia na mesma direção. Foi passada às 22.45 de Brasília para Londres.[3] "Senão a imprensa, pelos menos alguns diplomatas estrangeiros perceberam claramente" tais sutilezas, escreveu o ministro (Guerreiro, 1992, p. 102).

Mas a diplomacia britânica não estava para mensagens subliminares. Na noite do dia seguinte o embaixador enviou uma avaliação irada a Londres, em telegrama confidencial: "A declaração do ministro das Relações Exteriores brasileiro é surpreendentemente pusilânime. Com benevolência, pode ser explicada pela dominante preocupação do governo brasileiro com a reparação de suas diferenças (*mending their fences*) com a Argentina, cuja amizade é de capital importância, no contexto do objetivo primordial do Brasil de fomentar a boa vizinhança na América Latina".[4]

---

3 Telegram number 062 of 2 April, FCO, 7-4123, 6, NAK.

4 Telegram number 064 of 3 April", FCO 7-4123, 7, NAK. O telegrama foi repetido para Nova York e Washington. A menos que se aponte o contrário, os documentos britânicos aqui citados têm a classificação "confidencial". FCO 7-4123, 7, NAK.

Harding introduzia, assim, a visão que prevaleceria durante toda a crise: o Brasil não era neutro, buscava apenas manter as aparências; sua prioridade eram as relações de boa vizinhança com a Argentina. Além disso, para o diplomata, havia um fator extra no pendor brasileiro por seu país vizinho: "O presidente Figueiredo tem um viés pessoal a favor da Argentina, proveniente de seu anos de juventude passados em Buenos Aires".[5] Já Saraiva Guerreiro, "por temperamento sempre segue uma posição de não compromisso onde possível, mesmo em circunstâncias (por exemplo, o assassinato de Sadat) que clamam por condenação". O único fator favorável aos britânicos era a opinião pública, conforme refletida na imprensa, que via os argentinos "com suspeita e desdém". Aqui também havia um fator adicional: "Os brasileiros não gostam particularmente do regime de Galtieri, que veem como impopular, opressivo e incompetente". Mesmo as Forças Armadas, seguia o telegrama, embora aceitassem a importância estratégica de boas relações operacionais com os vizinhos, desaprovariam fortemente "o emocionalismo argentino" e "sua propensão a atitudes histriônicas e vangloriosas". Essas ressalvas permaneceriam nos despachos britânicos, como prêmio de consolação, até o final da crise.[6]

Não bastasse a "pusilanimidade" oficial, outro movimento inicial de Brasília desagradou os britânicos: "A aceitação por parte do Brasil da solicitação argentina de proteção de seus interesses face ao Reino Unido é um golpe", afirmava o quarto ponto do telegrama. Com isso, a cautela natural dos brasileiros passaria a ser reforçada por fortes argumentos jurídicos. Como re-

5 Uma outra versão aparece em dossiê enviado ao FCO por um deputado que então presidia o Grupo Parlamentar Anglo-Brasileiro: "O presidente Figueiredo do Brasil foi chefe da Inteligência Militar, quando Galtieri tinha esse posto na Argentina: isso formou a base de um relacionamento pessoal que não existia previamente aos presidentes desses dois países". Ver Falklands/Brazil: Gow letter to Robin Maxwell-Hyslop (thanks for documents on Brazil), 1982 May 5, Thatcher MSS (Churchill Archive Centre) THCR 2/2/4/64 f64, MTF. Acesso a 8 de março de 2020. Na verdade, Figueiredo dirigiu o Serviço Nacional de informações (SNI), na presidência de Ernesto Geisel (15-3-1974 a 15-6-1978) e Galtieri atuou na área da repressão política quando, como comandante do II Corpo de Exército de Rosário, chefiou a Zona de Defensa 2 (outubro de 1976 a fevereiro de 1979). De todo modo, Figueiredo era um homem de grandes amigos.

6 FCO 7-4123, 7.

sultado, conforme relatou a Londres o desolado embaixador, mantendo a metáfora da falta de masculinidade, "qualquer papel que desempenhem será provavelmente um papel emasculado". Pior ainda, previa Harding, se os planos de contingência britânicos tivessem continuidade, incluindo o uso da força, seria de esperar dos brasileiros que abandonassem "sua piedosa equidade" (*even-handedness*) e se juntassem aos outros estados latino-americanos na condenação da Grã-Bretanha nos fóruns internacionais. Ainda assim, concluía o telegrama, a embaixada não perderia oportunidade para transmitir a visão do Reino Unido às autoridades brasileiras em todos os níveis. Para tanto, Harding dizia já ter pedido audiência a Saraiva Guerreiro, ao mesmo tempo em que procuraria falar com outros ministros, "que possam ter uma visão mais independente", enquanto seus adidos militares procurariam as forças brasileiras respectivas, com o mesmo objetivo.[7]

Na segunda-feira seguinte à invasão, dia 5 de abril, Harding informou ao FCO que se encontrara com o chanceler brasileiro e lhe expusera os pontos transmitidos por Londres. Em resposta à solicitação de apoio do Brasil na forma de pressão sobre a Argentina, Saraiva Guerreiro argumentou que o país não faria nenhuma declaração pública sobre a disputa, pois na situação em curso isso somente poderia ser irrelevante e de pouca ajuda. Privadamente, porém, tentaria passar a Buenos Aires a necessidade de contenção. Acrescentou que o ponto forte brasileiro estava em sua habilidade em falar com os dois lados

---

7 Cinco meses antes, a 29 de outubro de 1981, o Ministério da Defesa (MOD), em Londres, avisou Harding que, devido ao estabelecimento de rígidos critérios para justificar todos os postos, um comitê em Londres tinha decidido cortar um adido em Brasília. A decisão foi tomada com base na visão de que não havia motivos fortes, fossem comerciais, político-militares e/ou de inteligência, para justificar os três adidos no Brasil. Aparentemente, não houve tempo para implementar a decisão até a data da invasão. Frank Cooper (MOD) a G W Harding, 29 October 1981, FCO 7-4174, "Diplomatic representation of the UK in Brazil", NAK. Algumas semanas antes, Harding enviara relatório ao MOD para justificar a manutenção de laços militares fortes com o Brasil, com base no crescimento da influência soviética na região e na própria importância do país, sugerindo a permanência dos três adidos, argumentos refutados por Londres. Ver C.W. Harding a Sir Frank Cooper, 7 August 1981, FCO 7-4174, NAK. Frank Cooper ocupava o cargo de Permanent Under-Secretary of State (PUSS) no Ministério da Defesa.

sem inibições. Esse argumento voltaria em vários momentos da crise e mesmo depois do final das hostilidades. Para o diplomata britânico o ministro fora, como de hábito, "excessivamente prudente" e às vezes "intencionalmente ambíguo". O embaixador avaliava que o chanceler parecia genuinamente ansioso para não estragar as boas relações do Brasil com a Argentina e, "talvez ligeiramente um pouco menos", com a Grã-Bretanha. E concluía: "deve-se concluir que temos pouca influência (*leverage*) sobre o Brasil e ainda menos perspectiva de fazer (os brasileiros) penderem para nosso lado em nosso conflito com a Argentina". Mas valia a pena cultivar a nossa confiança.[8]

Na manhã do dia seguinte, em Londres, na reunião dos chefes do Estado-Maior, o Brasil esteve na berlinda. O representante do FCO aludiu a notícias da imprensa argentina sobre declarações de um ministro brasileiro, o qual teria dito que o Brasil não poderia impedir navios britânicos com destino às Falklands de se abastecer em portos brasileiros, pois não havia declaração de guerra. A notícia que deu origem a essas expectativas frustradas provocou preocupação em Brasília. O caso foi comunicado à chancelaria pela embaixada em Buenos Aires, três dias antes da reunião mencionada dos chefes de Estado-Maior britânicos. No dia 4, o jornal *Clarin* publicou matéria com o título "Brasil permitirá que reabaztecan las naves", atribuindo a informação ao próprio Saraiva Guerreiro, com base em telegramas de três agências noticiosas: AFP, EFE e UPI. Segundo o texto, o chanceler teria afirmado que o Brasil não apoiava a ação argentina nas ilhas, mas seu direito a reivindicar juridicamente a soberania no arquipélago.[9]

A questão do possível uso de instalações de reconhecimento e reabastecimento no Brasil passou assim a primeiro ponto da pauta da reunião em

---

8 Telegram number 067 of 5 April, assinado por Harding, FCO 7-4123, 8, NAK.

9 Minuta de telegrama 253 de Exteriores a Embaixada de Londres, 4-4-82, urgentissimo, Microfilme F0941 – Telegramas recebidos do ano de 1982, AMREB. No dia 5, um rádio do ADIAER em Buenos Aires avisou a FAB que o Comando da Armada argentina tinha convocado o adido naval brasileiro em Buenos Aires "para manifestar a preocupação de seu país sobre declaração do chanceler Guerreiro deixando transparecer a possibilidade de reabastecimento da Esquadra britânica no Brasil". Ver Estado-Maior da Aeronáutica, 1ª Subchefia, Seção de Informações, "Acompanhamento da Guerra das Malvinas", secreto, cit.

Londres. Conforme o relato encaminhado ao FCO, os chefes dos estados--maiores da Força Aérea e da Marinha observaram que seria de considerável valor se seus navios e aviões pudessem contar com instalações para abastecimento no Brasil. O segundo mencionou especificamente navios mercantes como o *SS Canberra,* enquanto o primeiro apresentou uma solicitação especial para que os aviões Nimrod, que deveriam fazer uma exibição no Brasil no final do mês, pudessem sair de solo brasileiro em missões de reconhecimento. O autor do relatório disse que colocaria esses pedidos ao embaixador no Brasil, mas que os augúrios não pareciam promissores, dadas a "prudência" e a "ambiguidade" dos brasileiros apontadas pelo próprio embaixador.[10]

No dia anterior a essa reunião em Londres, documento secreto da 6ª Subchefia do Conselho de Segurança Nacional ao secretário-geral do órgão fazia uma avaliação preliminar da questão das "Malvinas", no que dizia respeito principalmente aos interesses brasileiros.[11] Enxergando potencial de fortalecimento da posição brasileira no plano das relações interamericanas e das relações bilaterais com a Argentina, o documento considerava, no entanto, "do ponto de vista político-militar", a possibilidade de "deterioração" da questão, com "potenciais problemas para o Brasil". A partir daí, passava a analisar justamente a hipótese de um pedido da força-tarefa do Reino Unido no sentido que acabamos de mencionar. A recusa pura e simples "seria interpretada como apoio à intervenção armada argentina"; a concordância com eventual pedido britânico, "sob a condição de que se defin(issem) precisamente os limites de ação da força-tarefa, seria com toda certeza inaceitável para o Reino Unido e geraria junto à Argentina dúvidas quanto à verdadeira posição brasileira em relação à disputa". Os riscos de piora da situação ameaçavam, assim, anular

10 Falklands: FCO notes of 6 April meeting of Chiefs of Staff Committee, 1982 Apr 6, FCO 7/4472, MTF. Acesso em 13 de fevereiro de 2020.

11 Segundo me explicou Marcelo Pimentel Jorge de Souza, o documento em questão é uma "informação", mais completa que um mero "informe", porém menos analítico que uma "apreciação". A sexta subchefia provavelmente cuidava de assuntos internacionais "vinculados a nosso entorno". O CSN era diretamente vinculado à Presidência da República e tais documentos eram de caráter consultivo. A subchefia foi ativa durante toda a crise.

os potenciais ganhos do Brasil em termos de maior margem de manobra no continente.[12] O país estava entre dois fogos.

Dois dias depois, documento sem origem, tendo como tema a questão das ilhas e como título "informação aos Srs. Ministros Militares" esclarecia que, "tendo em vista o rumo que vem tomando a questão Argentina-Grã-Bretanha no Atlântico Sul" parecia conveniente que os referidos ministros fossem informados do pensamento do Presidente da República em relação ao assunto. Entre os aspectos a serem abordados em tal informação o reabastecimento de navios britânicos no Brasil era o segundo ponto. Recomendava-se como referência a "Memória de 06 Abr 82 anexa", provavelmente o documento da 6ª Subchefia já mencionado. Quanto aos procedimentos das Forças Singulares, o texto alertava para a "conveniência de serem evitadas declarações de autoridades militares sobre a questão".[13]

No mesmo dia, a embaixada britânica em Brasília avisou o FCO que seu adido aeronáutico fora comunicado da decisão do ministro da Aeronáutica brasileiro de pedir o adiamento da visita dos Nimrod. Para a embaixada em Brasília, o ministro Délio (Jardim de Matos) alinhava-se assim à postura oficial brasileira de estrita imparcialidade e não-envolvimento na disputa entre a Argentina e a Grã-Bretanha. Na sua avaliação não havia perspectiva de demovê-lo dessa posição.[14] Logo depois, foi a vez do contra-almirante Cordeiro, sub-chefe do Estado-Maior da Armada, avisar que não queria mais receber a solicitação por escrito que mencionara ao adido naval, referindo-se ao pleito britânico de uso de nossas instalações.[15] Para o embaixador, "isso significa que

---

12 "Informação no 3/6ª SC/82", de 05 Abr 82, secreto, p.7, BR DFANBSB N8.0.PSN, EST.44 - Dossiê I das Malvinas - dossiê, Fundo: Conselho de Segurança Nacional, SIAN. Acesso em 13 de fevereiro de 2020.

13 "Memória", 07 Abr 82, Confidencial, idem.

14 O telegrama, classificado como "secreto", concluía dizendo ter ciência de que a Força Aérea Brasileira lamentaria muito a necessidade de adiar a visita. Telegram Number 080 of 7 April, assinado por Harding, secret, FCO 7-4123, 11, NAK.

15 O almirante explicou que os ministros da Marinha e das Relações Exteriores tinham discutido a questão e concluíram que ela se inseria nas diretrizes passadas ao embaixador britânico em outras ocasiões. Harding concluía que ficava claro com essa decisão que as autoridades brasileiras queriam evitar de qualquer maneira serem atraídas para as operações militares das Falklands, mesmo de forma

todo navio, militar ou mercante, relacionado à Força-Tarefa, não será bem vindo em portos brasileiros, exceto em circunstâncias estritamente humanitárias". Essas medidas desacreditavam a notícia do jornal *Clarín*. Assim, as boas relações das forças militares brasileiras com suas contrapartes britânicas passavam para segundo plano.

De volta ao relatório da 6ª Subchefia, este encerrava com a proposição de que o Brasil não se limitasse a resguardar"uma posição de equilíbrio vis a vis ao conflito", mas também procurasse "influenciar-lhe a mecânica, de modo a salvaguardar interesses concretos e mais globais". Para tanto, deveria ser aventada a hipótese de "promover interna e externamente – em todos os níveis – uma vigorosa campanha para o restabelecimento da concórdia na área", a fim de lançar "uma imagem de firmeza de princípios capaz de neutralizar apreensões e retaliações tanto do Reino Unido como da Argentina", caso a solução da disputa viesse a se efetuar "em termos essencialmente militares". Nesse contexto propunha a hipótese de uma exortação presidencial com características de apelo ao bom senso das partes envolvidas, "internamente polipartidária e externamente supranacional".[16]

Ao que tudo indica, essas recomendações militares reforçaram disposições no mesmo sentido existentes no Itamaraty. Na mesma tarde do dia 6, Saraiva Guerreiro convocou os embaixadores dos dois países envolvidos para fazer entrega de uma nota, "diante dos acontecimentos relacionados com a questão das Ilhas Malvinas". O objetivo era transmitir "a profunda preocupação do Governo brasileiro diante do agravamento das tensões e do sério risco de confrontação armada entre o Reino Unido e a República Argentina". Com base na tradição brasileira de defesa da paz e da concórdia entre as nações e na "sólida amizade" do Brasil com ambas as partes, dizia a nota, o Brasil formulava "veemente apelo aos Governos do Reino Unido e da República Argentina" no sentido de que envidassem "todos os esforços para buscar uma solução pacífica" para a controvérsia em curso.[17]

---

indireta. Falklands: Britnavat Brasilia to FLASH MODUK Navy (Brazilian position on Falkland Task Force), tel 84, 9 April 82, secret, MTF. Acesso a 13 de fevereiro de 2020.

16 Informação no 3/6ª SC/82, de 05 Abr 82, secreto, cit., p.8.

17 Minuta de telegrama 298 de Exteriores para Embaixada em Londres, 6-4-82, urgentíssimo, microfilme F0941, AMREB.

No relato enviado a Londres sobre a audiência, Harding comunicou que, depois da entrega da nota, Saraiva Guerreiro dissera ter ouvido falar dos contatos informais ocorridos em Nova York entre o chanceler Costa Méndez, Sir Anthony Parsons (delegado britânico na ONU) e o secretário-geral da entidade, Javier Pérez de Cuéllar. Se as duas partes considerassem que o país poderia oferecer seus bons ofícios no mesmo sentido, o governo brasileiro estaria mais que pronto para disponibilizar instalações para tanto. O embaixador perguntou então se isso constituía uma oferta formal de mediação. Depois de alguma hesitação, a resposta fora negativa, uma vez que outros canais, como Nova York, estariam disponíveis para as duas partes. O embaixador explicou que, na visão do governo britânico, a questão da mediação não tinha sido levantada, pois o alvo principal no momento era pressionar os argentinos para que respeitassem na totalidade a resolução do Conselho de Segurança da ONU. Se ela viesse à luz no futuro, não seria de esperar que o Brasil se oferecesse, uma vez que o país apoiava o pleito argentino de soberania nas Falklands e assumira a representação dos interesses platinos em Londres, cutucou o embaixador.[18]

Harding disse então a Saraiva Guerreiro que não tinha certeza se os termos da nota seriam compreendidos em Londres, pois uma coisa era apoiar os argentinos desde 1833 e outra, completamente diversa, evitar a condenação do recurso argentino à força para impor sua reivindicação. E continuou: "Emendei dizendo que estava bem que o Brasil não quisesse melindrar (*annoy*) os argentinos, mas a falta de condenação a um ato de agressão do tipo que

18 O Brasil passou a ter o status de "protecting power for Argentine interests in the United Kingdom" e a embaixada brasileira inaugurou uma Seção de Interesses Argentinos, com funcionários administrativos e diplomáticos platinos. Nosso país também assumiu as funções de representação dos consulados de Liverpool e Hong Kong. No dia 8 de abril, Londres relatava em telegrama secreto ao Itamaraty a partida, numa comitiva de onze automóveis, dos diplomatas argentinos para Dover, de onde embarcariam para Calais, e concluía: "a bandeira brasileira está hasteada desde ontem em 49 Belgrave Square e 49 Wilton Crescent", respectivamente, residência oficial do embaixador argentino desde 1936 e da representação da Argentina, na capital britânica, telegrama 366, Embaixada em Londres para Exteriores, 08/04/1982, Secreto, BR DFANBSB Z4.REX.IPS.227, SIAN. Acesso em 29 de outubro de 2020.

os argentinos tinham cometido ao ocupar com a força as Falklands seria tomado em Londres como evidência de que o Brasil pendia para a Argentina".[19]

Na quarta, dia 7, a pressão sobre o Brasil se manteve. Em Londres, Michael Percival, antigo conselheiro da missão britânica em Havana (Mackie, 2014: 391), que logo ocuparia o mesmo posto em Brasília, visitou o ministro-conselheiro Rache de Almeida, naqueles dias encarregado de negócios da embaixada do Brasil, na ausência de Roberto de Oliveira Campos. Segundo seu relato, ele perguntou ao brasileiro qual era a posição de nosso país, tendo em vista que o problemas das "Falklands-Malvinas" passara para segundo plano, diante do problema bem mais grave: o da invasão do território de um país por outro país, em violação da Carta da ONU. O brasileiro teria respondido que o país historicamente apoiava as reivindicações argentinas às ilhas, mas não o emprego da força. Disse também não saber qual seria a posição brasileira no próximo encontro da OEA. Ouviu do diplomata britânico que seria absurdo se se confirmassem os rumores de que a Argentina pretendia invocar o Tratado do Rio, invertendo assim os propósitos deste. Aqui, ele se referia ao Tratado Interamericano de Assistência Recíproca ou TIAR, celebrado em 1947, no Rio de Janeiro. Seu ponto principal era que o ataque a um dos membros seria considerado um ataque contra todos.

Como a atitude brasileira exemplificada por Rache de Almeida parecia ser de manter silêncio (ou "fingir de morto", *keep the head down*), o visitante tentou a "isca Havana" e mencionou a possibilidade de que, contra a sua própria vontade, o general (Leopoldo) Galtieri desempenhasse o papel de agente de Cuba. Alegou também que a invasão poderia inflamar todas as disputas de fronteira na América Latina. Se os danos chegassem à queda dos militares argentinos, era de esperar que a esquerda fosse a beneficiária do caos subsequente. Como ironia final, mencionou a eventualidade de Castro conseguir com o general o que não conseguira com Che Guevara. O desastre ainda po-

19 O chanceler respondeu que a capacidade brasileira de influenciar os argentinos era estritamente limitada, dadas as "fortes emoções" no país vizinho. Concluiu lembrando o sucesso do pedido semelhante do Brasil a Argentina e Chile, durante a crise do canal de Beagle. Telegram number 077 of 6 April, Brasilia a FCO, FCO 7-4123, 9, NAK.

deria ser evitado se Galtieri fosse convencido a "pensar taticamente" e não com "suas botas de cavalaria".[20]

Nessa altura, o diplomata foi chamado ao FCO e, segundo disse, não teve tempo de usar ainda o exemplo do general grego Ioannides, responsável pelo golpe em Chipre em 1974 (que acabou em fracasso quando a Turquia invadiu a ilha e restaurou o governo deposto). Talvez tivesse sido melhor assim, concluía, porque já tinha maltratado demais (*crept his flesh crudely enough*) o brasileiro. No futuro, as posições a serem assumidas por Moscou e Havana e a anunciada disposição expressa pela (organização de esquerda) Montoneros de voltar à Argentina para se associar à luta patriótica quem sabe dariam ao conselheiro motivos para uma reflexão mais sóbria, anotou o diplomata, à guisa de conclusão. Especialista em Cuba, ele sabia perfeitamente que no clima da guerra fria o Brasil se preocuparia centralmente com o impacto da crise nas relações Leste-Oeste, no avanço do comunismo internacional e num eventual fortalecimento da esquerda latino-americana.

No dia 10, o Itamaraty publicou mensagem com um apelo pessoal do Presidente João Baptista Figueiredo dirigida tanto a seu colega Galtieri como à premiê Margaret Thatcher. O texto dirigido a esta última expressava o "veemente apelo feito pelo Brasil" aos dois governos, no sentido de que se encontrasse "solução de acordo com os interesses da paz e dos dois países". O Brasil se colocava à disposição "para contribuir para a solução pacífica das atuais divergências". Destacava-se a importância da "efetiva moderação das Partes envolvidas a fim de assegurar tempo suficiente a que se explorem os caminhos da conciliação".[21]

---

20 "Call on Sr. Rache de Almeida", ofício de Michael Perceval a Mr. Macpherson, S.Am D., 12 April 1982, FCO 7-4123, 1, NAK.

21 Minuta de telegrama 398, de Exteriores para BRASEMB Londres, 10-4-82, urgentíssimo, Microfilme F0941, AMREB. Pouco antes, o embaixador Harding avisara Londres que (Ronaldo) Sardenberg, assessor de Saraiva Guerreiro, tinha telefonado a ele dizendo que a mensagem dirigida aos dois governantes já tinha sido transmitida à embaixada brasileira. Em seguida reproduziu a tradução para o inglês da mensagem lida por telefone em português por Sardenberg. Telegram number 087 of 10 April 82, FCO 7-4123, 12, NAK.

Embora as mesmas intenções estivessem presentes na mensagem a Galtieri, as mensagens não eram iguais. No documento enviado a Buenos Aires, Figueiredo dizia dirigir "com emoção" seus "pensamentos ao povo irmão da Argentina, ao qual a Nação brasileira se sent(ia) para sempre ligada pelos laços da mais profunda e indestrutível amizade". Mas foram as palavras finais que marcaram a maior diferença entre um texto e outro: "Recordando os grandes e históricos momentos da amizade brasileiro-argentina e os gratos instantes que vivi em seu país", salientou o presidente, "em nome do povo brasileiro, desejo a todos os argentinos paz, concórdia e fraternidade".[22] O Brasil despontava como amigo da Grã-Bretanha, mas mais amigo da Argentina.

22 Minuta de telegrama 399 de Exteriores para BRASEMB, Londres, 10-4-82, urgentíssimo, Microfilme F0941, AMREB.

O cubano tranquilo

O texto dirigido à Argentina caiu mal em Londres. "Ao contrário da impressão passada por Sardenberg ao telefone, a mensagem enviada pelo Presidente Figueiredo ao Presidente Galtieri é marcadamente diferente da que foi enviada à Primeiro Ministro", anotou Harding.[1] Depois de transcrever a tradução da nota, o embaixador mencionou reportagem do *Jornal do Brasil* daquele dia, que citava uma fonte diplomática altamente situada em Brasília, para a qual os termos calorosos da mensagem ao general argentino contrastavam com a linguagem formal da endereçada a Thatcher.[2]

A embaixada enviara a Londres o editorial de 9 de abril do mesmo jornal, "fortemente crítico das ações argentinas". Para o JB, as perspectivas eram sombrias, dadas as claras intenções britânicas, expressas na mobilização em cinco dias da força-tarefa. A atitude argentina, contrária a todas as normas do Direito Internacional, revelava a intenção de Galtieri de afogar as divisões de seu país numa onda de patriotismo, ignorando que as divisões no governo Conservador não deixavam muitas alternativas a Thatcher. Configurava-se, assim, uma questão de dois governos lutando por sua sobrevivência. Mas não havia solução fora do oferecimento pelo país agressor de uma satisfação à altura ao país agredido. O isolamento em que se encontraria a Argentina era prova disso e as chances de recorrer ao Tratado do Rio pareciam se desvanecer. Referindo-se aos interesses brasileiros, o editorial duvidava da possibilidade de o Brasil conseguir agradar os dois lados em conflito. Certos princípios de-

1 Seguimos o costume da época de se referir à premiê no masculino.

2 Falklands: UKE Brasilia to FCO ("Falklands further press comment)", 1982 Apr 10, Thatcher MSS (Churchill Archive Center) THCR 1/20/3/6 f4, MTF. Acesso em 17 de fevereiro de 2020.

viam ser defendidos a qualquer custo, como o não uso da força para resolver problemas internacionais, concluía o editorial do jornal preferido dos diplomatas britânicos no Brasil.[3]

A questão foi brevemente interrompida por outra notícia vinda de Brasília. No final da noite de sexta-feira, 9 de abril, dois jatos Mirage da FAB tinham forçado um avião Ilyushin 62 de bandeira cubana a pousar no Aeroporto Internacional de Brasília.[4] A bordo, o embaixador da ilha, Emilio Aragonés Navarro, de volta a seu posto em Buenos Aires após mais de um ano de ausência, "depois que a ditadura argentina acusara Cuba de apoiar, financiar e treinar a guerrilha argentina nos anos setenta" (Cardoso, Kirschbaum, & Kooy, 2012: posição 3510). No sábado, dia 10, Galtieri disse ao secretário de Estado Haig, em Buenos Aires, nos encontros entre os dois realizados a partir das 11.00, que Aragonés lhe trouxera uma carta de Fidel Castro, mas que ainda não a havia recebido (idem, posição 3518). Conforme Yofre[5] (2011, posição

---

3 No dia anterior, o conselheiro Rache de Almeida avisara o Itamaraty que almoçara com o deputado trabalhista Ted Rowlands, que durante todo o governo Callaghan (1976-1979) fora ministro (cargo abaixo do de chanceler) no Foreign Office, ocasião em que ficou encarregado do tema das Falklands. Para este, o interesse americano em evitar uma guerra fundava-se na preocupação, primeiro, com o deslocamento para o hemisfério sul de uma das frotas de elite da OTAN e, segundo, com as consequências para a aliança atlântica de uma eventual derrota dessa frota. O parlamentar também teria dito que Thatcher considerava que os EUA tinham falhado com os britânicos, ao não alertar seu governo sobre a iminência de uma invasão argentina, telegrama 368, Embaixada em Londres para Exteriores, 8/4/82, secreto, BR DFANBSB Z4.REX.IPS.227, cit., SIAN. Acesso em 14 de dezembro de 2020.

4 Telegram number 089 of 11 April, FCO 7-4123, 14, NAK. Informe da FAB estabelecia que a aterrissagem se deu às 22.12 e que o avião era um Ilyushin 62, matrícula CUT 1225, Estado-Maior da Aeronáutica, 1ª Subchefia, Seção de Informações, "Acompanhamento da Guerra das Malvinas", s/d, secreto, BR DFANBSB N8.0.PSN, EST.44 – Dossiê I das Malvinas – dossiê, Fundo: Conselho de Segurança Nacional, SIAN. Acesso em 17 de fevereiro de 2020.

5 Para Germán Soprano, a obra desse autor, que não é historiador profissional, tem mais um cunho de intervenção política e não dialoga com a produção acadêmica. Apesar disso, o citaremos *cum grano salis*, principalmente quando traz documentos secretos argentinos de interesse para nossa análise. Agradeço aqui à leitura atenta e frutífera que o colega argentino fez da primeira versão do manuscrito.

4586), o embaixador se encontrou com Galtieri, às 13.45. Ofereceu ajuda, no que fosse necessário, dizendo que a situação exigia colocar em segundo plano as diferenças entre os dois regimes. O ditador agradeceu e pediu ao cubano que enviasse seus agradecimentos pessoais ao chefe de Estado de seu país.[6]

Segundo o telegrama que enviou no dia seguinte ao presidente Reagan, do avião, a caminho de Londres, o Secretário avaliou que, em nova reunião que acabou já na madrugada de domingo, o general o ameaçara com aceitar a ajuda caribenha, se os britânicos atacassem. Os cubanos teriam insinuado que falavam em nome dos soviéticos e que mesmo o porta-aviões onde estava o príncipe Andrews não estaria a salvo. Haig disse a Reagan não ter acreditado (Rentschler, 1982, p. 9).

Voltando ao incidente de Brasília, o governo castrista tinha solicitado direito de sobrevôo no espaço aéreo brasileiro em Nova York, mas este tinha sido recusado com base no argumento de que o Brasil não tinha relações diplomáticas com Cuba. A Argentina tinha reatado relações com o país caribenho sob o governo de Juan Perón, em 1973 e não as tinha rompido depois do golpe de estado de 1976. O chanceler brasileiro anunciara que enviaria um protesto aos cubanos, por meio da embaixada suíça em Havana, que representava os interesses brasileiros na ilha. Segundo o telegrama dirigido pela embaixada britânica ao FCO: "soubemos de uma fonte bem situada no Controle de Tráfego da Força Aérea Brasileira que quando os brasileiros revistaram a aeronave encontraram 17 tripulantes e uma sofisticada variedade de equipamentos de detecção eletrônica, fotografia e vigilância a bordo". O embaixador informava a Londres que o avião fora autorizado a decolar no começo da manhã de sábado, dia 10, depois de convidar o embaixador soviético a mediar a questão e assinar um documento dizendo que Cuba tinha violado o espaço aéreo brasileiro.[7] "A Força Aérea

6 O diplomata não era um personagem qualquer. Ele teria participado, juntamente com Ernesto "Che" Guevara, das negociações que levaram à instalação de mísseis soviéticos em Cuba, em 1962 e teria sido o enviado de Castro para trazer de volta o "Che" de sua aventura no Congo, nos anos 1960. Em 13 de agosto de 1975, escapou de um atentado (Yofre, 2012: posição 4656).

7 Para mais detalhes sobre o incidente, ver José Casado e Eliane Oliveira, "Ilhas Malvinas: Brasil apoiou tráfico de armas para a Argentina", *O Globo*, 21 de abril de 2012, cit. Acesso em 22 de fevereiro de 2020.

Brasileira acredita que aeronave e equipamento prosseguirão de Buenos Aires às Falklands", explicava o telegrama. O embaixador prometia que seu adido aeronáutico iria procurar mais informações sobre esse "incidente sinistro" e que os americanos certamente o estariam seguindo de perto.[8]

No dia seguinte, o embaixador britânico em Washington escreveu ao FCO, referindo-se a esse telegrama: "Como parte do processo de identificar os argentinos com os cubanos e os soviéticos, espero que deem publicidade a essa história o mais rápido possível".[9] É bom não esquecer que a segunda guerra fria dava o quadro mais geral da política à época. Ao mesmo tempo, o Itamaraty enviou a nossa missão em Londres notícia recebida da embaixada brasileira em Pretória, sobre matéria do jornal sul-africano *Sunday Times*, órgão de oposição ao Partido Nacionalista no poder naquele país. O artigo, que parecia uma provocação, mencionava suposto Pacto do Atlântico Sul, assinado entre Argentina e África do Sul em 1969, alegando que o Brasil também participaria do acordo. O objetivo da matéria seria pressionar o governo a ceder aos britânicos a base naval de Simonstown. Nosso embaixador disse que só voltaria e mencionar o assunto se tivesse maiores consequências.[10]

A base naval sul-africana voltou a ser tema da correspondência diplomática cerca de dez dias depois, quando o embaixador brasileiro naquele país africano enviou ao ministério de Relações Exteriores dois telegramas, um ostensivo e um secreto. O primeiro mencionava declarações do chanceler sul-africano, Pik Botha, em debate no Parlamento do país, negando que o Reino Unido tivesse procurado seu governo para discutir possível uso de Simonstown, para reparos e abastecimento da frota. O telegrama secreto, expedido no mesmo dia, questionava essa versão e citava não apenas o encarregado de negócios da Argentina, mas um oficial da marinha da África do Sul, o

8 Telegram number 089 of 11 April, FCO 7-4123, 14, NAK. Telegram 1235 of 12 April, FCO 7-4123, 16, NAK.

9 Minuta de telegrama 505, Exteriores a BRASEMB Londres, 15-4-82, Microfilme F0941, AMREB.

10 Minuta de telegrama 410 de Exteriores a Embaixada em Londres, de 11-04-82, urgentíssimo, Microfilme F0941, AMREB. Alguns dias depois, a embaixada enviou um desmentido ao jornal londrino *Daily Telegraph,* que reproduzira o texto da imprensa sul-africana: "O governo brasileiro não integra pactos secretos".

argentino Francisco Rizzuto, segundo o qual os contatos tinham efetivamente ocorrido, mas o movimento não teve continuidade quando os sul-africanos levantaram a "necessidade de suprimento de armas e navios de guerra adequados (por parte dos países da OTAN, nota minha) para que a Marinha sul-africana pudesse patrulhar de forma conveniente o Atlântico e o Índico Sul". O telegrama concluía: "A este nível de negociações os britânicos teriam recuado".[11]

Voltando ao Foreign Office e ao tema do avião interceptado, em telegrama secreto do dia 13 de abril, Harding comunicou a Londres que seu esforçado adido aeronáutico apurou que a decisão de interceptar a aeronave foi tomada pelo próprio presidente Figueiredo. Depois do pouso forçado, com a tripulação e os passageiros retidos na Base Aérea de Brasília, o avião foi vasculhado. Segundo a versão britânica, havia dúvidas sobre se a equipe que realizou essa operação contou com especialistas em eletrônica. Se tivesse havido mais tempo, como certamente seria o desejo da FAB, seria possível trazer tais especialistas, por exemplo do Centro Tecnológico da Aeronáutica (CTA), localizado em São José dos Campos, SP, que reaparecerá em outro caso polêmico, num dos capítulos finais deste livro. De tal forma, tudo indicava que a ordem de liberação da aeronave, apenas cinco horas depois da aterrissagem, deveria ser atribuída ao Itamaraty. Não havia indícios de retirada ou confisco de equipamento do avião. Não foi possível conseguir mais informações sobre o equipamento existente a bordo, devido à resistência brasileira em parecer parcial para um dos dois lados, esclarecia o telegrama.[12]

Na segunda-feira, 12, o embaixador voltou à questão das duas mensagens de Figueiredo. Segundo ele, o contraste na linguagem de ambas "ressaltava pela primeira vez em público a predisposição do governo brasileiro de pender para a Argentina na disputa das Falklands". Em seguida, ele analisava seis razões para o viés brasileiro pró-Galtieri: a) o determinismo geográfico e o cuidado brasileiro em não afetar as boas relações recentes com o vizinho; 2) o intercâmbio econômico com a Argentina era mais substancial que o com os britânicos; 3) as inclinações pessoais do presidente Figueiredo; 4) o temor de

11 Telegramas 111 e 112, Embaixada em Pretória para Exteriores, 22/4/82, em BR DFANBSB Z4.REX.IPS.228, Fundo: Divisão de Segurança e Informações do Ministério das Relações Exteriores, SIAN. Acesso em 10 de dezembro de 2020.

12 Telegram number 098 of 13 April, secret, FCO 7-2143, 20, NAK.

que a queda de Galtieri pudesse levar ao caos, comprometendo a estabilidade de toda a América do Sul; 5) o medo de que a Argentina recorresse aos soviéticos, cedendo em troca uma base em seu território (o incidente com o avião cubano teria reforçado tal receio); 6) o histórico de adesão brasileira ao direito argentino, desde 1833 e sobretudo, a despeito de suas reservas expressas privadamente quanto à "idiocy" das ações argentinas, o fato de que "os ministros brasileiros" dificilmente veriam com equanimidade a presença de uma grande frota britânica em águas do Atlântico Sul, nas proximidades do continente.[13]

No entanto, prosseguia o longo telegrama, havia considerações que empurrariam os brasileiros em sentido contrário: em primeiro lugar, eles não gostariam de ver a Argentina emergir da crise com uma clara vitória de Galtieri, o que poderia despertar no general ambições de ser um novo Perón, inaugurando um regime claramente fascista, que alarmava os brasileiros. Em segundo, a impressão causada em Brasília pelas resolutas manifestações de apoio à Grã-Bretanha por parte da Comunidade Econômica Europeia (CEE), principalmente. Em seguida, o peso das declarações de Haig no sentido de que o Gabinete britânico falava sério na perseguição de seu principal objetivo. Além disso, os constantes editoriais do JB e os artigos em outros órgãos de imprensa, em defesa da causa britânica e a condenação do Partido do Movimento Democrático Brasileiro (ex-MDB) e do Partido dos Trabalhadores (PT) à agressão argentina; os dois partidos de oposição vinham até então elogiando a política do Itamaraty. Por último, a preocupação, negada em conversa do embaixador com Saraiva Guerreiro, com a perspectiva da afirmação dos direitos argentinos aos arquipélagos da Geórgia do Sul e Sanduíches, na medida em que o país vizinho poderia ser mais problemático que a Grã-Bretanha diante dos planos do Brasil de projetar sua influência sobre a Antártica.

O medo do embaixador, no entanto, era que os brasileiros se alinhassem com a Argentina nos debates na OEA sobre a aplicação do Tratado do Rio. Segundo lhe teria dito seu colega francês, o Itamaraty expressou a visão de que aquele organismo não veria a Resolução 502 da ONU como obstáculo, uma vez que a primeira cláusula operacional da resolução chamava à cessação de hostilidades e a Grã-Bretanha estaria agora ignorando esse apelo. A decisão tomada no Conselho de Segurança da ONU, no dia 3 de abril, por 10 votos a

13 Telegram number 094 of 12 April, FCO 7-4123, 17, NAK.

1 (Panamá), com a abstenção da Espanha, União Soviética, Polônia e China, estabelecia: 1) a cessação imediata das hostilidades; 2) a retirada imediata de todas as forças argentinas das Ilhas Falklands/Malvinas e 3) que os governos da Argentina e do Reino Unido procurassem uma solução diplomática, com respeito pleno aos propósitos e princípios da carta da ONU. Este último ponto abriu a possibilidade de a Grã-Bretanha introduzir o princípio da autodeterminação dos ilhéus em qualquer negociação futura. Não por acaso, o *Sunday Times* considerou a Resolução 502 "um clássico menor da diplomacia inglesa do pós-1945" e o *Washington Post* afirmou que a Grã-Bretanha era uma potência de décima categoria, mas com uma diplomacia de primeira (Cardoso, Kirschbaum, & Kooy, 2012, posição 2709).

Novaro e Palermo consideram a resolução "uma vitória diplomática conclusiva", a qual permitiu à Grã-Bretanha "definir a seu favor os parâmetros políticos e diplomáticos do conflito". Muito cedo, assim, ficava claro que "a ideia da Junta Militar de tomar as ilhas para colocar-se em melhores condições de negociar era redondamente absurda". O próprio uso da força por parte do governo argentino, na opinião desses autores, "alteraria radical e inevitavelmente o quadro de preferências e prioridades tanto da Grã-Bretanha como dos Estados Unidos". A violação de princípios escritos e não-escritos da ordem internacional custaria caro à Argentina. A disputa pelas ilhas passava a ser "apenas uma parte do que estava em jogo agora no conflito". Para os governos britânico e norte-americano, bem como para a opinião pública internacional, o país passava a ser visto como "Estado agressor" (2007, p. 561-62).

Voltando a Brasília, segundo o relato do embaixador britânico, o chanceler Saraiva Guerreiro teria dito ao embaixador dos EUA que a delegação brasileira estaria tentando adiar o encontro da OEA, temendo um conflito entre os membros latinos e os caribenhos de língua inglesa. O chanceler também alertara o diplomata americano que o Brasil avisara os argentinos que o momento para essa reunião não estaria amadurecido (mas Harding duvidava dessa afirmação). Naquele momento, os brasileiros pareciam estar colocando suas fichas (*pinning much faith on*) na Missão Haig.[14] Se esta falhasse, eles relu-

14 Em referência ao general Alexander Haig, ex-comandante da OTAN (1974-79) e secretário de Estado norte-americano (1981-82). Entre os dias 8 e 18 de abril, Haig e sua equipe viajaram no roteiro Washington-Londres-Buenos Aires-Lon-

tantemente poderiam concluir que precisariam esforçar-se por envidar todos os esforços (*nerve themselves*) para encontrar um papel próprio, mas ele já tinha avisado o Itamaraty que qualquer veleidade de mediação por parte do Brasil não seria endossada pela Grã-Bretanha. Concluindo, Harding solicitou que qualquer resposta de Thatcher à nota de Figueiredo, "preferencialmente em termos passíveis de publicação", fosse enviada por intermédio dele, pois seria a primeira vez que ele se dirigiria oficialmente a Saraiva Guerreiro, depois que Francis Pym substituíra Lorde Carrington. Isso ajudaria sua própria posição, explicou o embaixador.[15]

Em suas lembranças, Roberto Campos anotou: "logo ao chegar a Londres fui surpreendido com desagradável notícia (...): o secretário do Exterior, Lord Carrington, com quem já formara amizade pessoal, entendeu ser seu dever renunciar à pasta, aceitando responsabilidade por falha de informação e ação preventiva do ataque argentino, apesar das resistências de mrs. Thatcher a esse gesto galante" (Campos, 1994, p. 1002). Em *The Downing Street years*, a própria premiê afirmou que fez todo o possível para persuadir o ministro a ficar, mas que sua renúncia certamente facilitou a união dos conservadores e a concentração no objetivo de recuperar as Falklands; segundo ela, Carrington teria entendido isso (Thatcher, 1992, p. 185-86).

Voltando ao tema das duas mensagens de Figueiredo, o FCO submeteu ao gabinete da premiê minuta para a resposta, que resultou no texto divulgado no dia seguinte, que não poderia ser mais frio.[16] Depois da abertura protocolar, a premiê dizia ser grata pela oferta brasileira de ajuda e defendia que seu país queria a paz e a buscaria por meios diplomáticos, para em seguida afirmar:

> Contudo, não foi a Grã-Bretanha que rompeu a paz, mas a Argentina, com sua agressão não provocada contra as ilhas Falkland. O primeiro requisito para qualquer solução é que as forças argentinas devem se retirar das ilhas Falklands e de suas

dres-Buenos Aires-Washington para conversar com Thatcher e Galtieri. A melhor fonte para a missão é o texto já citado de um dos assessores de Haig: "James Rentscheler's diary". MTF, acesso em 28 de fevereiro de 2020.

15 Telegram number 094 of 12 April, FCO 7-4123, 17, NAK.

16 "Falklands - Message from the President of Brazil", 12 April 1982, FCO 7-2143, 18, NAK

> dependências, conforme a Resolução n. 502 do Conselho de Segurança das Nações Unidas. Eu espero que o senhor utilize sua influência sobre o governo argentino para convencê-lo (*impress*) da necessidade de cumprir suas obrigações legais internacionais neste respeito.[17]

E assim terminava a mensagem. Em extenso telegrama enviado a Londres, Harding descreveu a reação do chanceler brasileiro à resposta britânica, ao recebê-la de suas mãos.[18] Segundo o relato, Saraiva Guerreiro leu a nota sem comentários e prometeu que a passaria de imediato ao presidente. Disse esperar que Galtieri respondesse em termos similares. Pressionado pelo embaixador sobre se a resposta da Argentina já tinha sido recebida, afirmou que nada formal tinha chegado. No entanto, explicou Harding a Londres, a embaixada tinha descoberto "independentemente" que uma mensagem "imensamente prolixa" (*immensely wordy*) do general Galtieri já tinha chegado à imprensa, por obra da embaixada argentina. O procedimento inusitado certamente aborreceria os brasileiros. Com efeito, os jornais publicaram a íntegra do documento no dia seguinte, ressaltando que tinha sido divulgado pela embaixada do país vizinho.[19]

O chanceler parecia num estado de espírito pessimista, embora mais amistoso que nunca. Para o embaixador, ele via a guerra se aproximar e temia fortemente que o Brasil fosse tragado por ela. Harding diz ter perguntado de forma direta a Saraiva Guerreiro se ele considerava que a evolução do problema das Falklands poderia causar danos às relações Reino Unido-Brasil. A resposta foi que isso poderia ocorrer, se o assunto fosse outra vez encaminhado a organizações internacionais e as posições aí adotadas pudessem ser conflitantes. O embaixador parecia disposto a extrair o máximo que pudesse do chanceler. Questionou-o, assim, sobre se ele imaginava que a Argentina invocaria o Tratado do Rio. O ministro disse que provavelmente isso ocorreria, mas os argentinos talvez não o fizessem antes do esgotamento das chances da missão Haig.

---

17 Telegram number 68 of 13 April, do FCO a Brasília, FCO 7-4123, 19, NAK.

18 Telegram number 100 of 13 April, de Brasília ao FCO 7-4123, 22, NAK.

19 Ver, por exemplo, "Mensagem de Galtieri a Figueiredo agradece apoio", *Jornal de Brasília*, 14-4-82.

Segundo a autobiografia de Roberto Campos, o secretário de Estado dos EUA "propunha uma internacionalização das ilhas, que ficariam por um período de cinco anos sob o controle tripartite, de que participariam os Estados Unidos, a Grã-Bretanha e a própria Argentina". Para ele, a Argentina não entendeu que estava aí uma saída para a crise (Campos, 1994, p. 1007). No entanto, a própria premiê lembrou que, já na primeira reunião inicial com o enviado americano em Londres, ela tinha explicado a ele que seu país respeitaria o *desejo* (*wish*) dos ilhéus. Se eles quisessem permanecer britânicos, ela agiria de acordo. Como se sabe, o *se* aí parecia apenas retórico; o termo foi um dos mais polêmicos das negociações. Os argentinos não o aceitavam, preferindo falar em *interesse* (Thatcher, 1993, p. 194 e segs).

No mesmo telegrama acima, Harding informou que, imediatamente antes da audiência no Itamaraty, entrevistou-se com o general (Octávio Aguiar de) Medeiros, segundo o diplomata, "braço direito" do presidente Figueiredo. Para ele, o militar, chefe do Serviço Nacional de Informações (SNI), não via saída fácil para o impasse. Na sua visão, se os britânicos se limitassem a bloquear as ilhas e evitassem hostilidades diretas, a pressão mobilizada contra a economia argentina começaria a mostrar seus efeitos.[20] O general entendia que os soviéticos procurariam avançar seus interesses, mas duvidava que colocassem qualquer elemento de sua força naval perto da zona de operações. Ele teria concordado com Harding em que a URSS preferiria oferecer o mínimo de ajuda, suficiente para conseguir o máximo de gratidão argentina no futuro.

Nesse ponto, o embaixador avançou mais um passo e perguntou se o equipamento eletrônico encontrado no avião cubano forçado a descer em Brasília tinha alguma coisa a ver com isso. Medeiros respondeu que era o tipo de assistência que os russos deveriam ter em mente. Em seguida, deixou bastante claro que o governo brasileiro queria evitar qualquer envolvimento em possíveis hostilidades entre a Grã-Bretanha e a Argentina, pois o país não tinha motivos ou meios para tanto. No entanto, o Brasil estaria disposto a ajudar, em caso de fracasso da missão Haig e tinha clareza de que não desejava que o

---

20 Aqui foram suprimidas três linhas do telegrama. No final de 2019, a fita preta sobre essas linhas permanecia, sob o carimbo: "This is a copy. The original has been closed for 40 years under exemption n. 27 (1) (a) (d). Minha experiência sugere que, no final desse período, em abril de 2022, essa classificação será renovada.

Tratado do Rio fosse invocado. O general concordou com a sugestão do embaixador quanto à imagem prevalecente de que o Brasil pendia para os argentinos, mas ainda assim, disse, o pais poderia ser útil como um "intermediário neutro" (*uncomitted intermediary*), se houvesse luta entre o Reino Unido e a Argentina. Ao encerrar a conversa, o brasileiro teria enfatizado que o Brasil queria relações amistosas com os dois países. Mais do que isso, precisava delas.[21]

No mesmo dia 13 de abril, correspondência interna do FCO comunicou que nosso encarregado de negócios brasileiros tinha telefonado para expressar, seguindo instruções de seu ministério, a preocupação do governo brasileiro com notícias na imprensa britânica sobre exercícios navais do Brasil, com a insinuação de que estes representariam algum tipo de apoio aos argentinos. Ao contrário, as manobras em questão eram completamente rotineiras e tinham sido planejadas com dez meses de antecedência, sem conexão com os eventos recentes.[22]

No dia seguinte, a embaixada britânica trouxe a público nota negando que "a mensagem da Primeiro-Ministro conti(vesse) uma ameaça velada ou aberta contra os interesses brasileiros", conforme matéria publicada no *Jornal de Brasília*. Segundo a nota, Thatcher limitara-se a responder à "franca oferta de ajuda do Presidente Figueiredo, a qual, do ponto de vista britânico" pode-

21 Telegram number 100 of 13 April, FCO 7-4123, 22, p.2, NAK.

22 "Brazilian Naval Manoevres", J B Ure a Mr Fearn, Emergency Unit, 13 April 1982, FCO 7-4123, 23, NAK. John Ure era o chefe de gabinete do chanceler Carrington. Enquanto Superintending Assistant Under-Secretary of State, era o superior imediato do South America Department e do North America Department. A missão brasileira na Austrália telegrafou à chancelaria informando que um jornalista do *Camberra Times* tinha telefonado àquela missão pedindo confirmação sobre as manobras, telegrama 107, Embaixada em Camberra para Exteriores, 14/04/82, BR DFANBSB Z4.REX.IPS.227, cit., SIAN. Acesso em 30 de novembro. Já uma "alta fonte naval" argentina, citada em despacho da AFP de Londres, publicado pelo jornal platino *El Clarín*, teria dito que achava "razoável que a frota brasileira tenha saído a alto-mar", numa ação "preventiva" que expressaria a posição do Brasil ao lado da Argentina. Por sua vez, o embaixador brasileiro em Buenos Aires relatou que a televisão daquele país dedicou "vários minutos à transmissão dos exercícios da frota naval do Brasil no litoral sul do país", telegramas 885 e 888, Embaixada em Buenos Aires para Exteriores, 20/4/1982, em BR DFANBSB Z4.REX.IPS.228, cit., SIAN. Acessos em 8 e 9 de dezembro de 2020.

ria "mais efetivamente ser realizada ao exortar o Governo Argentino a cumprir a Resolução das Nações Unidas e retirar suas forças das Ilhas Falkland (Malvinas)". Conforme a nota, "o Governo Britânico tem sempre respeitado e continuará a respeitar o ponto de vista independente do Brasil e seu firme compromisso com a paz, que considera ser um elemento positivo em busca de uma solução negociada para a atual disputa". Falava em seguida em manutenção das excelentes relações com o Brasil. Como se vê, o discurso público era bem diferente da avaliação intramuros do FCO. Logo depois a imprensa brasileira noticiou declarações de Saraiva Guerreiro no sentido de que o país não seguiria a sugestão de Thatcher de que o Brasil usasse sua influência junto à Argentina para obter o cumprimento da resolução 502. Na mesma ocasião, o chanceler disse considerar "normais" os termos da nota da premiê.[23]

Brasília informou a Londres sobre o conteúdo da mensagem de Galtieri conforme publicada nos jornais, juntamente com o comentário: "a mensagem é descrita na imprensa como deliberadamente elaborada em termos sentimentais para contrastar com a resposta paralela da Primeiro Ministro". O ditador dizia que em tempos como aqueles é que se podia conhecer as verdadeiras amizades e que a mensagem de seu colega brasileiro o tinha comovido no mais profundo de sua alma. Afirmava também que o texto poderia ser visto como uma retribuição à afetuosa recepção que o povo argentino propiciara ao presidente em sua recente visita à Argentina. Falava do efeito inspirador e emocional da solidariedade prestada a seu país por milhões de brasileiros. Concluía lembrando que depositava em Deus a esperança de que a causa argentina seria decidida pelo peso da justiça.[24]

---

23 Minuta de telegrama 463, Exteriores a Embaixada em Londres, 14-4-82, urgentíssimo, Microfilme F0941, AMREB. Para o original, Telegram number 102 of 14 April, FCO 7/4123, 26, NAK. A embaixada logo avisou Londres, telegram number 106 of 15 April, FCO 7-4123, 27.

24 Telegram number 112 of 16 April, FCO 7/4123, 30, NAK. Ver "Mensagem de Galtieri a Figueiredo agradece apoio", *Jornal de Brasília,* 14 de abril de 1982.

A pedra no caminho

No dia 8 de abril, a embaixada britânica em Brasília tinha entregado ao Itamaraty nota anunciada na Câmara dos Comuns no dia anterior pelo Secretário de Defesa, John Nott, referente ao estabelecimento de uma Zona de Exclusão Marítima (ZEM) a partir das 4.00, hora de Greenwich, do dia 12. A MEZ (da sigla em inglês) se constituiria num círculo com raio de 200 milhas náuticas a partir do centro das ilhas (latitude de 51 graus 40 minutos sul e 59 graus 30 minutos oeste). A partir de então, qualquer navio de guerra ou unidade auxiliar da Argentina no interior dessa zona seria tratado como hostil e ficaria sujeito a ataque pelas forças britânicas. É importante destacar que, conforme esclareciam as linhas finais da nota, a medida era "sem prejuízo do direito do Reino Unido a tomar quaisquer medidas adicionais que possam ser necessárias no exercício de seu direito de autodefesa, sob o Artigo 51 da Carta das Nações Unidas".[1]

Alguns dias depois (17-4), em Londres, documento secreto encaminhado por Roger Jackling, chefe do Analytical Branch of Defence Intelligence (DS 11) do Ministério da Defesa (MOD),[2] ao secretário do chanceler Francis Pym

1 "Falkland Islands: Maritime Exclusion Zone", British Embassy Brasilia, 8 April, 1982, 6150, Caixa 1730 940 (A30) (A19) a 940 (B29) (F27), Maço "Guerra. Invasões bélicas. Invasão. Bloqueio. Armistício. Grã-Bretanha-Argentina. Universo", 01-4-82 a 05-6-82, AMREB.

2 "Eu era o chefe do DS11, que era o departamento do Ministério da Defesa que cuidava das relações com o Foreign Office e outros departamentos governamentais, da dimensão parlamentar das apresentações públicas, das regras de engajamento, dos prisioneiros de guerra e da criação de opções alternativas durante a campanha" (Jackling, 2005, p. 17).

lembrava justamente esse trecho da nota anterior e afirmava: "Sir Ian Sinclair nos avisou que nossos direitos sob a Carta e a notícia que demos de nossa intenção de exercer esses direitos fornecem cobertura legal suficiente para as contingências com as quais S o S (Secretary of State) está preocupado". Sinclair era então o *Legal Adviser* do Foreign Office. Antes disso, Jackling tinha se referido à consulta dirigida a este sobre a necessidade de um aviso aos navegantes, ou anúncio público adicional, antes que as forças britânicas enfrentassem as argentinas "seja na zonas anunciadas (mas não formalmente promulgadas) pelo governo argentino ou no Alto Mar".[3]

O arrazoado continuava: "os argentinos já cometeram agressão contra o Território britânico e o Povo britânico. O objetivo do Grupo Força Naval é o de se contrapor a essa agressão, que nosso direito inerente à autodefesa consagrado (*enshrined*) sob o Artigo 51 nos outorga fazer". Era possível supor, defendia o documento, que as forças argentinas encontradas *en route* operassem em apoio à invasão ilegal das Falklands e em oposição aos esforços britânicos de combater essa invasão. E acrescentava: "nossa Força seria portanto autorizada a enfrentá-las conforme exigido pela situação. Isso aconteceria no Alto-Mar, numa das Zonas argentinas, ou, certamente, no interior de nossa própria ZEM em torno das Falklands".

Em seguida o documento discutia como "questão separada" a conveniência do já referido anúncio adicional das intenções britânicas, seja como forma de dissuadir a Marinha argentina de se aproximar da forças britânicas, seja para colocar o Reino Unido numa posição política mais favorável *post hoc* qualquer atitude tomada, se o fizesse. O uso do anúncio como dissuasão tinha dois lados: poderia funcionar ou, ao contrário, poderia servir como um desafio sobre qual orgulho nacional "seria assumido". O Estado-Maior naval defendia que alguma forma de anúncio ajudaria a enfatizar a resolução do governo britânico e fortaleceria o moral dos homens que serviam na força-tarefa. Tal aviso deveria ser feito com alguma antecedência em relação ao momento em que se esperava o encontro das duas forças. Quanto ao ganho político depois de eventual batalha, ele parecia também existir. Em vista

3 R T Jackling (DS11) a PS/Secretary of State, 17 Apr 82 PS, "Falklands: FCO minute to Pym PS (Falkland Islands)", NAK.

disso, foi preparada a nota anexa ao documento, à qual voltaremos no final desta parte.

No que dizia respeito ao momento de divulgação, não seria conveniente fazê-lo enquanto as negociações de Haig estivessem "numa fase delicada e decisiva". Esse era o parecer do FCO. Além disso, seria necessário aguardar "até que Ministros tomem as decisões sobre as regras de engajamento para nossas forças ao ingressar no Atlântico Sul, as quais lhes dariam o poder de decisão (*discretion*) para engajar as Forças argentinas na forma antecipada pelo anúncio em preparação".

Segundo Max Hastings and Simon Jenkins, no decorrer da primeira quinzena desde que a força-tarefa zarpara do Reino Unido, enquanto os chefes de Estado-Maior estavam preocupados com a logística, os políticos puderam se concentrar na diplomacia. Mas chegara a hora em que eles tinham que se defrontar "com algumas das implicações mais complexas do curso em que tinham embarcado". O chefe do Estado-Maior de Defesa, Terence Lewin, cônscio de que alguns membros do Gabinete eram totalmente alheios a assuntos navais e militares, procurou apresentar as decisões a serem tomadas nos termos mais simples possíveis (Hastings & Jenkins, 1983, p. 124).

O primeiro dilema político-militar dizia respeito às *regras de engajamento*. Os autores explicam em que estas consistiam: "A Marinha Real sempre emitiu conjuntos de instruções a seus capitães sobre as circunstâncias em que eles podem disparar contra um inimigo. Em tempos de paz, elas são naturalmente baseadas no princípio da autodefesa. Mas à medida em que a força-tarefa navegava em direção ao sul, metade em paz, mas metade em guerra, que regras deveriam orientar seu comportamento em relação a navios e aviões argentinos?". Os mesmos autores fornecem um exemplo prático: os Boeing 707 que sobrevoavam a força-tarefa e podiam fornecer sua localização a submarinos inimigos podiam ser abatidos? É bom guardar em mente esta pergunta, pois ele logo envolveria um avião brasileiro.

Foi nesse quadro que, no dia 19 de abril, a pedido do First Sea Lord, posto equivalente ao do chefe do Estado-Maior da Armada no Brasil, um telegrama assinado pelo chanceler britânico Francis Pym fez uma solicitação urgente ao embaixador Harding em Brasília, para que considerasse fazer chegar aos brasileiros "uma solicitação no sentido de que, dado o risco de engajamentos navais no Atlântico Sul, eles não deveriam dispor submarinos brasileiros a mais de 500 milhas da costa do Brasil".[4] O propósito dessa medida de precaução "seria certamente minimizar o risco de, ao identificar submarinos submersos em condições operacionais (um assunto notoriamente difícil) um submarino pertencente a um terceiro país pudesse inadvertidamente vir a ser envolvido". Londres dizia reconhecer que se tratava de uma questão "muito melindrosa" (*very ticklish*), que podia resultar contraproducente, num momento em que a Marinha brasileira conduzia seu próprios exercícios. Ainda assim, Pym solicitava a Harding seu conselho urgente sobre uma forma de passar esse ponto aos brasileiros ou, se isso fosse impossível, se havia outro caminho disponível para atingir tal resultado.[5]

A força-tarefa "estava sendo despachada para uso possível, apenas no caso de a diplomacia falhar em remover os argentinos no intervalo" (Middlebrook, 2012, posição 1054).[6] Os navios e submarinos não zarparam para o Atlântico Sul ao mesmo tempo, operaram às vezes à distância do núcleo principal e nem todos eram conhecidos do público ou do inimigo. Para proteger os porta-aviões *Hermes* e *Invincible*, foram empregados 23 navios de escolta, contratorpedeiros e fragatas, que também deram proteção às embarcações de apoio (Osborne, 2005, p. 164). As iniciativas diplomáticas tomadas a partir dos primeiros movimentos da *Operação Corporate* constituíram uma corrida contra

---

4 Em depoimento concedido mais de três décadas depois, o embaixador referiu-se a este telegrama como de autoria do almirante Fieldhouse, comandante-em-chefe da força-tarefa e chefe do Estado-Maior da Defesa (Harding, 2014, p. 40).

5 "Falklands: British Task Force deployment", Telegram number 35 of 19 April, de Pym a Harding, DEFE 69/1005, "Operation Corporate – Brazil", 2, NAK. No mesmo dia, o embaixador brasileiro em Londres comunicou confidencialmente a Brasília que "informações procedentes de Buenos Aires" davam conta de que um acordo costurado por Haig estaria próximo e que a premiê Thatcher teria marcado reunião com o gabinete para examinar a questão, telegrama 448, Embaixada em Londres para Exteriores, 19/04/82, BR DFANBSB Z4.REX.IPS.227, cit., SIAN. Acesso em 6 de dezembro de 2020.

6 *The Falklands* War, de Middlebrook foi lançado em 2001. Teve duas edições anteriores: *Operation Corporate: the story of the Falklands War, 1982* (1985), *Task Force: the Falklands War, 1982* (1987).

o relógio e envolveram, além de Grã-Bretanha e Argentina, vários países e organizações internacionais, com destaque para a já mencionada Missão Haig.[7]

No dia 20, Harding respondeu ao FCO que arranjara uma oportunidade para levantar a questão informalmente, na tarde do dia seguinte, com o almirante (José Gerardo Albano de) Aratanha, chefe do Estado-Maior da Armada. Propunha dizer ao brasileiro que o First Sea Lord, que ele devia conhecer bem, "está preocupado com o risco de um submarino argentino pudesse ser instruído a engajar a força tarefa da Royal Navy ou seus navios auxiliares, no seu caminho para ou da ZEM". Dada essa ameaça potencial e considerando a dificuldade em identificar submarinos em condições operacionais, poderia haver o risco de identificação equivocada de um deles na área, pertencente a um terceiro país. Nesse sentido, diria o embaixador ao oficial de Marinha, o First Sea Lord estava preocupado em saber se havia a possibilidade de encontrar submarinos brasileiros *a mais de 500 milhas da costa brasileira ou em águas territoriais brasileiras em torno de suas ilhas atlânticas (por ex. Trindade e Martin Vaz* (grifo nosso). Prevendo que Aratanha, que era um bom amigo, mas um homem cauteloso, não quisesse responder de imediato, o embaixador dizia a Londres que sugeriria contato posterior entre o adido naval britânico e um oficial indicado pelo chefe do Estado-Maior da Armada.[8]

No dia seguinte, o embaixador relatou ao FCO que convidara o almirante a sua casa naquela noite e conversara com ele, conforme as instruções de Londres. A reação do brasileiro o surpreendeu. O chefe do EMA disse sem hesitação que poderia assegurar que nenhum navio da Marinha, submarino ou de superfície, operaria fora das *200 milhas do mar territorial brasileiro* (grifo nosso), portanto muito mais perto da costa que o solicitado pelos britânicos. Mais do que isso, ele teria deixado implícito que seus navios ficariam bem no interior desses limites, assim como os aviões da FAB e que tanto a Marinha

7 Os primeiros cargueiros Hercules partiram da base aérea de Lyneham (perto de Swindon), no próprio dia da invasão, a 2 de abril. Seu destino final seriam as Ilhas Ascensão (Middlebrook, 2012: posição 1059).

8 Telegram 117 of 20 April, "Falklands: British Task Force deployment", DEFE 69/1005, 1, NAK.

como a Força Aérea estavam decididas a manter distância de qualquer envolvimento num possível conflito.[9]

Trinta anos depois, no depoimento já mencionado, Harding contou uma história mais colorida e ligeiramente diferente. Depois de lembrar que o almirante era seu vizinho e que o conhecia bem, disse que telefonou para Aratanha e perguntou: "Posso dar um pulo aí e ter uma palavra com você?". E suas recordações continuam: "era uma bela noite de luar e nem precisei usar o portão da frente. Pulei facilmente a cerca de arame branca que separava seu jardim do meu e nos encontramos no seu gramado". Houve apenas uma rápida troca de palavras: "Andamos para cima e para baixo e eu disse: 'Escute, acabei de receber esse telegrama de Londres e é muito importante que tenhamos uma clara resposta a isso. Eles estão pedindo uma garantia da Marinha Brasileira de que vocês manterão todos os seus navios, inclusive submarinos, fora da linha da Força Tarefa. Como devo fazer?". E ele disse: "Não se preocupe. Posso lhe dar essa garantia agora"' (Harding, 2014, p. 40).

De todo modo, no telegrama acima, estimulado pela resposta direta do almirante, o embaixador explicou a Londres que aproveitara para indagar o que havia de verdade nas matérias de imprensa sobre a disposição brasileira a vender aviões de reconhecimento naval Bandeirante para a Argentina. O oficial teria repetido que as três forças brasileiras estavam bastante ansiosas por evitar envolvimento. Os argentinos tinham efetivamente feito sondagens sobre a possibilidade de obter essas aeronaves, mas ele teria indicado, sem o dizer explicitamente, que as autoridades brasileiras recusariam o pedido. Além disso, seria fisicamente difícil transferir os aviões à Argentina, a tempo para que esta pudesse usá-los. O embaixador dizia conhecer o almirante o suficiente para acreditar que fora sincero, mas ressaltou que ele talvez não conhecesse a história completa sobre os Bandeirante.[10] Considerando os documentos do CSN já examinados, onde ficava claro que para o Itamaraty o governo deveria aceitar o pedido argentino de aeronaves Bandeirante, essa ilação era equivocada. Como chefe do EMA, o almirante Aratanha tinha assento permanente no Conselho de Segurança Nacional.

---

9 Telegram number 120 of 21 April, Secret UK COMMS only, "Falklands: British Task Force deployment", DEFE 69/1005.

10 Idem.

Harding concluiu que a força-tarefa não deveria se preocupar quanto a encontrar algum submarino perdido fora das águas territoriais brasileiras e que as reportagens sobre um suposto acordo com a Argentina para a transferência dos aviões mencionados eram de autenticidade questionável. A conversa terminou com o envio de calorosas saudações de Aratanha a Sir Henry Leach, o First Sea Lord, com quem ele estivera em 1977.[11]

Dois dias depois da conversa ao luar, em Londres, foram apresentadas em caráter secreto ao War Cabinet (OD (SA) as decisões aguardando na mesa sobre providências relativas à força-tarefa. Criado por decisão da premiê a 6 de abril, o órgão extraordinário era chamado oficialmente "Ministerial Sub-Committee of the Defence and Overseas Policy Committee (OD) on the South Atlantic and Falklands Islands, (OD(SA)". Não se tratava da mobilização da maquinaria de contingência de período de guerra, mas de um grupo de coordenação ("steering group"), que passou a ser conhecido no governo simplesmente como "Odza". Incluía a premiê e os ministros do Interior, das Relações Exteriores e da Defesa, além de vários outros (Hastings & Jenkins, 1983, p. 80-82).

Na lista de decisões a serem tomadas com urgência, estavam as Regras de Engajamento Marítimas, para implementação da Zona de Exclusão aérea e marítima pelo Grupo de Combate dos porta-aviões, caso a Zona fosse efetivamente estabelecida no dia 29 de abril. A decisão tinha que ser tomada pelos menos 48 horas antes dessa data. As outras decisões diziam respeito: 1) à partida do Grupo Anfíbio, reunido nas Ilhas Ascensão e pronto para zarpar para as Falklands no dia seguinte; 2) à partida das forças especiais (SAS) prontas para decolar do Reino Unido; 3) ao desdobramento dos bombardeiros Vulcan para Ilhas Ascensão; 4) ao início das missões de reconhecimento sobre as Falklands dos aviões Canberra vendidos ao Chile, mas pilotados pela Royal Air Force (RAF); 5) à inserção de tropas especiais: SAS (Special Air Service) e SBS (Special Boat Service), prontas para emprego, com o fim de coleta de inteligência e operações ofensivas nas Falklands.[12]

---

11 Idem.

12 Falklands: Nott minute to MT ("Maritime Rules of Engagement"), 1982 Apr 22, secret UK Eyes B, PREM19/644 f11, "Presentation to OD (SA) on 22nd April 1982", MTF. Acesso em 27 de fevereiro de 2020. Em telegrama confidencial de Londres, a 19 de abril, o embaixador Roberto Campos notificou a Chancelaria sobre infor-

Nesse contexto, o MOD encaminhou nesse mesmo dia à premiê Thatcher ofício secreto, onde informava que o embaixador no Brasil tinha levado à autoridade competente brasileira a questão do possível emprego de submarinos fora das *águas territoriais brasileiras* (como vimos não foi isso o que ocorreu, pois no início falava-se em 500 milhas), onde podiam entrar em contato com unidades da força-tarefa. Segundo o documento, o almirante Aratanha tinha assegurado que os submarinos brasileiros ficariam nos limites do mar territorial. O texto avaliava que não havia possibilidade de encontrar submarinos convencionais de outros marinhas na área e mencionava em seguida a reunião do OD (SA), onde se discutira as regras de engajamento aplicáveis em alto-mar entre os paralelos 10º e 35º Sul (e a oeste do 20º Oeste). Estas autorizavam ataques a qualquer navio, submarino ou aeronave que demonstrasse intento hostil ao entrar num raio de 25 milhas de um navio ou submarino britânico. Na ocasião, fora suspensa a aprovação de regra autorizando as forças navais de Sua Majestade a supor que qualquer submarino encontrado seria argentino. E concluía que, *à luz da posição brasileira* (grifo meu), acreditava que se podia então promulgar com segurança as Regras Marítimas de Engajamento, pedindo a aprovação de Thatcher para que assim fosse feito.[13]

Até onde sabemos, a importância da garantia prévia brasileira nessa questão é até aqui desconhecida na literatura sobre a crise e a guerra e, para além da breve menção na entrevista citada de Harding, só pode ser revelada graças à análise mais detida dos documentos secretos e ultra-secretos liberados a partir de 2012. Um relato sobre a guerra lembra:

> Uma vez removidas as hesitações iniciais dos políticos, contudo, foi notável o grau de liberdade para abrir fogo que eles garantiram à força tarefa. O esboço das regras de engajamento de Sir Terence Lewin, ajudado por um comitê semipermanente

---

mações vinculadas nessa data "sobre medidas no plano militar", entre as quais "a conversão de bombardeios Vulcan para armamento convencional com a aparente função, segundo comentários especializados, de bombardear aeroportos na Argentina", telegrama 447, Embaixada em Londres para Exteriores, 19/04/82, BR DFANBSB Z4.REX.IPS.227, cit., SIAN. Acesso em 5 de dezembro de 2020.

13 Falklands: Nott minute to MT ("Maritime Rules of Engagement"), 1982 Apr 22, secret UK Eyes B, PREM19/644 f11, MTF. Acesso em 27 de fevereiro de 2020.

> de funcionários no Gabinete, acabou por dar a seus capitães a mais ampla latitude possível; isso, combinado com sua habilidade em conseguir a concordância do Gabinete de Guerra, lhe granjeou a maior admiração em Northwood e no seio da força tarefa (Hastings & Jenkins, 1983, p. 125).[14]

Mas a consequência mais imediata das decisões sobre as Regras de Engajamento foi, a 23 de abril, a comunicação do governo britânico ao governo argentino, via embaixada suíça, que representava os interesses britânicos em Buenos Aires. O texto avisava que, ao anunciar o estabelecimento da Zona de Exclusão Marítima em torno das Falklands, o Governo de Sua Majestade deixara claro que essa medida não vinha em prejuízo do direito do Reino Unido de tomar quaisquer medidas que achasse necessárias para o exercício de seu direito de autodefesa sob o artigo 51 da Carta das Nações Unidas. E continuava:

> Nesse sentido, o GSM deseja agora deixar claro que qualquer aproximação por parte de navios argentinos, incluindo submarinos, navios auxiliares, ou aeronaves militares, que possam representar ameaça de interferir com a missão das forças britânicas no Atlântico Sul encontrará a resposta apropriada. Todas as aeronaves argentinas, inclusive aviões civis empregados em vigilância daquelas forças serão vistas como hostis e passíveis de tratamento correspondente.[15]

No dia 25, em audiência do embaixador Harding e seu ministro-conselheiro com o chefe do Departamento de Américas do Itamaraty, cujo objetivo central examinaremos adiante, este entregou aos britânicos a resposta argentina a essa advertência, recebida em Brasília na noite anterior e encaminhada ao governo britânico. Tratava-se do Comunicado 26 da Junta Militar, que transmitia "ao povo da Nação argentina" que recebera a nota onde se informava a decisão do governo britânico de atacar qualquer aeronave, navio ou submarino argenti-

14 Northwood é o distrito de Londres que abriga o quartel-general da Royal Navy.

15 Minuta de telegrama 631, de Exteriores a BRASEMB-Londres, 25-04-82, AMREB.

no que afetasse o cumprimento da missão da frota no Atlântico Sul, "estendendo essa ameaça aos aviões comerciais". Diante disso, a Junta Militar decidira:

> 1. Considerar que esta atitude viola as mais elementares normas do direito internacional, o que indica o menosprezo que sente por elas o governo da Grã-Bretanha;
>
> 2. Apresentar a denúncia pertinente às organizações internacionais competentes;
>
> 3. Apelar à sensatez do Governo britânico, instando-o a por um fim a esta longa série de provocações, impróprias de uma nação civilizada, que em nada ajudam à solução diplomática de nossas diferenças e que estão chegando a limites intoleráveis;[16]
>
> 4. Que as FFAA argentinas respondam a toda agressão britânica, com base no direito de autodefesa estabelecido no artigo 51 da Carta das Nações Unidas.[17]

16 Um observador mais cético diria que a ditadura argentina parecia supor que o grau de civilização de uma nação só se media por suas atitudes externas e perguntaria: dentro do país, os militares argentinos agiram de forma civilizada?

17 Minuta de telegrama 635, de Exteriores para Embaixada em Londres, 25-04-82, AMREB.

A esfinge brasileira

A partir de meados de abril, até o começo das operações bélicas, as mensagens enviadas pela embaixada britânica ao Foreign Office mostram a preocupação em decifrar qual seria a atitude do Brasil diante da crise. A série começou com um despacho de Harding, sobre uma conversa entre ele e o embaixador francês (Robert Gilles) Richard, na manhã de 12 de abril, onde este relatou o conteúdo de um longo diálogo que tivera no dia anterior com o chefe do Departamento das Américas do Itamaraty, Rubens Ricupero. Seguiam-se os pontos principais do diálogo: 1) a mensagem de Figueiredo a Galtieri refletia a relação pessoal entre os dois e a experiência do primeiro em Buenos Aires, mas o presidente tivera cuidado em expressar sua amizade ao povo da Argentina e não ao atual governo daquele país. Em relação à mensagem brasileira a Thatcher, Ricupero confirmou que a expressão "efetiva moderação" referia-se particularmente ao iminente bloqueio naval das Falklands; 2) pressionado pelo embaixador francês sobre o significado do oferecimento de bons ofícios por Figueiredo, o diplomata brasileiro disse ser preciso esperar os resultados da missão Haig; 3) sobre o papel de mediador, haveria três motivos para o Brasil descartá-lo: a) seu apoio consistente à reivindicação argentina desde 1833; b) o fato de ter assumido a proteção dos interesse argentinos e, mais importante, c) o sentimento brasileiro de solidariedade com seu vizinho e de preocupação com a manutenção de boas relações entre os dois países no futuro.[1]

---

1 Harding a Mr Dearlove, 12 April 1982, FCO 7-4123, 32, NAK. Não foi possível identificar o cargo do destinatário.

Provocado pelo embaixador, Ricupero reconhecera que este fator tinha impedido o Brasil de condenar a ação militar argentina, apesar do cuidado em não apoiá-la. O diplomata brasileiro teria concordado também em que, se houvesse conflito armado, tudo poderia mudar. A opinião sul-americana seria hostil à presença de uma grande força naval britânica em águas do Atlântico Sul, tão perto do continente. Esse ponto certamente marcaria os debates na Organização dos Estados Americanos (OEA) que a Argentina se empenhava em promover. A Declaração 502 da ONU não constituiria obstáculo à discussão, uma vez que esta apelava especificamente à cessação de hostilidades, o que estaria sendo ignorado pela Grã-Bretanha. Os dois interlocutores concordaram em que a Argentina tinha fortes possibilidades de conseguir posição favorável na OEA.

Poucos dias depois, dois telegramas enviados pela embaixada em Brasília referiram-se a notícias de imprensa sobre declarações de um "funcionário graduado" do Itamaraty, "assessor próximo do chanceler", que teria caracterizado como "colonialista" o boicote econômico à Argentina por parte dos países da CEE. As declarações de (Roberto) Abdenur foram expressas num evento acadêmico no Rio. Para ele, a Europa não reagira assim quando a África do Sul invadira Angola ou a URSS, o Afeganistão. Ele também teria reclamado de setores da opinião pública brasileira que se recusavam a ver as razões intrínsecas ao problema - como o direito argentino à posse das ilhas -, ou a considerar as relações comerciais entre Brasil e Argentina. Com base nisso, concluíra o diplomata, não haveria motivo para não vender armas ao país vizinho. Em sua visão, essa decisão não afetaria as relações entre Brasília e Londres.[2]

O telegrama não trazia comentários. Harding tentara falar pessoalmente com o responsável pelas declarações, mas Abdenur estava ausente de Brasília e ele conversou com o chefe do Departamento Comercial do Itamaraty, (Carlos Augusto) Proença Rosa. Este destacou que seu colega falara em nome pessoal. Dizendo se expressar também nessa condição, concordou basicamente com as palavras de Abdenur. Para Harding, apesar dessa ressalva, não havia motivo para duvidar de que as opiniões dos dois diplomatas denotavam a profunda preocupação no MRE e em outros lugares no governo brasileiro, quanto aos

2 Telegram number 110 of 16 April. FCO 7-2143, 29, NAK.

possíveis efeitos econômicos de longo prazo da crise das Falklands. Antes de encerrar, o embaixador prometeu conversar com o Itamaraty e outros ministérios nos dias seguintes.[3]

Na correspondência diplomática brasileira, o caso Abdenur também repercutiu. De Brasília, a chancelaria transmitiu naquele mesmo dia à embaixada em Londres, recortes de matérias dos jornais *Correio Braziliense* e *Gazeta Mercantil*.[4] A primeira tinha o título "Diplomata defende venda de armamentos". Esclarecia que o evento referido acima tinha sido patrocinado pelo Conselho Brasileiro de Relações Internacionais, presidido pelo historiador (sic) Helio Jaguaribe.[5] A longa intervenção de Abdenur ocorrera no momento dos debates e constituiu uma clara defesa do diálogo Sul-Sul, consubstanciado no Movimento dos Países Não-Alinhados, em face do fracasso das relações Norte-Sul em apresentar resultados nos planos comercial e econômico para os "países subdesenvolvidos". Mais do que isso, o diplomata dissera ter a impressão de que esse diálogo fora intencionalmente implodido pelos Estados Unidos.

Foi esse o quadro, em que, no governo de Ernesto Geisel (1974-1979), o Brasil "lançou uma política internacional atuante de nítida aproximação às demais nações do Terceiro Mundo". Como se vê, o debate no CBRI contextualizou a atitude do Brasil diante da crise. No calor da hora, Jaguaribe a definiu como de "neutralidade favorável", admitindo que o país dificilmente deixaria de vender armamentos, "até mesmo pela simpatia nutrida pela Argentina". O sociólogo também previra que o país não sofreria sanções, "porque isto levaria a uma participação direta no conflito". Abdenur concordou com Jaguaribe. Para ele, "o envio de tropas inglesas ao Atlântico Sul (agredia) também o Brasil", por seu comprometimento com os países do Terceiro Mundo e "a questão da venda de armas é de interesse nacional e se (sobrepunha) à questão ideológica".

3 Telegram number 109 of 16 April. FCO 7-2143, 28, NAK.

4 Minuta de telegrama 530 de Exteriores a BRASEMB Londres, 16/4/1982, urgentíssimo, Microfilme F0941, AMREB.

5 Hélio Jaguaribe foi um dos principais sociólogos brasileiros e um dos fundadores do CBRI, em 1978. Para mais detalhes, ver Miyamoto, 1999. O autor fez parte do grupo que criou o conselho.

Com o título "Assessor de Guerreiro condena boicote da CEE", a matéria da *Gazeta Mercantil* era menos detalhada. Dizia que o encontro se realizou no próprio Palácio do Itamaraty, no Rio de Janeiro, para um público de cientistas sociais e políticos. Em relação ao artigo acima, acrescentava que Abdenur dissera não ser "feio exportar armas", sendo isso um componente da estratégia brasileira de desenvolver seu parque bélico "autônomo, não dependente, porque ser dependente nesse setor é terrível em termos de segurança internacional".

No mesmo telegrama, o Itamaraty procurou orientar nossa embaixada em Londres "em eventuais esclarecimentos que se façam necessários junto à autoridades locais ou meios de imprensa – pois as matérias acima foram publicadas por agências internacionais, já tendo tido repercussão em Buenos Aires". Propôs enfatizar que Abdenur falara em nome pessoal, "em seminário acadêmico no qual não se supunha estarem presentes jornalistas". O relato da *Gazeta Mercantil* estava correto quanto às palavras críticas ao boicote da CEE à Argentina, mas Abdenur não empregara o termo "colonialista". Se necessário, o embaixador poderia ressaltar que as palavras do diplomata não constituíam manifestação oficial do governo brasileiro. Quanto ao artigo do *Correio Braziliense*, Brasília esclarecia à embaixada que se tratava de "matéria completamente distorcida" e dizia: "O Min. Abdenur não fez, em momento algum, qualquer declaração sequer remotamente similar à frase que lhe foi atribuída no sentido de que 'o envio de tropas inglesas ao Atlântico Sul agride também ao Brasil'". O telegrama concluía comunicando que, naquela mesma tarde, o próprio ministro deu "pronto conhecimento", na ausência do embaixador Harding, ao conselheiro Flynn da embaixada britânica, "que compreendeu perfeitamente o que lhe foi esclarecido".[6]

Por sua vez, em longo telegrama secreto à Chancelaria, Roberto Campos (OLIVCAMPOS nos telegramas) arriscou algumas previsões "no momento em que o conflito sobre as Malvinas atinge um ponto crucial e em que pare-

6 E completava; "inclusive à luz do fato de que esse mesmo jornal dois dias atrás publica em primeira página matéria com interpretação errônea do sentido da resposta dada pelo Primeiro-Ministro Thatcher à mensagem do Presidente Figueiredo". Minuta de telegrama 530 de Exteriores a BRASEMB Londres, 16-4-1982, urgentíssimo, Microfilme F0941, AMREB.

ce haver um equilíbrio entre as alternativas de negociação ou ação militar". Depois de historiar brevemente os antecedentes da crise, o embaixador avaliava: "aberto o conflito, os dois governos tem praticado uma política de diplomacia apoiada na força. Dos dois lados há uma escalada incessante do conflito numa espécie de *brinkmanship diplomacy*" (diplomacia do fio da navalha), em que cada um tenta convencer o outro que não está blefando e que está disposto a assumir o ônus de um conflito, caso essa seja a única alternativa para a obtenção de seus objetivos". A comunicação inaugurava um hábito de Campos: enviar a Brasília longas análises da crise, algumas delas calcadas em informações originárias dos centros de estudos estratégicos de Londres.

O texto retomava em seguida os acontecimentos dos quinze dias precedentes e as alternativas de negociação postas na mesa: no período de transição (entre uma retirada argentina e uma suspensão das medidas militares britânicas e o encontro de uma solução definitiva), o problema central seria "compatibilizar as reivindicações britânicas de retorno à administração" do arquipélago com as argentinas de que a bandeira do país continuasse a tremular nas "Malvinas", "com a presença de pessoal argentino nas ilhas". Campos estimava que "uma saída poderia ser, ou uma administração neutra (ONU ou OEA), ou uma administração compartida, provavelmente com a presença de um terceiro membro".[7]

Ao tratar da questão dos destino dos ilhéus, o embaixador previu equivocadamente, que esses acabariam por aceitar um esquema de devolução ("lease back") e retirada das ilhas. Sua análise passava então ao tema das alternativas militares, que se imporiam, ou pelo esgotamento das negociações, ou por pressões internas nos países contendores. Para o diplomata brasileiro, "a Argentina (poderia) colocar o Reino Unido na posição de agressor caso um navio argentino (fosse) afundado" na Zona de Exclusão Marítima. Em conclusão, o telegrama previa que "as consequências para os dois governos da resolução da crise poderia ser desastrosa".

No Reino Unido, continuava o telegrama, "os adversários de Thatcher dentro e fora do Partido Conservador (esperariam) apenas o final da crise para despacharem seu ataque contra o governo". Em suma, a situação como se

7 Telegrama 436, Embaixada em Londres para Exteriores, 16/4/82, secreto, BR DFANBSB Z4.REX.IPS.227, cit., SIAN. Acesso em 12 de dezembro de 2020.

apresentava em meados de abril era "cambiante e difícil de prever, mais pela natureza dos dois governos e pelos interesses em jogo que pela complexidade do problema em si". Haveria "uma permanente oscilação entre otimismo e pessimismo, de acordo com o calendário, o lugar do observador e o local onde se encontrava Haig", em seu périplo entre Buenos Aires e Londres. "Uma solução militar era impensável pela enormidade dos problemas que causaria e pela incerteza quanto ao seu desfecho", mas "os elementos emocionais" formariam o pano de fundo da crise e tornariam "pensável um conflito armado e, inclusive, sua escalada e extensão, envolvendo outros países". No final das oito páginas de seu texto, Roberto Campos dizia acreditar que, ainda assim, a alternativa diplomática continuava a ser a mais provável.

Ao mesmo tempo, de Buenos Aires, o outro polo da crise, o embaixador Carlos Duarte enfatizava em telegrama confidencial a convergência interna propiciada pela "tomada" das ilhas. Se antes disso o governo militar estava em crise, agora partidos e sindicatos cerravam fileiras com Galtieri, que apareceria como o homem forte frente à Junta. Seu discurso na Plaza de Mayo no dia 10, "foi realizado diante de entusiástica multidão – mais de 20.000 presentes – o que em muito lembrou as grandes concentrações populares na época peronista", dizia o diplomata. E concluía: "sem dúvida, a ocupação das Malvinas evitou, em termos imediatos, uma séria crise no processo" mas cabia duvidar se essa situação seria duradoura. Tudo isso provocava "suspicácias dos analistas quanto às razões que levaram à escolha do momento para o desfecho da operação militar".[8]

Nos dias que se seguiram, a preocupação da embaixada da Grã-Bretanha em Brasília voltou-se para a posição do Brasil na sessão extraordinária do Conselho Permanente da OEA, a ser realizada no dia 20 de abril, em Washington, DC, em

8 Telegrama 858, Embaixada em Buenos Aires para Exteriores, 16/4/82. Para completar, o ex-chanceler Azeredo da Silveira, embaixador em Washington, escreveu ao Itamaraty nesse dia, referindo-se às repercussões do telefonema de Galtieri ao presidente Reagan. Para ele, ficara a impressão de que a Argentina estaria "mais flexível". De Buenos Aires chegavam à capital dos EUA rumores de um "otimismo moderado" quanto ao resultado das negociações encetadas por Haig, telegrama 1270, Embaixada em Washington para Exteriores, 16/4/82, confidencial, BR DFANBSB Z4.REX.IPS.227, cit., SIAN. Acesso em 12 de dezembro de 2020.

que a Argentina defenderia a convocação de Reunião de Consulta, com base no TIAR, ou Tratado do Rio, para o dia 26. Na véspera daquela sessão, Brasília resumiu a dois destinatários em Londres (South American Department e Cabinet Office), a atitude do Brasil diante da disputa pelas Falklands. Seria ocioso repetir aqui essa avaliação, que pouco difere do que já vimos antes.

A novidade do telegrama estava na informação de que a posição pessoalmente simpática do presidente pela causa argentina era fortemente respaldada pelo ministro do Exército, Walter Pires. Para o embaixador, entre os altos escalões militares ("senior military") não havia amor pelos argentinos e muitos deles gostariam de ver aquele país "passar um mau pedaço" ("take down a peg"). Os escalões inferiores seriam mais neutros. A propensão britânica a analisar a nossa psicologia voltou nesse texto: "um traço do caráter nacional brasileiro é uma relutância em levantar-se e tomar uma posição clara (*a reluctance to stand up and be counted*)", afirmava Harding. Resumindo a postura do Brasil naquele momento, o embaixador falava em "não engajamento angustiado" ("anguished non-involvement").[9]

Com base nessas considerações, ele tentava prever a posição brasileira, caso a convocação do TIAR fosse aprovada na sessão da OEA do dia seguinte: "em qualquer encontro desse tipo os brasileiros manobrarão para impedir a adoção de uma resolução mandatória". Mas se esta fosse adotada a tradição legalista quanto a tratados internacionais talvez levasse o país a concordar, pelo menos ostensivamente, com uma resolução desse teor, mas de forma fluida e sem aceitar recomendação de ajuda militar aberta. No caso de conflito armado, a posição do Brasil poderia mudar e o país se sentiria obrigado a cobrar a Grã-Bretanha, enquanto agressor, publicamente, chegando mesmo a chamar o embaixador em Londres, mas o rompimento de relações estaria descartado.

No dia seguinte, o Conselho Permanente (CP) da OEA aprovou por 18 votos a favor e três abstenções (Colômbia, EUA e Trinidad-Tobago), sem emendas, o projeto de resolução apresentado pela Argentina. O texto em espanhol logo foi passado à embaixada em Londres.[10] Tinha dois considerandos; 1)

9 Telegram number 114 of 20 April, FCO 7-4123, 34, NAK.

10 No dia 16, Alarico Silveira Junior, delegado brasileiro junto à OEA, tinha transmitido a resolução a Brasília, destacando que o texto fora antecipado a ele pelo embaixador Raul Quijano, telegrama 540, DELBRASUPA para Exteriores, 17/4/82,

que o governo da República Argentina tinha solicitado ao Órgão de Consulta (OC) que examinasse, em consonância com o artigo 6 do TIAR, as medidas que convinha tomar para a manutenção da paz e a segurança do continente e 2) que o CP escutou a declaração do representante da República Argentina "denunciando uma grave situação que ameaça a paz e a segurança do continente e que afeta a soberania e a integridade territorial de seu pais, e expondo as medidas que o governo argentino adotou no exercício do direito de legítima defesa". E resolvia: 1) convocar o OC de acordo com o TIAR e segundo o previsto no art. 70 do regulamento do Conselho, "com o objetivo de considerar a grave situação colocada no Atlântico Sul"; 2) convocar reunião do Órgão de Consulta na sede da Subsecretaria Geral da OEA, no dia 26 de abril e 3) constituir-se e atuar provisoriamente como Órgão de Consulta (art. 12 do TIAR).[11]

O delegado brasileiro apresentou declaração de voto em separado, reiterando o "apoio ao direito argentino sobre aquelas ilhas", bem como a "profunda preocupação ante a grave crise entre duas nações com as quais mantém o Brasil, tradicionalmente, relações de franca e cordial amizade". Registrando que a posição de nosso país seria tratada, "na extensão e profundidade requeridas, no âmbito da própria Consulta", o país renovava "os mais ardentes votos no sentido da retomada de um diálogo entre as nações afetadas". O texto concluía: "foi dentro desse espírito de solidariedade interamericana e de sinceros desejos de paz dirigidos a ambas as partes", que o Brasil "apoiou o pedido formulado pela Argentina, nação-irmã deste continente".[12]

---

secreto, BR DFANBSB Z4.REX.IPS.227, cit., SIAN. Antes, o diplomata tinha relatado o conteúdo do encontro, no qual Quijano falara das expectativas de seu país quanto ao sucesso da iniciativa, telegrama 539, DELBRASUPA para Exteriores, 17/4/82, secreto, BR DFANBSB Z4.REX.IPS.227, cit., SIAN. Ambos os acessos em 3 de dezembro de 2020.

11 Minuta de telegrama 581, Exteriores a BRASEMB Londres, 21-04-82, Microfilme F0941, AMREB.

12 Minuta de telegrama 578 de 21/04/82, de Exteriores a Embaixada em Londres, 21/04/82, retransmitindo texto do telegrama 557 de DELBRASUPA, Microfilme F0941, AMREB. A sigla se refere à Delegação do Brasil junto à União Panamericana, organismo que deu origem à OEA. Oficialmente, o delegado é o Representante Permanente do Brasil junto à OEA. Ver www.delbrasupa.itamaraty.gov.br. Acesso a 27 de fevereiro de 2020.

Nos documentos produzidos no âmbito do Conselho de Segurança Nacional, a atitude brasileira ficou registrada com mais nitidez. Em memória apresentada pelo Itamaraty ao CSN no dia 19 de abril, definia-se como de "não-engajamento ostensivo" a posição do Brasil, com a explicação; "não é equidistante, e muito menos neutra, uma vez que apoiamos a reivindicação argentina sobre as Ilhas".[13] O documento reconhecia que as mensagens enviadas pelo presidente Figueiredo aos governantes dos dois países envolvidos eram "diferenciadas pelo tom inequivocamente mais afetuoso e íntimo daquela enviada ao Presidente da Nação Argentina". Em seguida, definia como preocupação fundamental da atuação brasileira "preservar, na melhor forma possível, o excelente relacionamento ora mantido com a Argentina". Não à toa, os papéis foram classificados como secretos.

No tópico "Atuação argentina em relação ao Brasil", o texto explicava: "o governo argentino não participou previamente sua intenção ou ação de ocupar as Ilhas. Tampouco notificou o Governo brasileiro de forma privilegiada sobre as operações militares de 02 Abr 82, tão logo estas foram desencadeadas", ao contrário do que fez a URSS com os EUA quando as tropas do Pacto de Varsóvia invadiram a Tchecoslováquia. Depois disso, teria havido um estreitamento dos contatos entre os dois países, concluindo com a solicitação, "em graus diversos de formalidade" da cooperação do governo brasileiro "em termos mais concretos". Entre as iniciativas argentinas nesse sentido estariam: 1) contatos entre as autoridades econômico-financeiras dos dois países "com vistas a que o Brasil concedesse facilidades adicionais à Argentina em matéria de créditos e comércio exterior"; 2) solicitação de compra de aviões-patrulha Bandeirantes, para entrega imediata, o que implicaria em venda de equipamento já em uso no Brasil; 3) pedido à Petrobrás de fornecimento de querosene de aviação para a Força Aérea Argentina. Segundo o documento, a posição do Itamaraty era que fosse dado tratamento favorável a essas solicitações. O texto concluía prevendo a "perspectiva de utilizar plenamente todas as potencialidades de uma ampla cooperação com nosso principal vizinho".

---

13 "A questão das Malvinas e as relações Brasil-Argentina", 19 Abr 82, secreto, BR DFANBSB N8.0.PSN, EST.44 – Dossiê I das Malvinas – dossiê, Fundo: Conselho de Segurança Nacional, SIAN. Acesso em 27 de fevereiro de 2020.

No dia 20 de abril, em telegrama de Washington ao Itamaraty, o representante brasileiro junto à OEA analisou a aprovação do pedido argentino "por significativos 18 votos favoráveis". Em sua visão, o Conselho Permanente daquela organização teria concedido à Argentina "o que, pelo menos numa primeira fase, parece ser novo e valioso instrumento de ação, no contexto mais amplo dos esforços que Buenos Aires vem realizando em busca de uma solução pacífica e ao mesmo tempo 'avalizadora' da reconquista das ilhas Malvinas: a colocação da crise anglo-argentina no marco de um dos instrumentos do sistema interamericano, especificamente o do TIAR".[14]

No dia seguinte, outra memória no âmbito do CSN enfrentava o tema dos posicionamentos da Argentina e do Brasil na Reunião de Consulta da OEA. Ela dividia a análise em duas fases: ameaça de confronto militar e confronto militar. Na primeira, via o posicionamento argentino como condicionado por dois objetivos: assegurar apoio inicial dos Estados-membros do TIAR e "materializar esse apoio em medidas minimamente eficientes, do ponto de vista político, econômico ou militar, contra o Reino Unido". Na parte subsequente, avaliava que "o apoio inicial recebido dos Estados-membros do TIAR" seria "qualificado pelas circunstâncias do momento, ou seja, esse apoio, na ausência ainda de conflito armado", tenderia a se limitar a "assegurar uma aparência de solidariedade continental", não levando "ao ponto de provocar reações concretas do Reino Unido, principalmente através da CEE, no campo econômico". Se a Argentina forçasse esses limites correria o risco de perder o apoio inicial, o que deveria forçar aquele país a "propor medidas menos profundas do que poderia desejar". O artigo 6º do TIAR, por prever ameaça de guerra, era o mais adequado às pretensões argentinas. O documento chamava a atenção para a influência que exerceria o governo Reagan, considerando a presença dos chanceleres em Washington, para "diluir, ou mesmo anular, medidas mais duras contra o Reino Unido".[15] Quanto ao Brasil, a memória previa que as linhas gerais de sua postura deveriam "acompanhar o referido posicio-

14 Telegrama 559, DELBRASUPA para Exteriores, 20/04/1982, BR DFANBSB Z4.REX.IPS.228, cit., SIAN. Acesso em 8 de dezembro de 2020.

15 "A questão das Malvinas", 21 Abr 82, secreto, BR DFANBSB N8.0.PSN, EST.43 – Dossiê II das Malvinas – dossiê, Fundo: Conselho de Segurança Nacional – BR DFANBSB N8, SIAN. Acesso em 27 de fevereiro de 2020.

namento, na medida em que este se configure na forma exposta". Mais do que um simples acompanhamento, o país deveria envidar esforços no sentido de permitir que essa hipótese efetivamente se concretizasse.

A análise passava então à segunda fase: o confronto militar. Nesse caso, a Argentina deveria invocar o TIAR, agora nos termos do artigo 3º, que previa medidas concretas de apoio ao país americano agredido. A primeira hipótese aventada seria a de surgimento de um sentimento de forte solidariedade popular à Argentina no continente. O que levaria o anterior apoio nos termos do artigo 6º ao apoio em termos do artigo 3º. Se o Brasil resolvesse não sustentar esse consenso, "correria o risco de isolamento sem uma contrapartida de ganho político ou econômico do Reino Unido". A posição de isolamento seria praticamente insustentável caso o Brasil se alinhasse mais estreitamente à Grã-Bretanha. Nesse caso, ocorreria, "além do desgaste bilateral, uma virtual confrontação com os países vizinhos, propiciando um desgaste em âmbito continental". "O problema, continuava a análise, seria modular o apoio brasileiro à Argentina nessa fase, no espírito do artigo 3º", o que seria facilitado porque estava implícito que cada país definiria seus limites, uma vez garantido o apoio. Parecia assim provável que a Argentina não forçaria os limites do apoio "até suas consequências máximas, tal como o emprego de forças armadas".

"Para o Brasil – afirmava a avaliação –, trata-se, portanto de assegurar o acompanhamento do consenso pró-Argentina, com o mínimo de desgaste interno e externo, vis-à-vis à CEE e ao Reino Unido". De acordo com o artigo 3º, regulamentado pelo 8º, o Brasil deveria, no campo diplomático, se limitar a apoiar a retirada dos representantes dos estados americanos do país agressor. No campo militar, não deveria ultrapassar a comercialização de material de interesse das Forças Armadas argentinas.[16] Como se verá alguns desses pontos

16 No dia 22 de abril, o Sindicato do Seguro da República Argentina enviou carta ao presidente Figueiredo onde expressava seu profundo reconhecimento ao mandatário e ao povo irmão "pela altivez latino-americana" com que estes se pronunciaram na última reunião da OEA, "honrando os nobres ideais de nossos libertadores". Ver SSRA a gral Joao Baptista Figueiredo, 22 de abril de 1982, 1982, 1982 Seção Antecedentes, Caixa 373, PGUE ARGT GRÃ-BRETANHARE, Questão das Malvinas, expedidos, AMREB.

passaram a fazer parte da política brasileira diante da crise e foram mencionados em diálogos do Itamaraty com diplomatas britânicos.[17]

De Buenos Aires, a 22 de abril, o embaixador brasileiro comentou, em telegrama confidencial, o clima vigente na capital platina: "a posição argentina com relação ao TIAR refletiria um compasso de espera, embora haja aqui, desde já, a esperança de que a reunião de consulta possa conter, de alguma forma, um desenlace bélico da crise com a Grã-Bretanha, o que se considera, neste momento, possa constituir o objetivo inicial da Argentina".[18]

17 O texto no âmbito do CSN foi classificado como secreto e só veio à luz com a Lei de Acesso à Informação.

18 Telegrama 907, Embaixada em Buenos Aires para Exteriores, 22/4/82, BR DFANBSB Z4.REX.IPS.228, cit., SIAN. Acesso em 15 de dezembro de 2020.

No calor da hora (I)

No decorrer da crise no Atlântico Sul, a 1ª Seção do Estado-Maior do Exército apresentou ao EME e a vários órgãos do governo análises quase diárias da situação.[1] Se acrescentarmos a isso o relatório mensal de informações externas, de publicação regular, mais analítico e com informações de adidos ao redor do mundo, temos nesses documentos a visão do Exército sobre o desenrolar do conflito, no calor da hora. Foram produzidos entre 12 de abril e 2 de julho de 1982, quando sua elaboração foi suspensa e substituída pela de "apreciações sobre o processo político argentino, abrangendo períodos maiores".[2] Os sumários eram sempre divididos em uma exposição da "situação", seguida de uma "apreciação".

No sumário referente ao período de 8 a 11 de abril, previa-se que "o Peru poderia mobilizar suas Forças Armadas em apoio à Argentina, caso explodisse um conflito armado com a Inglaterra por causa das ilhas Malvinas", segundo declaração do ministro da Guerra daquele país, Luis Cisneros Vizquiera, para quem "a possível intervenção militar peruana estaria enquadrada no TIAR". No dia 6 de abril, o Senado e a Câmara do país andino aprovaram seis moções de apoio à Argentina na disputa com a Inglaterra.[3] O texto de cinco páginas sa-

---

1 Incluíam-se aí as seis subchefias do EME, o Serviço Nacional de Informações (SNI), o Centro de Informações do Exército (CIE), o Estado-Maior das Forças Armadas (EMFA) e a Secretaria Geral do Conselho de Segurança Nacional. O RMIE n. 04/82 a que tivemos acesso traz na capa "Exemplar No 25".

2 A série completa, totalizando cerca de 120 páginas, foi aberta para consulta graças à lei acima citada. Seu exame se fará sem prejuízo dos relatórios, informes, informações e apreciações (ver nota atrás), produzidos no mesmo interstício de tempo.

3 Ministério do Exército, Estado-Maior do Exército, 1ª SCH Exec – 2ª Seção, "Sumário diário de informações n. 05 – E2.1-EME, 12 Abr 82, "Ilhas Malvinas", 5 p.,

lientava também que a URSS tinha responsabilizado a Inglaterra pelo conflito com a Argentina, dizendo que a crise era o resultado natural do "colonialismo britânico". Quanto aos Estados Unidos, anotava-se que, no dia 8, o secretário de Estado estivera em Londres e Buenos Aires, a fim de explorar a possibilidade de uma solução negociada para a crise. Para não interferir nesses esforços, o Conselho Permanente da OEA, a pedido do embaixador dos EUA, William Middendorf, tinha transferido para aquele dia 12 seu debate sobre a questão. Argentina, Brasil e EUA votaram a favor. Por fim, no campo político externo, o já mencionado embaixador de Cuba em Buenos Aires, Emilio Navarro, tinha declarado: "Consideramos as Malvinas e demais ilhas do arquipélago parte inalienável do território argentino e defendemos essa posição em todos os foros internacionais", sempre de acordo com o sumário da 1ª Subchefia do EME.

No campo interno argentino, mencionava-se a posse, em 7 de abril, do general Menéndez[4] como governador das ilhas, na presença de "líderes políticos e sindicais que até recentemente atacavam duramente o governo militar", com destaque para o "líder máximo" da CGT argentina, Saúl Ubaldini. A CGT também publicara uma declaração: "a reconquista das Ilhas Malvinas em nada modifica os graves problemas internos" que abalavam os argentinos. Francisco Manrique,[5] presidente do Partido Federal, afirmou: "na Argentina, há um consenso em relação aos nossos direitos nas Malvinas, mas há também, um consenso de que o governo militar deve deixar o poder o mais rápido possível". Por fim, o secretário-geral dos Montoneros, Mario Firmenich, exilado em Cuba, manifestara seu apoio à "ocupação" (termo brasileiro) das ilhas, "oferecendo-se para lutar juntos às tropas da Argentina". O líder guerrilheiro propôs a formação de "um governo de emergência nacional, com todas as for-

---

BR DFANBSB N8.0.PSN, EST.43 – Dossiê II das Malvinas, cit., SIAN. Todos os acessos deste capítulo se deram entre 27 e 28 de abril de 2020.

4 Conforme Novaro e Palermo (2007, 576), "o general-de-brigada Mario Benjamín Menendez era não apenas um 'herói' da Operação Independência (a inclemente repressão da guerrilha em Tucumán), como, principalmente, um portador de sobrenome identificado de maneira emblemática com os setores linha-dura do Exército".

5 Segundo me explicou Germán Soprano, Manrique "era um militar de reserva e político de direita que, no entanto, tinha algumas posições críticas frente ao governo militar argentino". Foi ministro no governo de Raúl Alfonsín (1983-89).

ças políticas sociais e representativas do povo argentino". Mencionou também a "obrigação moral" do governo em decretar a anistia e revogar o estado de sítio, a fim de que exilados, presos políticos e sindicais pudessem combater em território nacional.[6]

Na apreciação final, o texto dizia que a posse de Menéndez e o bloqueio decretado pelos britânicos dariam "uma perfeita ideia das dificuldades a serem enfrentadas pelo Secretário de Estado Alexander Haig", em seus esforços de mediação. Para os analistas do EME, o bloqueio econômico decretado pela CEE à Argentina e a formação e deslocamento da força-tarefa britânica teriam alto custo econômico para os dois países, o que pesaria a favor da busca de uma solução negociada. Mas a personalidade do almirante Anaya, comandante da Marinha argentina ("um chefe agressivo e de pronta resposta") e o nítido destaque do presidente Galtieri pesava contra essa tendência. Já no primeiro sumário aparecem preocupações centrais na visão militar do conflito, calcadas no quadro ideológico geral da guerra fria, como a aproximação da Argentina com a URSS e Cuba e a volta à vida política da esquerda argentina.

O papel do Peru, onde "a situação das Malvinas (vinha) tendo grande repercussão", voltou a ser tema no sumário de 13 de abril. O país tinha proposto uma trégua de 72 horas, aceita apenas pela Argentina. O presidente Belaunde Terry pediu a todos os países amigos que fizessem esforços para evitar a confrontação. Para ele, a postura peruana a favor da descolonização não era específica do conflito em curso. Aumentavam os riscos de um confronto armado, para o qual a Argentina se declarava preparada, mas uma solução negociada

6 Em meados de maio, quando a guerra aberta já se aproximava, o embaixador do Brasil no Peru, Jorge Pires do Rio, informou a chancelaria da chegada a Lima, procedente de Madri, do Dr. Oscar Ridegain, ex-governador de Buenos Aires e um dos líderes do movimento peronista Montoneros. O político disse à imprensa que sua vinda à capital peruana tinha como fim "fortalecer as possibilidades de um triunfo argentino frente à agressão britânica". Para tanto, seria necessária a formação de um novo governo, "representativo das forças políticas e sociais do país". "Nosso propósito é regressar à Argentina o quanto antes e isso não depende de nós, mas dos que tem as chaves das portas de entrada", concluiu o peronista, telegrama 476, Embaixada de Lima para Exteriores, 18/5/82, em BR DFANBSB Z4.REX.IPS.230, Fundo: Divisão de Segurança e Informações do Ministério das Relações Exteriores, SIAN. Acesso em 26 de março de 2021.

ainda era possível, na avaliação do EME. A reivindicação argentina contava com a compreensão dos países sul-americanos. Destacava-se "uma estreita ligação entre os governos de Buenos Aires e Lima, como comprovavam "reiteradas declarações" de autoridades peruanas.[7]

O documento registrava que os adidos sul-americanos estavam sendo convocados para reuniões frequentes no Estado-Maior Conjunto argentino, bem como nos EMs das forças singulares. Nessas ocasiões, os militares platinos manifestavam "desagrado" com alguns artigos publicados no *Jornal do Brasil*, "que consideravam desabonadores às suas pretensões". Conforme os analistas, a Argentina vinha demonstrando interesse em que as forças armadas sul-americanas tivessem "perfeito conhecimento de suas pretensões, assim como da gravidade da situação". Com a interrupção dos cursos na Escola Superior de Guerra argentina, o documento aventava a possibilidade de que os oficiais brasileiros que estavam em Buenos Aires para frequentá-los permanecessem na capital como adjuntos do adido do Exército (ADIEX). Assim, seria possível cobrir sua ausência para ir às constantes reuniões, "causando dificuldades para um perfeito processamento dos assuntos e para a manutenção do fluxo de informação".

No dia seguinte, o EME anotou a reunião da OEA, que votou por unanimidade moção de solidariedade à Argentina. "Há notícias de que o Peru e a Bolívia teriam enviado aeronaves militares para a Argentina", dizia o relato, enquanto os países comunistas continuavam reafirmando seu apoio à Argentina. Ao mesmo tempo em que a grande maioria dos países da América Latina se definia a favor deste país, os estados do "bloco comunista" procuravam "exercer uma maior influência na evolução dos acontecimentos", dentro da estratégia de expansão do comunismo. A crise poderia transformar uma questão bilateral numa ameaça "à própria segurança do Ocidente", temia a análise brasileira. Se a Inglaterra, depois de enviar a maior parte de seu poderio naval convencional não conseguisse recuperar o arquipélago, "a OTAN sofreria considerável perda de credibilidade". Por outro lado, um desfecho desfavorável à Argentina criaria um clima de "insatisfação e desconfiança" na

7 "Sumário diário de informações n. 06 – E2.1-EME, 13 Abr 82, "Ilhas Malvinas", 3 p., cit., SIAN.

maioria dos países latinoamericanos em relação aos países desenvolvidos do mundo ocidental.[8]

Nesta altura, a Agência Central do SNI e os Centro de Informações do Exército (CIE) e da Aeronáutica (CISA), receberam do seu correlato da Marinha, o CENIMAR, um informe secreto com o título "Participação soviética no conflito das Malvinas", no qual se dizia que "após o início das hostilidades entre Argentina e Inglaterra, pela posse das Ilhas Malvinas, o Serviço Secreto soviético intensificou sua atuação em Buenos Aires". A URSS teria transferido agentes de outros países, principalmente o Peru, "para atuar no eixo Buenos Aires/Montevidéu". Citando informes recebidos pela inteligência da Marinha, o documento continuava: "há indícios de que os militares soviéticos se encontram em Buenos Aires auxiliando a Marinha Argentina a levantar dados sobre a Força Tarefa". Além disso, os soviéticos teriam solicitado ao líder líbio Khadaffi que fornecesse à Argentina aviões e mísseis de procedência russa, para não aparecerem sozinhos como responsáveis pelo fornecimento de armas. O embaixador cubano já mencionado fora portador de uma mensagem de Fidel Castro aos argentinos, na qual em nome do governo de Angola, oferecia "bases aéreas daquele país como escala operacional para manter uma ponte aérea entre a Líbia e a Argentina", acrescentava o texto.[9]

Outro informe obtido pelo CENIMAR e citado no mesmo texto dizia: "em cumprimento a negociações secretas anteriores", a URSS comprometeu-se a entregar à Argentina 100 kg de urânio enriquecido para seu programa nuclear, tendo sido assinado, em Buenos Aires, um convênio entre a Comissão Nacional de Energia Atômica e a TESCHMABEXPORT (entidade soviética de comércio exterior)". Não se sabe se o serviço de informações da Marinha obteve essas informações por meio da quebra dos códigos de comunicação argentinos.

O sumário do EME número 8 assinalava a continuação dos preparativos "para um possível confronto armado no Atlântico Sul" e listava no mínimo 30

---

8 "Sumário diário de informações n. 07 – E2.1-EME, 14 Abr 82, "Ilhas Malvinas", 2 p., cit., SIAN.

9 Ministério da Marinha, Centro de Informações da Marinha, "Participação soviética no conflito das Malvinas", No 0350, 19/04/1982, secreto, em BR DFANBSB V8.MIC, GNC.AAA.82025812 – Dossiê, FUNDO: Serviço Nacional de Informações, SIAN.

unidades navais britânicas que integravam a força-tarefa, com destaque para os 4 submarinos (sem menção ao tipo de propulsão), os 2 porta-aviões *Hermes* e *Invencible* e pelo menos 10 navios de escolta. Em contraste, a frota argentina contava, entre outros, com um porta-aviões, o *25 de Mayo*, 4 submarinos convencionais, 9 contratorpedeiros e 3 corvetas lança-misseis, dotadas do míssil Exocet. A Força Aérea contaria com 21 Mirage III e 70 caças bombardeiros Skyhawk, além de 26 Dagger e 60 Pucará. Estes últimos seriam aeronaves de "apoio no solo e contra-insurgência". Além disso, os argentinos teriam 65 aviões de transporte e ligação (9 Hercules).

Estes números justificavam a visão dos analistas do Exército brasileiro de que, "apesar de sua evidente superioridade qualitativa e quantitativa", a esquadra britânica encontraria "dificuldades para sobrepor-se à armada argentina", em caso de confronto, "em virtude da superioridade aérea local". Pesariam também as grandes dificuldades logísticas para abastecimento da esquadra inglesa, em contraposição à facilidade de apoio com que poderia contar a Armada argentina. "A hipótese de um desembarque inglês nas Ilhas Malvinas vai ficando cada vez mais remota, tendo em vista a quantidade de meios terrestres que a Argentina já (colocara) na área, bem como os preparativos para a defesa que (vinham) sendo realizados, desde o primeiro dia da ocupação", defendia o documento. Mas a quantidade de meios humanos e materiais mobilizados pelos britânicos fazia prever um desembarque nas Ilhas Geórgia do Sul, conferindo-lhes uma base de apoio capaz de reduzir a vantagem argentina da proximidade das ilhas com o continente.[10]

Já em 16 de abril, a análise referia-se à segunda chegada de Haig em Buenos Aires e ao pessimismo com que setores do governo argentino encaravam a possibilidade de um acordo diplomático. Galtieri tinha declarado a disposição de seu país de "ir até as últimas consequências", caso se sentisse acuado. Notícias vinculadas na capital afirmavam que uma parte da esquadra argentina zarpara em direção ao sul e que unidades blindadas teriam sido deslocadas para a Patagônia, "com a finalidade de serem transportadas para as Ilhas Geórgia". A declaração de Galtieri, na perspectiva brasileira, poderia

10 "Sumário diário de informações n. 08 – E2.1-EME, 15 Abr 82, "Ilhas Malvinas", 3 p., cit., SIAN.

significar, inclusive, a disposição de aceitar ajuda soviética, "no caso de não chegar a uma solução por via diplomática". Isso adviria, segundo oficiais argentinos, da posição de isolamento "a que a Argentina estaria sendo levada pelas potências ocidentais". A possibilidade de um ataque às ilhas tinha levado o país vizinho a reforçar seus efetivos naquelas áreas.[11]

No dia 19 de abril, o EME abriu o sumário com o registro de que Haig continuava em Buenos Aires.[12] Ao mesmo tempo, salientava-se a disposição da Argentina a convocar a OEA, para pedir a aplicação do TIAR, ante a iminente agressão de uma potência extracontinental (sem aspas no original). Se isso fosse feito, os EUA ficariam numa posição difícil, "tendo em vista as suas ligações com a Inglaterra" e os demais países americanos teriam que definir-se diante do problema.[13] O informe seguinte comunicava que o embaixador do Brasil em Buenos Aires fora convocado ao Palácio San Martin, onde foi informado que a Argentina acabara de solicitar a convocação mencionada, "por considerar iminente o confronto contra as Forças Armadas britânicas". Na apreciação ao fim do documento, dizia-se que, ao invocar o TIAR, o país vizinho possivelmente deveria fazê-lo com base no art. 6º daquele tratado, que se referia à ameaça "à inviolabilidade ou integridade do território ou à soberania ou independência política de qualquer Estado americano". O Órgão de Consulta da OEA se reuniria imediatamente, "a fim de tomar as medidas que, em caso de agressão, devem ser tomadas em auxílio do agredido, ou em qualquer caso, convenha tomar para a defesa comum e para a manutenção da paz e da segurança no Continente" (citação extraída do TIAR). Na perspectiva

---

11 "Sumário diário de informações n. 09 – E2.1-EME, 16 Abr 82, "Ilhas Malvinas", 2 p., cit., SIAN.

12 No mesmo dia, Carlos Duarte relatou a Brasília que o sub-secretário de Relações Exteriores e membro da comissão de negociação, Enrique Ros, dissera a ele que o secretário de Estado americano levaria a Londres proposta de estabelecimento imediato de uma administração compartilhada das ilhas até o final do ano. A partir de janeiro de 1983, a Argentina automática e necessariamente passaria a exercer plena soberania sobre a área, telegrama 873, Buenos Aires para Exteriores, 19/04/82, secreto, BR DFANBSB Z4.REX.IPS.228, cit., SIAN. Acesso em 9 de dezembro de 2020.

13 "Sumário diário de informações n. 10 – E2.1-EME, 19 Abr 82, "Ilhas Malvinas", op., cit., SIAN.

do EME, no sumário subsequente, a aplicação do TIAR poderia trazer as seguintes consequências gerais: aumento do risco de guerra na América do Sul; anulação da posição de mediador adotada pelos EUA; "ponderável" aumento das dificuldades de uma solução pacífica; possibilidade de surgimento de incompatibilidade entre a posição da OEA e a Resolução 502 do CS da ONU e incremento das dificuldades econômicas dos países latinoamericanos.[14]

O texto citava em seguida quatro hipóteses de resultados da reunião que se apresentavam ao Brasil: duas delas se referiam à Argentina conseguir a aprovação para aplicação do TIAR (com ou sem o apoio do Brasil) e duas à hipótese contrária (com ou sem o apoio do Brasil). Consideraremos aqui apenas a hipótese que no final preponderou: vitória da posição da Argentina, com o apoio de nosso país, para analisar os reflexos previstos no sumário. Nesse caso, deveria haver um estreitamento das relações Brasil/Argentina, mas também a eventual necessidade de tomar medidas "que representassem hostilidade à Inglaterra", chegando, nos piores cenários, à ruptura das relações diplomáticas, interrupção das relações econômicas e mesmo emprego da força armada. A vitória do voto brasileiro aumentaria a dimensão diplomática do país em termos da América Latina, mas eliminaria a possibilidade de prestar qualquer apoio à frota inglesa. Nessa avaliação, a Inglaterra poderia ameaçar ou adotar medidas de represália contra o Brasil e a CEE, medidas restritivas ao comércio com o país. Aumentaria também o risco de violação dos espaços marítimo, terrestre e aéreo brasileiros. Como a OEA era reconhecida pela ONU, suas decisões seriam válidas para todos os membros desta organização, o que teria que ser considerado pela Inglaterra no caso de pensar em possíveis represálias contra o país. Por fim, concluía-se: o Brasil não poderia se declarar neutro no conflito. É bom notar que o sumário ingressa aqui em áreas de competência do Itamaraty e suas previsões não devem ser tomadas como as preponderantes na diplomacia ou no governo brasileiro naquela altura.

No mesmo documento, aparecia a solicitação do governo inglês junto à embaixada brasileira em Londres para a transmissão ao governo de Buenos Aires que, de acordo com o Art. 22 da Convenção de Genebra de 12 de agos-

14 "Sumário diário de informações n. 11 - E2.1-EME, 20 Abr 82, "Ilhas Malvinas", 5 p., cit., SIAN.

to de 1949, "para melhoria das condições dos feridos, doentes e náufragos membros das Forças Armadas do mar", os navios listados a seguir seriam empregados como navios hospitais militares: *Herald, Hecla, Hydra* e o navio mercante *Uganda* (este em nota de 13-4). Mesmo esta decisão aparentemente inócua deveria trazer implicações para o Brasil, na visão do EME, entre elas: a autorização para o deslocamento dessas unidades em águas territoriais brasileiras, bem como a utilização de nossos portos; o acolhimento desses navios e estabelecimento de ancoradouros seguros, longe de prováveis objetivos militares do país e, enfim, o apoio a doentes e feridos, a critério de nosso governo. O texto finalizava avaliando que a decisão de dotar a FT de navios hospitais reafirmava "a disposição britânica de chegar até a utilização de força, na defesa de seus interesses".

O sumário do dia 22 de abril salientava:

> Após o início da crise das Ilhas Malvinas, praticamente foram suspensos os atentados terroristas e as ações guerrilheiras no Peru, de iniciativa do grupo Sendero Luminoso. A imprensa esquerdista peruana desencadeou campanha de apoio à causa argentina, ao mesmo tempo em que critica o que considera como débil apoio do governo do país à Argentina. Em outros países americanos, inclusive nos EUA, correntes esquerdistas têm manifestado solidariedade com a posição adotada na Argentina, na disputa com a Inglaterra sobre a soberania nas Ilhas Malvinas.[15]

Na visão do EME, o regime político vigente na Argentina (vinha) sendo alvo, desde a sua implantação, de violenta campanha de desmoralização no exterior, da qual participavam "correntes esquerdistas de diversas colorações". Após a eclosão da crise não só os grupos esquerdistas "mais radicais" da Argentina, como as esquerdas em outros países teriam passado a apoiar o governo de Buenos Aires. Isso indicaria "a existência de orientação externa para tal procedimento, principalmente considerando a definição da URSS e seus satélites sobre a crise do Atlântico Sul". O informe admitia, porém, que inde-

15 "Sumário diário de informações n. 12 – E2.1-EME, 22 Abr 82, "Ilhas Malvinas", 5 p., cit., SIAN.

pendentemente da ideologia, em vários países americanos, inclusive o Brasil, tinham surgido grupos de apoio à posição da Argentina. Na visão presente nesses sumários, pairavam duas ameaças sobre o Brasil no contexto da crise: a piora nas relações com a Argentina e o avanço do comunismo internacional.

No dia 23 de abril, a 1ª subchefia do EME registrava a presença de dois contratorpedeiros nas proximidades da Geórgia do Sul e avaliava que crescia a probabilidade de que a FT tentasse a reconquista daquelas ilhas, onde as forças militares argentinas não teriam condições de se opor a um ataque. Enquanto continuassem as negociações entre os chanceleres Pym e Costa Méndez, em Washington, as iniciativas militares seriam sustadas. Mas, previa o sumário, a posse desse arquipélago poderia ser aproveitada pela Inglaterra como trunfo nas negociações para a solução do conflito.[16] A informação de que no dia 25 de abril a Inglaterra desembarcara com sucesso na Ilha de São Pedro, na Geórgia do Sul, como veremos em mais detalhe em outro capítulo, vinha no sumário de 26 de abril. "A conquista da ilha para os ingleses (teria) objetivos mais políticos que militares", dizia a análise, "funcionando como uma satisfação ao público interno, ao mesmo tempo em que dava ao governo novos trunfos para as negociações diplomáticas. A Argentina tinha considerado como secundária a defesa daquelas ilhas, situadas a leste das Malvinas".[17]

Outra janela para entender a visão militar sobre a crise são os relatórios mensais que sintetizavam as informações provenientes das adidâncias (militares ou do Exército) em várias partes do mundo, especificamente os relativos ao período abril-junho de 1982. Destes, nossa pesquisa localizou os de número 04/82 e 06/82. Nas páginas seguintes analisaremos o primeiro deles, que cobre o mês de abril, o primeiro da crise.[18]

O relatório examina o campo político, começando com a própria Argentina. Para os analistas militares, esta poderia aumentar sua projeção

---

16 "Sumário diário de informações n. 13 – E2.1-EME, 23 Abr 82, "Ilhas Malvinas", 5 p., cit., SIAN.

17 "Sumário diário de informações n. 14 – E2.1-EME, 26 Abr 82, "Ilhas Malvinas", 5 p., cit., SIAN.

18 Ministério do Exército, Estado-Maior do Exército, "Relatório Mensal de Informações Externas" n. 04/82, Exemplar n. 25, secreto, em BR DFANBSB Z4.REX. IPS.231, cit., SIAN. Acesso em 19 de abril de 2021.

continental e sua importância estratégica no Atlântico Sul, além de um eventual "estreitamento das relações com a URSS e com Cuba". Outra possibilidade seria um "esfriamento das relações com os EUA e Colômbia". Já o Brasil via surgir "uma delicada situação, tendo em vista os vínculos com os países beligerantes". Previa-se também, nesta altura, a necessidade de reformulação de nossa política externa diante de um enfraquecimento da OEA e da "possibilidade de surgimento no Cone Sul de um país de maiores compromissos com a URSS, e todas as implicações decorrentes". Na América do Sul, o principal resultado do conflito seria a "abertura do precedente do emprego de força na solução de disputas territoriais" e, nesse quadro, o "aumento de desconfiança entre os países que têm problemas fronteiriços".

No campo psicossocial, o problema no Atlântico Sul teria trazido para a Argentina não apenas a exaltação do nacionalismo, mas o "aumento de liberdade de atuação dos grupos de esquerda", ao lado do arrefecimento de sua atuação antigovernamental, "em consequência da aproximação com países do bloco comunista". No caso do Brasil, o EME antecipava o aparecimento, em parcelas da população, "de uma opinião pública favorável à Argentina", enquanto na América do Sul poderiam ser reativados "antigos sentimentos de insatisfação e desconfiança em relação aos países desenvolvidos no mundo ocidental". No campo econômico, aparecia mais uma vez a ameaça soviética, com o possível incremento do comércio entre o país vizinho e Moscou. Eventualmente, o Brasil poderia se beneficiar "de ampliação do mercado argentino para novos produtos, inclusive material bélico".

As preocupações estritamente militares incluíam, sempre na visão do Estado-Maior do Exército, a oportunidade de uma operação combinada de "relativo vulto" para a Argentina, o que poderia melhorar a operacionalidade e o aprestamento de suas Forças Armadas e levar ao aumento do controle no Atlântico Sul, com a instalação de bases militares nas ilhas e, finalmente, a alteração da ordem de batalha das FFAA do vizinho, "com deslocamento de unidades para o sul". O Brasil, por sua vez, se defrontava com o risco de violação dos espaços aéreo, terrestre e marítimo, o aumento do perigo de conflito armado em outras áreas do continente e a premência de "planejar o apoio a belonaves e aeronaves das nações beligerantes, tendo em vista a Convenção de Genebra". Mais do que tudo, a crise inesperada colocava a necessidade de reestudar o equilíbrio do poder militar no Cone Sul, "tendo em vista a capacidade operacional revelada pelas FA argentinas". Para a América do Norte, os processos que poderiam afetar nosso país seriam "a delicada situação para os (EUA), tendo em vista os estreitos vínculos deste país com Argentina e Inglaterra". Sempre tendo em vista o quadro de guerra fria, o EME via com preocupação o "desgaste do prestígio dos EUA na América" e a perda de apoio na América Latina à sua política no Caribe e na América Central, além do comprometimento à futura posição de mediador.

No tópico referente a outras áreas do globo, voltava-se ao problema soviético, pois "o conflito ofereceu à URSS a oportunidade de estreitar seus vínculos com a Argentina", até aquela altura, no campo diplomático e no aumento das aquisições de cereais. Mas no futuro isso poderia levar ao "estabelecimento de bases russas, científicas ou militares, estabelecimento de um acordo militar, ajuda econômica, etc sem contudo vinculação ideológica". Mais adiante, na "apreciação" sintética da situação, repetia-se que "o conflito trouxe para a URSS uma boa oportunidade de desenvolver sua atividades no Cone Sul".

"Rejoice. Just Rejoice"

No dia 25 de abril, no final da manhã, em Londres, o MOD divulgou nota: "Em busca de nosso direito inerente de autodefesa sob o Artigo 51 da Carta das Nações Unidas, helicópteros britânicos atacaram um submarino argentino hostil nas proximidades da Geórgia do Sul. Não há mais informações no momento".[1] Havia, sim, abundante informação adicional, não divulgada. Batizada *Paraquet*, a primeira grande operação da campanha das Falklands teve um início desastroso, que demorou a vir a público, mas foi de imediato conhecimento do War Cabinet.

Quatro dias antes, ocorreu o desembarque de um pelotão de forças especiais transportadas de helicóptero, na geleira Fortuna, "onde o tempo desafiava a razão humana". Mas as condições encontradas foram de tal ordem que o comando resolveu trazer de volta ao contratorpedeiro *Antrim* o grupo recém-desembarcado. Atingidos por ventos de mais de 160 quilômetros por hora, os dois helicópteros enviados para isso caíram, num dos "momentos mais sombrios da guerra". A situação só mudou quando um terceiro helicóptero conseguiu pousar e trazer para bordo, ilesos, os 17 militares. Foi preciso recomeçar na noite de 23 de abril. Desta vez, os homens do SAS e do SBS desembarcaram com sucesso parcial (dois botes ficaram à deriva) e fizeram operações de reconhecimento: a guarnição argentina era pequena (Hastings & Jenkins, 1983, p. 126-29).

Atacado com bombas de profundidade, torpedos, tiros de metralhadora e mísseis, o submarino argentino *Santa Fé* foi posto fora de combate,

1 Minuta de telegrama 630, de Exteriores a BRASEMB-Londres, 25/04/82, urgentíssimo, AMREB.

mas não afundou. Às 17.15 daquele dia, o comandante da guarnição argentina em Grytviken rendeu-se formalmente aos britânicos. Margaret Thatcher anunciou a vitória em frente ao número 10 de Downing Street com a célebre fala aos jornalistas que deu título a este capítulo. O oficial era Alfredo Ignacio Astiz, ex-integrante do grupo de tarefas da Escuela Superior de Mecánica de La Armada (ESMA), um dos mais ativos e cruéis grupos atuantes no aparelho de repressão argentino, que desembarcara nas ilhas no dia 24 de março, comandando 15 fuzileiros navais (Novaro & Palermo, 2007, p. 557).[2]

Em Brasília, o ministro-conselheiro da embaixada britânica do Reino Unido avisou Ricupero por telefone do curto comunicado acima sobre a ação. Em seguida, os dois diplomatas britânicos compareceram ao Itamaraty, para entregá-lo formalmente. O brasileiro disse que seria encaminhado de imediato a Saraiva Guerreiro, em Washington, para a reunião da OEA. Segundo o embaixador Harding, o chefe do Departamento das Américas "concordou enfaticamente que a força tarefa precisava se defender e tomou nota da advertência dada ao governo argentino no dia 23 de abril. Ele disse que a proximidade das duas frotas tornava outros incidentes cada vez mais prováveis". Ricupero teria destacado a grande distância que separava a Geórgia do Sul das Falklands e do continente argentino e expressado suas dúvidas sobre a base para a reivindicação argentina. Satisfeito, Harding reforçou esse ponto.[3]

Mas não se tratava de um incidente e isso foi compreendido imediatamente pela Junta Militar argentina. Em seu comunicado número 30, mencio-

---

2 Basta citar aqui um testemunho constante no relatório da Comissão Nacional Sobre o Desaparecimento de Pessoas (CONADEP), *Nunca más* (1984), que se refere ao roubo de crianças pela ditadura argentina, com a eliminação das presas políticas suas mães: "em nossa chegada à ESMA, vimos muitas mulheres estendidas no chão, em colchonetes, que esperavam o nascimento de seus filhos. Algumas provinham de outras forças (...) Outras eram 'próprias' da ESMA". Citado em Finchelstein, 2016, p. 283.

3 A conversa terminou com o diplomata do Itamaraty fazendo menção à posição altamente favorável à Grã-Bretanha da imprensa brasileira em geral, citando dados de uma pesquisa Gallup, sempre na versão do embaixador. Telegram 110 of 25 April, de Brasília ao FCO, FCO 7-2143, 35, NAK (há um equívoco na numeração do telegrama anotado na minuta pelo funcionário da expedição. O telegrama com número 110 tinha sido enviado a 16 de abril).

nava-se um despacho de Grytviken, "relatando os detalhes da ação ofensiva desenvolvida no curso da manhã nas Georgias do Sul por unidades britânicas". E continuava: "O mesmo assinala que durante mais de 4 horas o contingente de defesa sustentou um canhoneio constante do destróier *Exeter*, ao lado das incursões de helicópteros, fortemente armados, que metralharam as posições defensivas". No comunicado 31, a junta divulgava as informações mais recentes, "sobre os acontecimentos de Puerto Leigth (sic) a noroeste de Grytviken" e que "o dispositivo naval ali acantonado resolveu resistir na posição até esgotar sua capacidade defensiva (...) antes de enfrentar o combate final".[4]

Reforçava-se, assim, o padrão de desinformação vigente durante todo o conflito, em ambos os lados. O *destroyer* mencionado não estava no teatro de operações (aqui o erro original de identificação partiu de um avião Hercules argentino que sobrevoou a área pouco antes). A ação principal partiu do contratorpedeiro *Antrim*, apoiado pelas fragatas *Endurance, Plymouth* e *Brilliant*. Havia seis helicópteros nessas unidades. Não houve resistência nas duas batalhas e a rendição foi rápida (Hastings & Jenkins, 1983, p. 128 e 129; Middlebrook, 2012, "South Georgia").

No dia 26 de abril, o embaixador Roberto Campos enviou a Brasília longo telegrama em que analisava as três ordens de fatores que teriam levado à decisão de atacar as ilhas: de política interna, externa e puramente militares. No final do texto, ele lembrava: "o Reino Unido estabelece uma distinção fundamental entre a situação jurídica das Malvinas propriamente ditas e dos arquipélagos da Georgia do Sul e Sandwich. Nos casos destes dois últimos grupos de ilhas, o Reino Unido não reconhece a existência de qualquer reivindicação argentina sobre sua soberania".[5]

Enquanto isso, na capital brasileira, segundo matéria de André Gustavo Stumpf no *Jornal de Brasília*, havia "um ritmo frenético de diplomatas e militares que se reúnem, trocam impressões e não raro chegam ao Presidente Figueiredo". Às 11.00 da manhã de 26 de abril, entrou no gabinete presidencial o subsecretário de Defesa dos EUA, Frank Carlucci, em companhia do embai-

4 Minuta de telegrama 639, de Exteriores a BRASEMB Londres, 26-4-82, urgentissimo, Microfilme F0941, AMREB.

5 Telegrama 492, Embaixada em Londres para Exteriores, confidencial, em BR DFANBSB 4.REX.IPS.228, cit., SIAN. Acesso em 17 de dezembro de 2020.

xador dos EUA, Anthony Motley. Estavam presentes também dois generais: os chefes da Casa Militar, Danilo Venturini e do SNI, Octávio Medeiros. À tarde foi a vez do embaixador Harding ser recebido por Venturini. Pouca coisa transpirou dessas reuniões. Para o repórter, "se antes a posição brasileira era de muita cautela, agora tornou-se obsessivamente discreta. Não interessa ao Planalto tornar a sua posição mais clara, uma vez que já apoiou a reivindicação territorial argentina, mas condenou o uso da força".[6]

Na correspondência diplomática, a retomada das ilhas Geórgia do Sul trouxe novamente à tona o tema da posição da União Soviética. No dia 27 de abril, telegrama confidencial da embaixada brasileira em Moscou, "para conhecimento imediato do senhor chefe do Departamento de Europa" do Itamaraty, informava, com base em "observadores estrangeiros", que o governo da URSS teria oficialmente informado a Argentina de que considerava "inadmissível" o restabelecimento do estatuto colonial para as ilhas. Ao mesmo tempo, "segundo fontes diplomáticas próximas à embaixada da Argentina em Moscou", o embaixador Sizínio Pontes Nogueira (SINOGUEIRA, nos telegramas), informou que a URSS estaria disposta a tomar medidas para impedir que isso ocorresse:

> Não sabem precisar tais fontes a natureza das medidas, mas especula-se que o Kremlin teria decidido dar irrestrito apoio à Argentina na batalha diplomática. Nada deixa entrever, no momento, que os soviéticos tenham se decidido a tomar (sic) qualquer compromisso de apoio logístico ou militar em função do desenvolvimento do conflito. As declarações de apoio soviéticas teriam sido feitas segunda-feira aos representantes diplomáticos da Argentina em Moscou, ou seja, no dia seguinte à ação militar britânica na ilha Geórgia do Sul. A notícia, se verdadeira, representa uma sequência lógica, tendo em vista que, dia 11 de abril, a "Pravda", órgão do Comitê Central do PCUS, havia já se inclinado nessa direção, acusando o governo britânico de recorrer à diplomacia das canhoneiras para tentar dissimular "os sérios malogros de seu governo". A decisão do Kremlin marcaria certamente uma evolução da posição soviética desde a abstenção de

6 "A delicada posição brasileira na guerra", 27 de abril de 1982, matéria anexa ao telegrama 953 de Buenos Aires, citado a seguir.

> voto no Conselho de Segurança da ONU, que havia suscitado, ao que parece, a irritação dos argentinos, atenuada posteriormente pela ampla cobertura de imprensa, nitidamente favorável ao governo de Buenos Aires, conforme venho salientando em meus últimos telegramas sobre o assunto.[7]

O relato de Moscou é confirmado por informações provenientes no mesmo dia de Buenos Aires. Com efeito, o embaixador Carlos Duarte fez saber ao Itamaraty que, à saída de seu encontro com o subsecretário de Relações Exteriores, Enrique Ros, no Palácio San Martin, o embaixador soviético negou que o conflito tivesse sido tema do encontro, mas disse que a União Soviética estaria "contra a tentativa de restabelecer o status colonial inglês" como "decididamente inadmissível". Afirmou também que em nova reunião do Conselho de Segurança da ONU para considerar a crise, a posição de seu país "não seria negativa para a Argentina". Na análise do diplomata brasileiro, "as expressões de Striganov" contrastavam "com o silêncio antes mantido por ele" e exprimiam "o desejo de melhorar a imagem de seu governo junto à opinião pública local", que se decepcionara com a anterior postura soviética no Conselho de Segurança, quando da aprovação da Resolução 502.[8]

Era a segunda vez que Striganov e Ros se encontravam, desde o início da crise. A primeira reunião depois da invasão das ilhas ocorreu a 5 de abril e nela o embaixador soviético teria reiterado ao vice-chanceler argentino a intenção soviética de "seguir de perto a evolução do conflito das Malvinas" (Cardoso, Kirschbaum, & Kooy, 2012). No dia 11 de abril, foi a vez do próprio chanceler Costa Méndez receber o diplomata soviético. Cumprindo instruções, Striganov teria comunicado a opinião de seu governo de que a crise fora provocada "pela vocação colonialista da Grã-Bretanha" e contrariava frontalmente a Resolução 502 da ONU. Diante disso, a URSS apoiaria no que pudesse a Argentina, inclusive na ONU, sem esperar nada em troca.[9]

---

7 Telegrama 595, Embaixada em Moscou para Exteriores, 27/4/82, em BR DFANBSB Z4.REX.IPS.228, cit., SIAN. Acesso em 14 de março de 2020.

8 Telegrama 953, Embaixada em Buenos Aires para Exteriores, 27/4/82, em BR DFANBSB Z4.REX.IPS.228, cit., SIAN. Acesso em 14 de março de 2020.

9 Por fim, segundo Yofre, fontes na Marinha argentina mencionaram reunião no final de abril, entre Striganov e o comandante da Armada argentina, para oferecer

De Londres, em telegrama secreto de 27 de abril, a embaixada brasileira comentou declarações dadas às BBC pelo ex-chanceler e ex-embaixador da Argentina no Brasil, Oscar Camilion, em que este apontou os danos que o agravamento do conflito causaria às relações hemisféricas. Para o diplomata, uma grande batalha naval no Atlântico Sul poderia levar a um "realinhamento ideológico" de seu país. O embaixador Roberto Campos aludia em seguida a comentaristas na capital britânica, que vinham apontando "para uma possível dimensão Leste-Oeste no conflito das Malvinas". E continuava:

> Tais especulações vem sendo alimentadas pelas indicações de que a URSS estaria fornecendo informações para a Argentina sobre a força-tarefa britânica, enquanto os EUA fariam o mesmo para o Reino Unido. A consciência de que, em última instância, os EUA apoiariam o Reino Unido, inclusive em termos de apoio logístico (reabastecimento da força-tarefa, por exemplo), tornam plausíveis hipóteses de que, se colocada contra a parede, a Argentina poderia recorrer à URSS.[10]

No dia seguinte, o embaixador brasileiro em Buenos Aires, num telegrama de forte tom conservador, informou sobre as preocupações de "setores moderados" argentinos com a progressiva deterioração do relacionamento bilateral com os EUA e de "meios empresariais privados" com "a já agora permanente mobilização popular, em sua maior parte de inspiração sindical", que poderia abrir espaço para a formação de um governo de unidade nacional com presença peronista. Para Carlos Duarte, ainda comentando a posição dos setores acima, a piora nas relações com a Comunidade Econômica Europeia poderia "ocasionar uma aproximação com a URSS, a qual ademais (como seria do conhecimento do chanceler) já mantém importante vínculo de natureza econômico-comercial com a Argentina".[11]

---

material naval e apoio de submarinos nucleares (Yofre, 2011). Não encontrei outra referência a esta oferta.

10 Telegrama 502, Embaixada em Londres para Exteriores, 27/4/82, secreto, em BR DFANBSB Z4.REX.IPS.228, cit., SIAN. Acesso em 15 de março de 2021.

11 Telegrama 959, Embaixada em Buenos Aires para Exteriores, 28/4/82, em BR DFANBSB Z4.REX.IPS.228, cit., SIAN. Acesso em 15 de março de 2021. No mes-

Enquanto isso, no Atlântico Sul, poucos dias antes, quase ocorreu um desastre capaz de afetar profundamente o Brasil e talvez mudar o curso da guerra. Segundo a história oficial britânica da campanha das Falklands, uma falha na comunicação levara o almirante Woodward a entender que ele estava autorizado a atacar qualquer aeronave suspeita, contanto que esta chegasse suficientemente perto e não pudesse ser positivamente identificada. Por pouco, essas condições não pareceram se aplicar a uma aeronave de passageiros da Varig, proveniente de Johanesburgo, na África do Sul, com destino ao Rio de Janeiro:

> Na noite de 23 de abril, foi detectada uma aeronave apontada diretamente para a Força Tarefa, com radares ligados e esta foi logo captada pelo sistema de defesa aérea do Sea Dart a bordo do *Invincible*. Nesse contexto, Woodward estava preparado para atacar. Ele foi informado de que não havia registro de vôo comercial regular, mas então notou-se que o avião parecia estar em linha direta de Durban para o Rio de Janeiro. Cerca de um minuto antes de disparar o míssil ele recuou, a fim de permitir que um Sea Harrier fizesse identificação visual: era um avião de linha brasileiro (Freedman, 2005, p. 185).

Dois dias depois, o almirante Woodward recebeu mensagem do comandante em chefe da Força-Tarefa em Northwood: "Imprensa brasileira noticia DC-10 da (Varig) Linhas Aéreas interceptado por Sea Harrier (...) Aparelho teria sido aproximado por trás e por cima antes de ultrapassar e estabilizar a 50 metros a bombordo. Passageiros teriam ficado assustados. Peço comentários". A resposta de Woodward não tardou:

> Contato de radar detectou 120 ZZ 250nm a 211910Z (19.10 de 21 de abril) sem resposta de IFF [sigla em inglês para Identificação de Amigo ou Inimigo). Contato aproximando for-

mo dia, a embaixada brasileira na capital soviética traduziu para Brasília trechos de um artigo do correspondente londrino do jornal *Pravda*, com o título "Lógica do militarismo", onde se definia a postura de Margaret Thatcher como "uma política aventureira de crescente e perigosa escalada do conflito anglo-argentino", telegrama 601, Embaixada em Moscou para Exteriores, 28/4/82, em BR DFANBSB Z4.REX.IPS.228, cit., SIAN. Acesso em 17 de março de 2021.

> ça direção 290 a 485 kls Fl 350. Visident [idem para Identificação Visual) por SHAR [Sea Harrier] a 1930 como DC 10/30 Linhas Aéreas Brasileiras. SHAR mudou de curso depois de observação cuidadosa a curta distância em curso paralelo a bombordo em perfeitas VMC (idem para Condições Meteorológicas Visuais). Matrícula da Aeronave PP/VMD. Portanto notícia de imprensa correta (Freedman, 2005, p. 186).

A mensagem provinda do *Hermes* fechava num tom mais adequado ao almirante Anaya que a um membro da Royal Navy: "Não inimigo. Não inimigo. Não advertido (*Not reported*). Inconveniência à roupa de baixo dos passageiros lamentada a menos que algum deles fosse argentino". Em suas memórias, o almirante foi mais sensato ao considerar as sombrias consequências políticas que adviriam da derrubada do avião por sua ordem. Entre os 188 passageiros a bordo estavam os políticos brasileiros Neiva Moreira e Leonel Brizola, então candidato ao governo do estado do Rio de Janeiro.[12]

A reconquista britânica da Geórgia do Sul coincidiu com os últimos movimentos infrutíferos da missão Haig. Nessa altura, o governo militar da Argentina, que há pouco tinha alardeado que o país já pertencia ao Primeiro Mundo, concentrou seus esforços diplomáticos na Organização dos Estados Americanos, cuja XX Reunião de Consulta teve lugar em Washington, DC, entre os dias 26 e 27 de abril. O projeto de resolução, aprovado nessa ocasião por 17 votos a favor e 4 abstenções (Chile, Colômbia, Estados Unidos e Trinidad Tobago), foi apresentado pelas delegações do Peru e do Brasil, com o copatrocínio de Honduras e Costa Rica. As justificativas para a abstenção foram, em síntese, as seguintes: não concordância com todos os aspectos do texto (EUA); a OEA não era uma corte internacional de Justiça (Trinidad Tobago); a reunião fora convocada de forma precipitada e a resolução aprovada desvirtuava os princípios do TIAR (Colômbia); não era possível elevar a norma internacional a mera declaração da Comissão Jurídica Internacional (Chile).[13] Dois

12 Ver "Caça inglês acompanha DC-10 da Varig que levava Brizola", *O Globo*, 20-4-1982 e José Casado e Eliene Oliveira, "Na Guerra das Malvinas, um flerte com a morte sobre o Atlântico Sul", *O Globo*, 22-04-2012.

13 Minuta de telegrama 689, Exteriores a BRASEMB Londres, 29-04-82, (retransmite texto do telegrama 28 recebido em 28-4-82 Serie Chanceler EUA), Microfilme

dias antes, o chanceler tinha já enviado de Washington a Brasília, para retransmissão à embaixada em Londres, o texto que a delegação do Brasil negociava com a do Peru, com a explicação: "as presentes negociações tem por base o papel brasileiro, transmitido a Vossa Excelência (...) e o anteprojeto peruano". Este era reproduzido a seguir.[14]

Em seus considerandos, a resolução citava: 1) os princípios de solidariedade e cooperação interamericana e a necessidade de encontrar uma solução pacífica para a América; 2) o perigoso enfrentamento ocorrido entre os dois países em conflito, agravado pela presença da Armada britânica no Atlântico Sul, na região de segurança a que se refere o artigo 4º do TIAR; 3) o fim primordial deste tratado: a manutenção da paz e da segurança do continente; 4) que para atingir a solução pacífica era urgente a cessação das hostilidades; 5) o rechaço solidário por todos os estados americanos da intervenção de forças armadas extracontinentais contra qualquer nação do hemisfério; 6) os direitos de soberania da Argentina sobre as Ilhas Malvinas, conforme resoluções tomadas em distintos fóruns internacionais.[15]

Com base nisso, ficava resolvido: 1) apelar ao governo do Reino Unido para que cessasse imediatamente as hostilidades e que se abstivesse de qualquer ato que pudesse afetar a paz e a segurança interamericanas; 2) apelar ao governo da República Argentina para que se abstivesse de efetuar qualquer ação passível de agravar a situação; 3) instar os dois governos para que estabelecessem de imediato uma trégua que permitisse a retomada das gestões conducentes a uma solução pacífica, tendo em conta os direitos de soberania

F0941, AMREB. No dia 16 de abril, o embaixador em Santiago, José Carlos Ribeiro, enviou telegrama secreto ao Itamaraty sobre a atitude cautelosa do Chile durante a crise. O país via com preocupação: 1) os passos futuros da Argentina; 2) a unilateralidade das posições dos vizinhos e 3) a aproximação dos argentinos com a URSS. Telegrama 519, Embaixada em Santiago para Exteriores, 16/4/82, secreto, BR DFANBSB Z4.REX.IPS.227, cit., SIAN. Acesso em 15 de dezembro de 2020.

14 Minuta de telegrama 652 de Exteriores a BRASEMB Londres, 28-04-82 (retransmite texto do telegrama 6 recebido no mesmo dia de Serie Chanceler OEA), Microfilme F0941, AMREB.

15 Minuta de telegrama 683, de Exteriores a BRASEMB Londres, 28-04-82 (retransmite texto do telegrama 27 recebido em 28-4-82 de Serie Chanceler OEA), Microfilme F0941, AMREB.

da Argentina, assim como os interesses do habitantes das ilhas; 4) expressar a disposição do Órgão de Consulta de dar apoio a novos esforços com vistas a alcançar a paz; 5) tomar nota das informações recebidas sobre as importantes gestões do secretário de Estado dos EUA; 6) deplorar a adoção pelos membros da CEE e outros países de medidas coercitivas de caráter econômico e político e exortá-los a que suspendessem tais medidas; 7) encarregar o Presidente da XX Reunião de Consulta para que procedesse de imediato à entrega dessa resolução aos dois países envolvidos; 8) idem para ao Presidente do Conselho de Segurança da ONU; 9) manter aberta a XX Reunião de Consulta com o objetivo de velar pelo fiel cumprimento da resolução e tomar as medidas adicionais que julgasse necessárias para restabelecer e assegurar a paz e resolver por meios pacíficos o conflito surgido. No dia 2 de maio, o Itamaraty retransmitiu à embaixada em Londres texto do telegrama recebido da Delegação do Brasil na ONU, no dia anterior, com a íntegra da carta endereçada pelo governo britânico sobre a resolução da OEA, em que se refutavam os principais pontos do documento.[16]

Mas não foi só isso o que se tratou em Washington. Na noite do dia 27 de abril, o embaixador Harding telegrafou ao Foreign Office para comunicar que fora chamado ao Itamaraty pelo chanceler interino, no final da tarde. Baena Soares lhe disse que o governo brasileiro acabara de tomar conhecimento da advertência feita pelo chanceler argentino Costa Méndez, na reunião do Tratado do Rio em Washngton, de que uma invasão das ilhas Falkland por tropas britânicas era iminente. O secretário-geral comunicou que o governo Figueiredo queria transmitir ao governo Thatcher a sua preocupação diante dessa perspectiva e a esperança de que nada fosse feito que pudesse impedir o processo de negociação.[17] O embaixador prometeu passar a mensagem a Londres. Quanto à suposta invasão, disse, em caráter pessoal, não ter motivo para supor que uma ação iminente fosse provável. Acrescentou ser possível que Méndez estivesse tentando elevar a tensão com essa visão alarmista. De

16 Minuta de telegrama 748, de Exteriores a BRASEMB Londres, 02-05-82 (retransmite texto do telegrama 653 recebido em 30-4-82 DELBRASONU), Microfilme F0941, AMREB.

17 Minuta de telegrama sem número, de Brasília a FCO, 27 April 82, FCO 7/1243, 169, AMREB.

todo modo, enfatizou, parecia necessário que seu governo mantivesse a pressão com a ameaça de uso da força, como último recurso para persuadir os inacessíveis argentinos. Segundo essa versão, Baena nada objetou. Harding aproveitou para perguntar se o brasileiro avaliava que a missão Haig ainda tinha chances, ao que ele respondeu que sim, com a ressalva de que talvez isso fosse apenas um "wishful thinking" do Itamaraty.[18]

Nessa mesma noite, o embaixador Roberto Campos informou secretamente à Chancelaria em Brasília:

> Os acontecimentos nas últimas 24 horas no Reino Unido parecem indicar que o governo britânico não está mais considerando factível uma solução negociada para as Malvinas. Teriam sido, portanto, dadas as ordens para operações militares contra as Malvinas. Tais operações assumiriam a forma de desembarque de pequenos grupos em vários pontos da costa das Malvinas. Esses grupos realizariam operações de comandos no interior das ilhas. É possível, inclusive, que estas operações já se tenham iniciado e que a força-tarefa já esteja em posição de combate ao largo de Port Stanley.[19]

No final do telegrama, o embaixador citava conversas com dois deputados britânicos: o conservador Robin Maxwell Hyslop lhe confidenciou que previa "atividades substanciais nas Malvinas, a partir de quinta-feira". Ted Rowlands, "trabalhista e especialista no problema das Malvinas, também prevê um desenlace militar para muito breve e acredita em 'operações cirúrgicas' eficientes, dada a enorme superioridade tecnológica da Marinha inglesa". Edward Rowlands, como já vimos, foi o encarregado do tema no Foreign Office até 1979.

Era um velho conhecido de Campos. Como Subsecretário Parlamentar de Estado do chanceler James Callaghan ficou encarregado de preparar a visita

---

18 Infelizmente, ainda não encontramos versão brasileira dessa entrevista, apenas o registro de retirada da correspondência confidencial do dia 27, bem como dos dias posteriores. O mesmo ocorreu em inúmeras outras ocasiões.

19 Telegrama 506, Embaixada em Londres para Exteriores, 27/04/82, secreto, BR DFANBSB Z4.REX.IPS.228, SIAN. Acesso em 15 de março de 2021.

oficial de Geisel ao Reino Unido em maio de 1976. Pouco antes dessa data, o foreign secretary substituiu Harold Wilson como premiê. No final da jornada, o diplomata acompanhou o presidente brasileiro a um *day tour* a Oxford e ao palácio de Blenheim (Martins Filho, 2019).[20] No começo do mês, em telegrama secreto, o conselheiro da embaixada em Londres tinha relatado outra conversa com Rowlands, na qual aquele explicou a razão do interesse dos EUA em evitar um conflito armado no Atlântico Sul: os danos que uma derrota causaria para a imagem da Organização do Tratado do Atlântico Norte, a OTAN. Na mesma ocasião o deputado trabalhista disse a Rache que a premiê pensava que Reagan tinha falhado com a Grã-Bretanha, "pois dispondo de recursos de informação consideravelmente superiores poderiam ter alertado mais cedo o governo britânico sobre a iminência de uma invasão argentina".

Em *Time and chance*, Callaghan diz sobre Rowlands: "Sob seus olhos, tenho certeza de que não se permitiria que o tema das Falklands tivesse saído da mente com consequências tão desastrosas, como ocorreu entre 1979 e 1982" (Callaghan, 1987, p. 294). No mesmo telegrama, foi reproduzida matéria da *Economist*, publicada naquela data com o título "A failure of intelligence", na qual se diz que o deputado afirmou na Câmara dos Comuns que "em termos de informações (*intelligence*), a Argentina é um livro aberto para os serviços secretos britânicos", que seriam capazes de decifrar facilmente os códigos utilizados na comunicação daquele país. Depois disso, os inimigos já teriam trocado seus códigos, ironizou a revista.

Novo telegrama enviado quinze minutos depois, de Londres à Chancelaria, reiterava as informações acima referidas e acrescentava que, segundo Rowlands, ganhava corpo no Partido Trabalhista "a ideia de se solicitar para as Malvinas uma tutela da ONU com as seguintes características": a) "não se falaria nem em soberania argentina nem britânica, mas sim numa tutela internacional temporária"; b) "seria mantido formalmente o modelo de administração britânica"; c) "a exploração dos recursos naturais poderia ser feita em conjunto pela Argentina e pelo Reino Unido", reservando-se uma parcela para os ilhéus; d) seria admitida uma imigração argentina controlada.

20 Telegrama 368, Embaixada em Londres para Exteriores, 08/04/82, secreto, BR DFANBSB Z4.REX.IPS.228, cit., SIAN. Acesso em 16 de março de 2020.

Tal negociação só seria aceita pelos argentinos “frente a um desastre militar” inevitável, explicou o parlamentar.[21] Ainda no dia 27, o atarefado embaixador Roberto Campos relatou em telegrama confidencial de 7 páginas, a participação, “num clima de extrema tensão”, da premiê no “período de perguntas” na Câmara dos Comuns. Diante da posição irredutível de Thatcher “de não sustar o prosseguimento das operações militares”, teria se caracterizado “uma clara divisão entre o governo e a oposição no tratamento da crise das Malvinas”. O debate deu-se principalmente entre Thatcher e o líder da esquerda trabalhista Michael Foot.[22]

Voltando à correspondência diplomática britânica, a resposta do Foreign Office ao relato de Harding sobre a reunião mencionada acima veio a seguir, com instruções diretamente de Francis Pym ao embaixador, para que agradecesse a Baena Soares pela mensagem e insistisse que o governo britânico estava determinado a explorar qualquer chance do processo de negociações que fosse compatível com os princípios subjacentes a sua abordagem sobre a crise e tinha cooperado plenamente com os esforços do secretário Haig, mas qualquer acordo só ocorreria com base na Resolução 502 da ONU. Sem isso, a pressão militar continuaria. E completava: “a escolha quanto a se eles renunciarão pacificamente àquilo que tomaram ilegalmente, ou se outros meios devem ser utilizados é inteiramente deles”. Enfim, o telegrama acrescentava: “Você acertou em não aderir à especulação sobre uma invasão iminente. O anúncio do governo britânico de uma Zona de Exclusão Total é, ao mesmo tempo, uma indicação de nossa seriedade de propósito e de nossos desejos de evitar baixas desnecessárias”. Isso não seria incoerente com os esforços no sentido de buscar uma solução pacífica.[23]

Contudo, então, Inês já era morta. A invasão ainda demoraria algumas semanas, mas o primeiro ataque às ilhas Falklands já estava a caminho. Hoje se sabe que na reunião do Comitê do Estado-Maior da Defesa britânico, realizada com a presença dos ministros no dia 23 de abril, fora discutido o bom-

21 Telegrama 508, Embaixada em Londres para Exteriores, 27/04/82, secreto, BR DFANBSB Z4.REX.IPS.228, SIAN. Acesso em 17 de março de 2021.

22 Telegrama 510, Embaixada em Londres para Exteriores, 27/04/82, secreto, BR DFANBSB Z4.REX.IPS.228, SIAN. Acesso em 17 de março de 2021.

23 Telegram number 093 of 30 April, Pym a Harding, FCO 7-4123, 36, NAK.

bardeio aéreo da pista de pouso de Port Stanley.[24] No mesmo dia do telegrama recém-citado o MOD lembrou que OD(SA) em sua 21ª reunião concordara com a decretação da Zona de Exclusão Total (ZEM, ou TEZ, da sigla em inglês), à qual voltaremos a seguir, e avisava: "a autorização necessária foi dada ao Comandante de Forças e talvez saibamos, já na manhã de amanhã, que a missão Vulcan foi realizada".[25] Informação ligeiramente diversa chegou a ouvidos brasileiros no dia 28: como revela documento da FAB já citado, os adidos militares tanto dos EUA como do Reino Unido "compareceram ao gabinete do 1º Subchefe para informar que dentro de 24 horas a FT (efetuaria) o ataque às Malvinas".[26]

De todo modo, como atesta telegrama do mesmo dia 30, que relata nova convocação do embaixador britânico, feita agora por Saraiva Guerreiro, o Brasil ainda tentou um último apelo ao secretário-geral da ONU.[27] O chanceler teria explicado a Harding que o objetivo da mensagem aprovada pessoalmente pelo presidente Figueiredo era prestar apoio a Pérez de Cuéllar, em seus esforços para encontrar uma solução para a disputa, agora que a mediação de Haig tinha "efetivamente chegado ao fim". O embaixador perguntou ao chanceler se ele tinha alguma ideia clara de qual seria a forma mais satisfatória para sair do impasse vigente nas negociações. Guerreiro respondeu que, como afirmara desde o início da crise, o Brasil estaria disposto a apresentar "as ideias mais malucas" ("the most crackpot ideas"), se pudessem conduzir a uma saída. Uma dessas ideias seria a renúncia por parte dos dois países à soberania em favor de um órgão da ONU especialmente criado para esse propósito.[28]

24 Falklands: Minutes of MOD Chiefs of Staff Committee - COS. 29th Meeting/82 (Vulcan Attacks on Port Stanley Airfield, Meeting with Ministers), 1982 Apr 23, FCO 7/4443, MTF. Acesso em 4 de março de 2020.

25 Falklands: MOD letter to No.10 "Enforcing the TEZ: Press Statement" (Vulcan attack on Port Stanley airfield), 1982 Apr 30, PREM19/646 f24, MTF. Acesso em 4 de março de 2020.

26 Ver Estado-Maior da Aeronáutica, 1ª Subchefia, Seção de Informações, "Acompanhamento da Guerra das Malvinas", secreto, cit., p. 8, SIAN. Acesso em 24 de fevereiro de 2020.

27 Para o texto em inglês, ver telegrama 145 of 30 April 1982, Brasilia to FCO, FCO 7-2143, x23, NAK.

28 Telegram number 144 of 30 April, Harding a Pym, FCO 7-2143, x23 ER, NAK.

Harding respondeu repetindo os princípios da posição de seu país e *en passant* perguntou qual era a visão de Guerreiro sobre as fortes declarações de Haig a favor da posição britânica, feitas naquele mesmo dia.[29] Com efeito, pouco antes da fala do secretário de Estado, em reunião do National Security Council, em Washington, Reagan aceitou o argumento de Haig de que não havia mais razão para negar apoio à Grã-Bretanha (Hastings & Jenkins, 1983, p. 141). Terminava assim a segunda fase da Missão Haig (também conhecida como Haig 2). Mas seria mais exato dizer que o apoio americano seria, a partir desse ponto, ostensivo.

O chanceler brasileiro teria respondido que a fala criaria indubitavelmente dificuldades consideráveis para os Estados Unidas em alguns países latinoamericanos, principalmente com os mais "emocionalmente comprometidos" com o lado argentino. Mas, segundo Harding, o chanceler não considerava que as palavras de Haig pudessem criar problemas para as relações do Brasil com os EUA. Para o embaixador, a mensagem constituía "um esforço cauteloso ainda que equivocado, do governo brasileiro para ser visto como disposto a fazer um esforço construtivo na direção de uma solução para presente crise, sem efetivamente colocar seu pescoço para fora". Na sua avaliação, o texto devia mais a Figueiredo que a Saraiva Guerreiro, que lhe tinha dito apenas alguns dias atrás que não via perspectivas no recurso à ONU. O telegrama terminava com a opinião de que a mensagem não necessitaria de resposta do FCO, mas talvez

29 De Washington, o embaixador Azeredo da Silveira avisou em telegrama confidencial a Chancelaria: "O Secretário de Estado Haig acaba de fazer um anúncio formal e público no Departamento de Estado em que afirmou que os Estados Unidos não podiam aceitar o uso da força para resolver disputas internacionais". O secretário expôs em seguida as medidas determinadas pelo presidente Reagan para a Argentina: 1) suspensão das exportações de itens de uso militar; 2) retirada do atestado de elegibilidade para a prestação de ajuda militar; 3) suspensão dos créditos do Eximbank e 4) suspensão das garantias de crédito da Commodity Credit Corporation. Haig afirmou também que o presidente o tinha instruído a "responder positivamente a qualquer pedido de cooperação material da Grã-Bretanha, à exceção de participação militar direta", telegrama 1440, Embaixada em Washington para Exteriores, 30/4/82, em BR DFANBSB Z4.REX.IPS.229, Fundo: Divisão de Segurança e Informações do Ministério das Relações Exteriores, SIAN. Acesso em 18 de março de 2020.

fosse o caso de Francis Pym enviar uma mensagem delineando os pontos de vista britânicos. "Penso que o efeito do gesto tanto sobre Guerreiro como sobre Figueiredo seria positivo. Pode ajudar quando precisarmos do apoio deles, como certamente ocorrerá ao final", concluiu o embaixador.[30]

No mesmo dia, o Itamaraty retransmitiu à embaixada em Londres a íntegra recebida da embaixada em Buenos Aires da declaração do governo argentino sobre a crise das Malvinas, divulgada por meio de cadeia nacional de televisão às 21.30 do dia anterior, 30 de abril. O longo texto apresentava em 16 pontos a visão oficial do governo platino sobre a evolução e fracasso da Missão Haig. Seu primeiro ponto considerava a declaração citada acima do secretário de Estado "injustificada e intempestiva", parecendo ajustar-se aos tempos fixados pela frota britânica para suas operações.[31]

---

30 Em Londres a recomendação não foi aceita. O chefe do Departamento de América do Sul, explicou: "com as negociações de Haig rompidas e depois das notícias sobre o bombardeio do Aeroporto de Port Stanley, há poucos pontos positivos a apresentar, aos quais o Brasil seria receptivo". "Falkland Islands: proposed message to the Brazilian Foreign Minister", P R Fearn a Giffard, 1 May 1982, FCO 7-4123, 44, NAK.

31 Minuta de telegrama 735, de Exteriores a Brasemb em Londres, 1-5-82, AMREB, Microfilme F0941.

O ataque

A guerra começou às 4.23 da madrugada de domingo, primeiro de maio de 1982, logo em seguida à decisão britânica de estender a Zona de Exclusão Marítima para Zona de Exclusão Total. Um bombardeiro Vulcan, num longo vôo *solo* desde as Ilhas Ascensão, atacou o campo de pouso de Port Stanley (Hastings & Jenkins, 1983, p. 143). A operação foi batizada Black Buck.

Em Brasília, o porta-voz do Itamaraty, ministro Bernardo Pericás, divulgou a seguinte nota, calcada na polida linguagem da diplomacia:

> O Brasil não pode deixar de estar em desacordo com o ataque armado realizado na manhã de hoje (dia 1-5), que caracteriza uma violação do primeiro parágrafo da Resolução 502 do Conselho de Segurança da ONU que determina a cessação das hostilidades. A competência para a adoção de recomendações e medidas para o cumprimento em todos os seus aspectos da Resolução 502 é exclusiva do próprio Conselho de Segurança. O Brasil reitera a necessidade de que as Nações Unidas ajam sem demora no sentido de restabelecer condições para uma solução negociada da questão.[1]

O objetivo da ação foi deixar a pista de Port Stanley fora de uso para eventuais pousos e decolagens dos caças Étendard, Mirage e Skyhawk da Força Aérea Argentina, eliminando o risco colocado às unidades da força-tarefa britânica. Dois Vulcan tinham deixado a Inglaterra em direção às ilhas Ascensão,

1 "A guerra é total nas Malvinas", *Folha de S. Paulo*, 2 de maio de 1982. Para a versão em inglês, telegram number 147 of 2 May, Brasilia to FCO, FCO 2147, 38, NAK.

mas a operação foi realizada por apenas um deles. Vinte anos depois, o chefe do Estado-Maior da RAF naquela época, Michael Beetham, lembrou: "tínhamos a intenção de fornecer todo o apoio possível à força tarefa e o campo de pouso de Port Stanley era chave para as operações argentinas. (...) Quando examinamos o campo e os recursos de que dispúnhamos determinamos que o mais prático seria enviar um único avião" (Beetham, 2005, p. 39).

O percurso de ida e volta até as Malvinas, com duração de quase 16 horas, exigiu 10 aviões-tanque Victor e compreendeu 17 reabastecimentos em pleno vôo. Para efeito de comparação é como se um avião saísse da Inglaterra, voasse até o oeste da China e voltasse. "A R.A.F. nunca efetuou um voo remotamente parecido com essa complicada operação", anotou um estudioso do conflito (Middlebrook, 2012).

A aeronave, um bombardeiro estratégico de médio alcance, compusera até os anos 1960 a força de dissuasão nuclear britânica, antes de ser substituído pelos submarinos nucleares. Depois disso foi convertida em bombardeiro convencional e ganhou mais espaço para armazenar combustível. Como veremos, pouco mais de um mês depois, uma aeronave do mesmo tipo realizaria um pouso forçado no Galeão, provocando o mais grave incidente entre Brasil e Grã-Bretanha durante a guerra.

No dia seguinte, nota do MOD expedida às 12.20 referiu-se ao conjunto das ações daquele dia. Após a ação do Vulcan, a pista foi bombardeada por um número substancial de Sea Harriers, caças recém-incorporados à aviação naval britânica, com inédita capacidade para pouso em pistas curtas e para descer ou subir na vertical (VTOL, da sigla em inglês para Vertical Take-Off and Landing). O resultado foi um dano mais severo à pista que o causado pelo Vulcan. Os mesmos aviões atacaram Goose Green, minúscula povoação a cerca de 95 quilômetro a oeste da capital das ilhas, danificando sua área de pouso. Em ambos os ataques, aviões da FAA foram atingidos no solo. Do lado britânico, o comunicado dizia que só houve danos a uma aeronave e nenhum ataque à força-tarefa. Uma terceira onda de Harriers contra a pista de Port Stanley veio de unidades navais, atuando de dentro da ZET. Os argentinos, seguia o texto, atacaram então unidades da FT com aviões Mirage e foram enfrentados por Sea Harriers, que derrubaram um dos Mirage, talvez dois. Um ataque adicional noturno por parte dos argentinos resultou em um Canberra da FAA abatido e outro danificado. Foi essa a primeira versão oficial sobre o ataque.[2]

Contudo, vale acrescentar o relato de uma fonte americana altamente informada, o secretário da Marinha dos EUA, almirante John Lehman, em suas memórias publicadas em 1988. Segundo ele:

> "temendo o pior, os britânicos tentaram deixar o campo de pouso inoperante. Um esquadrão de Vulcans, um bombardeiro estratégico obsoleto, voou da Inglaterra às Ilhas Ascensão a 28 de abril. Então, a primeiro de maio, um dos Vulcans (...) despejou vinte e uma bombas de mil libras no alvo. (...) O campo de pouso foi danificado, mas não inutilizado; assim, mais tarde naquele dia, todos os vinte Sea Harriers baseados no cruzadores VTOL *Invincible* e *Hermes* fizeram nova incursão ao local, apesar do pesado fogo antiaéreo. O campo de pouso não foi destruído. Para sorte da Royal Navy, no entanto, os argentinos nunca estenderam a pista para possibilitar jatos. Desse modo, a frota enfrentou sortidas isoladas de temerários pilotos argentinos voando a partir do continente, com pouco combustível, no limite máximo – e não das próprias ilhas. Os argentinos tiveram brilhante desempenho e infligiram grande dano, mas pagaram pesado preço (Lehman, 1988, p. 277).

No mesmo dia da nota acima, a embaixada britânica enviou ao FCO sua avaliação sobre as repercussões tanto da ação em si quanto da nota do governo brasileiro. Esta, dizia o telegrama, fora reproduzida na maioria dos jornais do país sob manchetes como "Brasil condena ataque britânico e busca urgente ação da ONU". A BBC lançou mão dessas manchetes como exemplo da condenação latinoamericana ao ataque. No entanto, observava o telegrama, o texto brasileiro tinha evitado a palavra "condenar" e não fazia referência à autoria britânica dos ataques. "A linguagem que eles escolheram me parece tão inócua quanto podíamos desejar, na melhor das hipóteses", comemorou Harding. Quanto à reação da opinião pública, antes temida pelo

2 "MOD press statement -12.20 hours 2 May", Falklands: FCO Sitrep (0730, 3 May), PREM19/624 f217. MTF. Acesso em 11 de março de 2020.

embaixador, ele disse: "no fim das contas, nossa ação militar provocou até aqui marolas e não ondas". A opinião editorial da imprensa "responsável", como o *Estado de S. Paulo* e o *Jornal do Brasil,* concluía o telegrama, "chama a atenção para o perigo do Brasil ser atraído para o vórtice da solidariedade latinoamericana no qual seus interesses no e suas relações com o resto do mundo pudessem submergir".[3]

Com o título "Golpe sobre golpe", o editorial do *Jornal do Brasil* de 2 de maio defendeu: "com a retomada das Geórgias e o bombardeio iniciado ontem, a Inglaterra responde à humilhação que lhe foi imposta com a conquista das Falklands (sic) decretada pela Junta Militar de Buenos Aires". Para o editorialista, "a Junta argentina, que desrespeitou a tranquilidade do continente e os princípios básicos de convivência internacional ao atacar as Falklands, também não tem respeito pelo seu próprio povo", como demonstraria a ordem do Estado-Maior das Forças Armadas aos órgãos de comunicação de punição pela Lei de Segurança Nacional para os argentinos que divulgassem notícias contrárias às versões oficiais sobre o conflito. A medida, segundo o texto, lembrava o nazismo.

Numa avaliação britânica das reações internacionais até às 7.30 do dia 3 de maio, o Brasil aparecia em primeiro lugar numa lista de sete países (seguido por Cuba, Espanha, URSS, México, Venezuela e China).[4] No dia 2 de maio, o embaixador da Espanha em Brasília, Francisco Vallaure, transmitiu ao chanceler Saraiva Guerreiro o texto divulgado no dia anterior por seu governo. Aí se considerava que: 1) o ataque das forças britânicas ao aeroporto constituía uma grave escalada do conflito; 2) o desencadeamento de uma ação ainda mais generalizada e maciça provocaria trágica perda de vidas humanas e suporia "uma gravíssima responsabilidade e um erro histórico"; 3) a Espanha se posicionara absolutamente contrária ao uso da força e deplorava que o problema colonial no fundo da questão, base de seu apoio à posição argentina, tivesse sido desconsiderado; 4) era necessária a utilização plena dos mecanis-

3 Telegram number 146 of 2 May, "Falklands: Brazilian Official position", FCO 7-2143, 37.

4 "Falklands: FCO Sitrep (0730, 3 May)", PREM19/624 f217, MTF. Acesso em 11 de março de 2020.

mos do CSN para evitar nova ação bélica. Como se vê, o país europeu foi bem mais duro que o Brasil na condenação ao ataque.[5]

No dia 4 de maio, o FCO respondeu finalmente à sugestão do embaixador sobre o envio de uma mensagem de Pym a seu colega brasileiro. A visão de Londres é que não haveria muito o que dizer aos brasileiros naquela altura, a ponto de justificar uma mensagem pessoal. Seria melhor deixar a iniciativa em reserva, caso surgisse a necessidade de procurar o apoio do país, em alguma iniciativa diplomática posterior, "depois de minha visita a Washington e Nova York", explicou o chanceler ao embaixador. Falando estritamente para o conhecimento de Harding, ele informava que o nome do Brasil viera à luz no contexto das recentes propostas do Peru que acabavam de se tornar públicas. Para Pym, se tais propostas progredissem (explicou que se referira a elas na Câmara dos Comuns mais cedo, no mesmo dia), "talvez tenhamos algo mais construtivo para colocar para os brasileiros. Seria melhor assim segurar mensagens (*to hold our hand on messages*) neste estágio, até que sejam tomadas decisões sobre possíveis passos adicionais".[6]

No primeiro dia de maio, o presidente peruano Belaunde Terry tinha procurado o secretário de Estado Haig com uma proposta que logo foi percebida em Washington como chance de manter as aparências de negociação, principalmente no hemisfério ocidental. É bom lembrar que poucos países tinham apoiado a Argentina com mais decisão que o Peru. Ambas as nações eram inimigas do Chile. Basta, neste sentido, ver a manifestação da multidão presente na Plaza de Mayo, em Buenos Aires, por ocasião do pronunciamento feito por Galtieri, depois da invasão das Malvinas a 2 de abril. Os gritos "Peru, Peru, Peru" soaram por todo o local depois que o ditador proferiu a frase:

---

5 BR DFANBSB Z4.REX.IPS.229, cit., p. 144, SIAN. A embaixada na capital espanhola referiu-se ao mesmo assunto no telegrama 261, Embaixada de Madri a Exteriores, 3/5/82, cit., SIAN. Ao mesmo tempo, o embaixador na capital chinesa informou que nota do MRE chinês "lamentou a ação militar empreendida pelo Reino Unido e indicou que o apoio dos Estados Unidos a Londres poderia trazer graves consequências", telegrama 293, Embaixada em Pequim a Exteriores, 3/5/82, cit., SIAN. Ambos os acessos em 19 de março de 2020.

6 Telegram number 95 of 4 May, FCO to Brasilia, FCO 7-4123, 39, NAK.

"temos a solidariedade de vários povos americanos que estão decididos a combater com os argentinos".[7]

O plano continha sete pontos, mas o que mais interessa aqui é o último, a que se referia o telegrama acima: "o grupo de contato que interviria de imediato nas negociações para implementar este acordo estaria composto de Brasil, República Federal de Alemanha e Estados Unidos da América".[8] Nem bem posta ao mar, a proposta do presidente Belaúnde Terry sossobrou nas águas geladas do Atlântico Sul. No dia dois de maio, às três da tarde, o submarino de propulsão nuclear *Conqueror* afundou, com dois tiros de torpedo, o navio argentino *General Belgrano*, com perda de 323 vidas.[9] O cruzador estava fora dos limites da Zona de Exclusão Total. Em seu livro publicado no ano seguinte, dois autores britânicos perguntaram: "qual era o propósito de declarar limites geográficos, dentro dos quais navios inimigos estariam sujeitos a ataque, apenas para agir fora deles, mesmo se a Grã-Bretanha estivesse formalmente (*within the letter*) dentro de seus direitos legais?" (Hastings & Jenkins, 1983, p. 150).

No dia seguinte, o chefe da delegação brasileira na ONU, Sergio Correa da Costa, informou a chancelaria que "o representante permanente da Argentina acaba(va) de (lhe) informar o seguinte": confirma o afundamento do *Belgrano* "com 500 homens a bordo"; confirma ter sido repelida tentativa

---

7 Televisión Publica Argentina, vídeo "Galtieri en Plaza de Mayo: 'si quieren venir que vengan', 1982 (fragmento II)", https://yotu.be/QFp5X1KzPGU, acesso a 6 de março de 2020.

8 Os outros pontos eram: 1) cessação imediata de hostilidades; 2) retirada simultânea e mútua das forças; 3) presença de representantes alheios às duas partes envolvidas no conflito, para governar as ilhas interinamente; 4) reconhecimento pelos dois governos da existência de posições "discrepantes" sobre a situação das ilhas; 5) que os dois governos reconhecessem que os pontos de vista e os interesses dos habitantes locais tinham que ser tomados em consideração na solução definitiva do problema e 7) antes de 30 de abril de 1983, se deveria chegar a um acordo definitivo, sob a responsabilidade do grupo de países antes mencionados (Cardoso, Kirschbaum, & Kooy, 2012).

9 Segundo Moore (2001, p. 175), os torpedos utilizados foram os MK-8, cujo projeto datava da época da II Guerra, apesar do capitão do submarino nuclear *Conqueror* dispor de armas mais modernas em seu navio, aparentemente porque não confiava nos torpedos da Royal Navy desenvolvidos no pós-guerra.

inglesa de desembarque em força nas Malvinas, o que teria levado os britânicos a atacar o navio argentino, "com base em informações de satélite recebidas dos Estados Unidos"; diz ter a impressão de que Washington desejava a queda do atual governo da Argentina, diante de um desastre militar e concluía que "um governo que suceder o atual será inevitavelmente mais duro e inflexível".[10]

Na mesma data, Roberto Campos enviou à Chancelaria telegrama secreto de sete páginas, no qual se referia a contato de funcionário da embaixada por telefone com Christopher Mallaby no Foreign Office, sobre os resultados da visita do chanceler Pym aos EUA e sobre as perspectivas de negociação na crise. Para o diplomata britânico, nessa versão, a visita de Pym teria sido "uma demonstração de que o Reino Unido (seguia) interessado numa solução diplomática para a crise". No encontro com sua contraparte americana, o secretário Haig, "todos os aspectos da crise teriam sido discutidos". Segundo o mesmo relato, "Mallaby concluiu mencionando que o Reino Unido (seguiria) implementando o bloqueio completo das Malvinas, mas salientou que, na implementação de tal bloqueio, a força seria usada de forma cuidadosa e controlada". "Em tom de orgulhosa condescendência", o britânico teria afirmado "que, no ataque ao cruzador argentino, o submarino britânico não havia afundado o navio, procurando minimizar os danos ao cruzador".[11]

O embaixador continuava: "caso não se encontre rapidamente uma saída diplomática para a crise, e ninguém demonstra otimismo a esse respeito, os britânicos deverão iniciar operações em terra nas Malvinas". E concluía, tocando num ponto que figuraria nas conversas que Figueiredo teria com Reagan em Washington, alguns dias mais tarde:

> O bombardeio de Port Stanley por avião Vulcan, a partir da Ilha de Ascensão, demonstrou que o problema é passível de so-

---

10 Telegrama 677, DELBRASONU, 3/5/82, em BR DFANBSB Z4.REX.IPS.229, cit., SIAN. Acesso em 19 de março de 2020. No dia seguinte, a embaixada em Washington comunicou a Chancelaria que o Departamento de Estado tinha emitido comentário no sentido de que os EUA não tiveram qualquer participação no episódio, telegrama 1489, da Embaixada em Londres para Exteriores, 4/5/82, em BR DFANBSB Z4.REX.IPS.229, cit., SIAN. Acesso em 20 de março de 2020.

11 Telegrama 569, Embaixada de Londres para Exteriores, 3/5/82, secreto, em BR DFANBSB Z4.REX.IPS.229, cit., SIAN. Acesso em 20 de março de 2020.

> lução de um ponto de vista logístico. O bombardeio de bases continentais argentinas representaria uma enorme escalada do conflito e poderia levar a uma reação desfavorável na opinião pública europeia e, certamente, a um recrudescimento do antagonismo extra-continental, em assuntos que afetam a área de segurança do TIAR.

De Buenos Aires, a embaixada brasileira enviou ao Itamaraty o teor do comunicado difundido pouco antes das 22.00 do dia 4 maio pela Chanceleria argentina, onde se afirmava que o cruzador estava a 36 milhas fora da zona de exclusão fixada pelo governo britânico na declaração do MOD de 28 de abril. Para a Argentina, o ataque constituía "um traiçoeiro ato de agressão armada perpetrado pelo governo da Grã- Bretanha em aberta violação da Carta das Nações Unidas e da cessação de hostilidades ordenada pela Resolução 502 do CS da ONU."[12]

Um ano depois do ataque ao navio argentino, Paul Foot publicou na revista *New Statesman* (Sunday, 2 May 1983) e no jornal *Daily Mirror* (5 May 1983) matérias investigativas onde sugeria que a ação ocorrera para impedir que se obtivessem efeitos positivos da tentativa de mediação promovida pelo Peru, naquela altura já conhecidas pelo governo britânico. Uma década após o afundamento, o ex-chanceler argentino Costa Méndez comentou a possibilidade de que "la senõra Thatcher" tenha feito disparar "esses torpedos" para afundar o *Belgrano* "como forma de afundar as negociações. Por que? Porque não as podia dominar". E concluiu: "minha análise me conduz à convicção, não à certeza, de que foi ordenado, de que é possível que a ordem tenha sido dada. Porque (...) o *Belgrano* voltava, se afastava do teatro" (de operações) (Yofre, 2011, posição 6083).

Questionada no Parlamento sobre este ponto, em 12 de maio de 1983, Margaret Thatcher afirmou que as notícias do plano peruano só chegaram a Londres depois de tomada a decisão que autorizou o ataque. Em plenário, no mesmo dia, o deputado Tam Dalyell, maior crítico trabalhista da guerra,

12 Minuta de telegrama 797, de Exteriores a Embaixada de Londres, 05-05-82 (retransmite texto do telegrama 1050 recebido em 4-5-82 de BRASEMB Buenos Aires), Microfilme F0941, AMREB.

registrou a resposta da premiê e perguntou: "mas se isso for verdade, o que o Foreign Secretary estava fazendo em Washington e em Nova York?". A sua compreensão era que o chanceler Francis Pym "sabia dos planos peruanos pelos menos seis horas e meia antes". Em reforço a seus argumentos, o parlamentar citou reportagem exibida no programa *Panorama* da BBC e os artigos citados de Foot.[13] Relatos como o de Cardoso, Kirschbaum, & Kooy confirmaram posteriormente, com abundância de detalhes, que a premiê esteve durante o tempo todo a par da apresentação e da evolução da proposta peruana.

No seminário já citado de 2002, do qual participaram vários dos comandantes militares britânicos envolvidos, todos defenderam o objetivo militar da operação: remover a ameaça constituída pelo navio argentino à força-tarefa. O almirante *Sandy* Woodward, comandante da força-tarefa no Atlântico Sul, afirmou na ocasião: "então esse é o *Belgrano*, sempre com um lugar em minha mente e nas mentes dos assessores do ministério como um assunto militar necessário. Seja o que for que estivesse ocorrendo no nível político, isso é outra questão e não me dizia respeito" (Woodward, 2005, p. 41).

Em sua autobiografia publicada em 1993, Thatcher anotou:

> Uma grande quantidade de *non-sense* malicioso e enganador circulou à época e um bom tempo depois sobre as razões pelas quais afundamos o *Belgrano*. Tais acusações se revelaram sem fundamento. A decisão de afundar o *Belgrano* foi tomada por razões estritamente militares e não por razões políticas: a alegação de que estávamos tentando solapar uma promissora iniciativa de paz do Peru não resiste a maior exame. Nós, que tomamos a decisão em Chequers, não sabíamos nada à época sobre propostas peruanas, que de todo modo se pareciam muito com o plano Haig, rejeitado pelos argentinos apenas alguns dias antes. Havia uma clara ameaça militar, que não podíamos de forma responsável ignorar (Thatcher, 1993, p. 215).

13 "General Belgrano (Sinking)", *Hansard*, HC Deb 12 May 1983 vol 42 cc1001-10, Disponível em https://api.parliament.uk/historic-hansard/commons/1983/may/12/general-belgrano-sinking. Acesso em 7 de março de 2020. Além dos trabalhistas, a oposição à época contava com os Social-Democratas (partido que teve curta duração) e os Liberais (Beckett, 2015).

Tam Dalyell, em seu relato sobre a crise das Malvinas, na forma como ele a vivenciou, disse a esse respeito:

> Quando ela deu a ordem ao almirante Sir Terence Lewin, no Quartel-General Naval em Northwood, para autorizar o comandante do *Conqueror* a lançar seus torpedos, Sua Alta Excelência (Right Honourable), a Sra. Thatcher (PC) (MP)[14] devia saber bastante bem o quão perto estava de receber uma base para a paz, que não poderia razoavelmente recusar. (...) Com efeito, eu soube, por fontes próximas ao secretário de Defesa dos EUA, Caspar Weinberger, (...) que não foi dada nenhuma indicação do intuito de afundar um importante navio argentino. (...) Não se apresentou justificativa para o afundamento do *Belgrano* (Dalyell, 1982, p. 83).

Nem bem as repercussões do afundamento tinham se espalhado mundialmente e outra notícia trágica eclodiu: na manhã do dia 4 de maio, às 10.00, no canto sudoeste da força-tarefa, cerca de 40 milhas ao sul de Port Stanley, com o mar calmo e boa visibilidade, o contratorpedeiro *Sheffield* foi atingido por um míssil Exocet disparado de um avião Super Etendard da Força Aérea Argentina. Desta vez, as baixas - 22 homens - foram "piedosamente baixas porque o navio estava em prontidão (*at defence watches*)". "Seria difícil superestimar o impacto da perda do *Sheffield* sobre a força tarefa britânica", afirmaram os autores de *The battle for the Falklands* (Hastings & Jenkins, 1983, p. 143 e 155). O míssil atingiu o meio do navio acima da linha d'água e explodiu. Entre os sistemas danificados estavam as mangueiras de água utilizadas para extinguir incêndios, o que levou o fogo a se espalhar sem obstáculos. O navio foi abandonado, mas permaneceu flutuando por seis dias antes de emborcar quando era rebocado. As imagens em foto e filme correram mundo (Osborne, 2005, p. 164).

---

14 PC é abreviatura para o Conselho Privado (órgão composto por parlamentares destacados e que tem como função aconselhar a Rainha). Foi criado em 1708 e sua denominação completa é Her Majesty's Most Honourable Privy Council. MP é a abreviatura para Membro do Parlamento.

Voltando ao *Belgrano*, dois decênios mais tarde, John Nott, ministro da Defesa do governo Thatcher, lembraria o clima que se seguiu ao episódio. Para ele, este tornou a posição britânica "com muitos, muitos países extremamente difícil, particularmente com a Espanha e a Itália, países-irmãos (*cousin countries*) da Argentina". "Depois do afundamento do *Belgrano*, continuou, nós tivemos indubitavelmente tempos muito mais difíceis internacionalmente", com consequências diplomáticas árduas. "Os alemães ficaram profundamente irritados", acrescentou (Nott, 2005, p. 42).

Além disso, o ataque ao navio argentino provocou "a mais dramática divergência de politica externa entre Dublin e Londres, desde a afirmação de neutralidade da Irlanda durante a Segunda Guerra Mundial", lembrou trinta anos depois, um jornal irlandês. Segundo a mesma fonte, o ministro da Defesa da República da Irlanda, Paddy Power, declarou depois do incidente: "obviamente, os próprios britânicos são certamente os agressores agora". Na ONU, o país aproveitou o seu assento no Conselho de Segurança para pedir uma reunião desse órgão com o fim de propor uma resolução apelando ao cessar-fogo bilateral. O que desgostou os britânicos foi a falta de menção à Resolução 502. Para piorar a situação, os irlandeses divulgaram que consideravam as sanções da CEE contra a Argentina como "não mais apropriadas". Tudo isso levou Thatcher a admitir a Reagan, segundo documentos liberados no Reino Unido em 2012: "as relações entre Londres e Dublin com certeza deram uma guinada para pior".[15] A premiê relembrou outras repercussões: "a chocante perda de vidas nos causou muitos problemas – ou em muitos casos, talvez, uma desculpa para deserções entre os menos comprometidos de nossos aliados; também aumentou a pressão contra nós na ONU" (Thatcher, 1993, p. 216).

De Brasília, o embaixador Harding relatou: "As notícias sobre o afundamento do General Belgrano fora da ZET e sobre a grande perda de vidas que de início se temia foram recebidas com angústia e perplexidade no Brasil". Na imprensa, surgiram por toda parte temores de uma escalada do conflito. O presidente Figueiredo escreveu a Galtieri, relatou o embaixador, para expressar sua profunda preocupação e seus pêsames às famílias dos mortos. As notícias subsequentes sobre a destruição do HMS *Sheffield* "provocaram

15 "Major rift in relations after British sank 'Belgrano'", *The Irish Times*, Dec 28 2012.

não menos surpresa e parecem ter aumentado a ansiedade de que o conflito esteja fugindo ao controle", completou o diplomata. Os principais jornais publicaram editoriais nesse sentido. O telegrama continuava: "pressões sobre o governo brasileiro no sentido de adotar uma posição mais fundada em princípios e desempenhar um papel mais ativo no processo de negociação começam a se intensificar, tanto na mídia quanto no Congresso". O texto finalizava apontando que a atenção passava a se voltar para a visita oficial do Presidente Figueiredo aos Estados Unidos, marcada para 11 de maio, vista agora como oportunidade para o Brasil marcar sua presença nas deliberações internacionais sobre a questão das Falklands.[16] No próximo capítulo, examinaremos a reação em vários países do mundo ao afundamento do navio argentino, com base na correspondência diplomática brasileira.

A nota enviada pelo presidente João Figueiredo a seu colega Leopoldo Galtieri, a 4 de maio, dizia o seguinte:

> Profundamente consternado pela lamentável notícia da perda de elevado número de vidas humanas no afundamento do cruzador "General Belgrano", desejo expressar que o sofrimento que ora se abate sobre tantas famílias argentinas é vivamente compartilhado pelo povo brasileiro. Neste momento de dor, transmito ao povo argentino, por intermédio de Vossa Excelência, a expressão mais sincera da simpatia do povo brasileiro, formulando votos fervorosos em favor do restabelecimento da paz e da concórdia.[17]

A 6 de maio, mensagem mais contida foi enviada à premiê Margaret Thatcher:

> Consternado pelo sacrifício de vidas humanas, particularmente sensível quando afeta dois povos amigos, rogo aceitar minhas condolências pelas perdas resultantes do ataque ao des-

16 Telegram 156 of 5 May, Brasilia to FCO, "Falklands: latest Brazilian reactions", FCO 7-4123, 40, NAK.

17 Ministério das Relações Exteriores, *Resenha de política exterior do Brasil,* 33, abr.-mai.jun 1982, p. 66.

> tróier "Sheffield" e meus ardentes votos de que se torne possível às Partes encontrar uma forma de interromper honrosamente a violência".[18]

O afundamento do navio argentino reacendeu no âmbito da Agência Internacional de Energia Atômica, a questão do emprego de armas nucleares pela Grã-Bretanha, que chamou precocemente a atenção do Brasil, como vimos. No dia 10 de maio, nossa chancelaria retransmitiu à embaixada de Londres telegrama da representação brasileira em Viena, sede da AIEA, com cópia do texto do governador da Argentina na Junta de Governadores daquela instituição, datado de 6 do mesmo mês. Este se referia à sua carta anterior de 16 de abril, onde se levantava "a possibilidade de que materiais nucleares com propósitos militares possam estar presentes na frota que o governo britânico está empregando no Atlântico Sul, em resposta à disputa das Ilhas Falkland". E continuava: o afundamento do *Belgrano*, "como resultado de um ataque de torpedo por um submarino nuclear de nacionalidade britânica (...) deixou claro quão justificados eram aqueles temores, ao preço, desafortunadamente, da perda de centenas de valiosas vidas argentinas". Nesse quadro, a carta ressaltava:

> A efetiva adesão argentina à política de não-proliferação de armas nucleares a colocou em clara desvantagem neste confronto com uma potência nuclear que, por um lado, proclama enfaticamente ela mesma aquela política, mas, por outro lado, não hesita em utilizar as aplicações militares da energia nuclear contra um país que renunciou a elas. O governo inglês utilizou astuciosamente sua vantagem como um poder nuclear nessas ações belicosas perpetradas contra um Estado cujo programa nuclear destina-se exclusivamente a propósitos pacíficos.[19]

18 Idem, ibidem. Minuta de telegrama 816, 05-05-82, de Exteriores a BRASEMB--Londres, urgentíssimo (expedição imediata), Microfilme F0941, AMREB.

19 Minuta de telegrama 876, Exteriores a Embaixada em Londres, 10-05-1982, Microfilme F0941, AMREB.

Em resposta, o representante residente do Reino Unido junto à AIEA fez circular sua própria carta, onde afirmava considerar "uma lástima que, em vista da natureza especializada da Agência Internacional de Energia Atômica, um Estado-membro procure usar a Agência como veículo de propaganda política". E concluía ser "inconcebível que a Grã-Bretanha viesse a utilizar essas armas em confrontação com a Argentina quanto às Ilhas Malvinas. Meu país está plenamente ciente de suas obrigações sob o Tratado (de Tlatelolco) para a proibição de armas nucleares na América Latina (...) e continuará a cumpri-las". Para a Grã-Bretanha, o artigo V daquele tratado excluía instrumentos que pudessem ser utilizados para transporte ou propulsão de um artefato (*device*) e isso indicava que submarinos nucleares não estavam proibidos pelo Tratado".[20] Voltaremos a este tema no final do livro.

20 Minuta de telegrama 877, Exteriores a Embaixada em Londres, 10-05-1982, Microfilme F0941, AMREB

Aftershocks

Nessa altura, das embaixadas brasileiras na Europa e nas Américas, começaram a chegar telegramas sobre os reflexos do afundamento do cruzador argentino. No dia 5 de maio, de Bruxelas, sede da CEE, o embaixador Souto Maior comunicou à Chancelaria que o agravamento do conflito e especialmente o caso do *General Belgrano* começavam "a produzir efeitos perceptíveis no plano da solidariedade comunitária". Para ele, o "açodamento" com que nove membros da Comunidade se colocaram ao lado do Reino Unido, inclusive com "sanções econômicas draconianas" contra a Argentina começava a dar lugar a "visível constrangimento". O torpedeamento do navio parecia ter sido, "do ponto de vista britânico, um erro político de proporções consideráveis".[1] Do Vaticano, o embaixador Antonio Correa do Lago escreveu que "a escalada militar do conflito entre Argentina e Grã-Bretanha" estaria "criando para a Santa Sé problemas extremamente delicados em áreas de particular importância (...), em especial agora, com as grandes perdas de vidas no afundamento do *General Belgrano*". Entre os pontos sensíveis estariam os próprios apelos do Papa a favor de uma solução negociada para o conflito, os reflexos possíveis sobre a mediação papal na questão das ilhas Beagle com o Chile e a preocupação com a viagem do pontífice à Grã-Bretanha no final de maio.[2]

---

1 Por sua vez, o embaixador junto à CEE comunicou Brasília sobre as posições da Irlanda vistas acima. Telegrama 342 e sem número, BRASEUROPA para Exteriores, 5-5-82, em BR DFANBSB Z4.REX.IPS.230, cit., SIAN. Acessos em 23 e 24 de março de 2021.

2 Telegrama 127, da Embaixada no Vaticano para Exteriores, 5-5-82, em BR DFANBSB Z4.REX.IPS.230, cit., SIAN. Acesso em 23 de março de 2021.

Enquanto isso, a embaixada em Bonn comunicava à Chancelaria que, em intercâmbio mantido com o chefe da divisão encarregada dos contatos com a Argentina no Auswäertiges Amt, o Ministério das Relações Exteriores da República Federal da Alemanha, ficara evidente o desconforto desse país com o tema da renovação das sanções econômicas impostas à Argentina. Um diplomata destacou que "o governo da Argentina tem imagem deveras negativa junto à opinião pública local", mas, apesar dos fortes laços de seu país com o Reino Unido, se houvesse prorrogação da punição, a Alemanha se veria, "muito a contragosto", obrigada a acompanhar a maioria dos membros da CEE.[3] No dia seguinte, Bonn informou a Brasília, em telegrama de cinco páginas: "o governo alemão pediu ontem a paralisação imediata das operações militares no Atlântico Sul". Segundo o porta-voz oficial do governo da RFA, era necessário evitar "mais derramamento de sangue".

Duas personalidades chave da política alemã ocidental, Willy Brandt e Helmut Kohl questionaram o próprio sentido do conflito no Atlântico Sul, opinião acolhida pela maior parte da imprensa do país.[4] "Os mortos deveriam ser motivo suficiente para a Argentina e a Grã-Bretanha procurarem em conjunto uma paz sem vencedores e vencidos", afirmou Kohl. Para Brandt, "uma disputa em torno de posições jurídicas internacionais ou diferenças políticas internas não justifica qualquer aventura de guerra que coloque em perigo a paz mundial". No relato do embaixador brasileiro, os afundamentos dos navios argentino e britânico, considerados na imprensa "fora de proporção", diante das perdas humanas envolvidas, estariam levando a opinião pública "a um maior questionamento do maciço apoio alemão e europeu à posição britânica". Três motivos colaborariam para tanto: as relações com a América Latina, o perigo de internacionalização do conflito e a crescente influência da URSS.[5]

---

3 Telegrama 441, Embaixada de Bonn para Exteriores, 5-5-82, em BR DFANBSB Z4.REX.IPS.230, cit., SIAN. Acesso em 23 de março de 2021.

4 Brandt (Partido Social-Democrata ou Sozialdemokratische Partei, SPD) foi chanceler federal da Alemanha Ocidental nos anos 1969-1974; e Kohl (União Democrata-Cristã ou Christlich-Demokratischen Union, CDU) substituiria em seguida Helmut Schmidt (SPD, 1974-1982), ficando no cargo até 1998, presidindo o processo de unificação alemã, depois de 1989.

5 Telegrama 443, da Embaixada de Bonn Exteriores, 6-5-82, em BR DFANBSB Z4.REX.IPS.230, cit., SIAN. Acesso em 25 de março de 2021.

De suas missões, dois ex-chanceleres brasileiros também enviaram mensagens telegráficas ao ministério. Da capital italiana, Mario Gibson Barboza (chanceler entre 1969 e 1974) transmitiu a Brasília palavras do ministro das Relações Exteriores da Itália, (Emilio) Colombo: "hoje, perante as primeiras e múltiplas vítimas deste confronto, não só expressamos nossa angústia, como reafirmamos a exigência de dar-se plena aplicação à Resolução 502 das Nações Unidas". Logo em seguida, em novo telegrama, citou comentários de imprensa italiana, "sobretudo após os últimos e trágicos episódios" do conflito, sobre as "crescentes perplexidades" que vinham sendo observadas "no quadro da CEE" e completou: em Roma, "especula-se que, diante do extremismo da Senhora Thatcher, os europeus já se aperceberam de haver embarcado em temerária aventura, inteiramente conduzida pelo governo de Londres".[6]

De Washington, o embaixador Azeredo da Silveira (chefe do Itamaraty entre 1974 e 1979) citou correntes de pensamento na capital americana para dizer que "os episódios do 'General Belgrano' e do 'Sheffield' teriam colocado as duas partes em litígio diante da alternativa de voltar à negociação político-diplomática ou escalar ainda mais o conflito, com consequências imprevisíveis como seria o caso, por exemplo, de ataques britânicos a alvos na parte continental do território argentino".[7] No dia seguinte, em aditamento a esse telegrama, Washington, informou a Brasília que mesmo na capital americana havia vozes dissonantes. Em artigo publicado no *Washington Post*, com o título "Britain must renounce sovereignty", William D. Rogers, ex-subsecretário para Assuntos Econômicos do Departamento de Estado (1976, governo Gerald Ford), defendeu que os EUA não deveriam se envolver em questões de colonialismo no hemisfério e que não se podia, em nome da autodeterminação, atribuir aos habitantes das Malvinas o direito de veto para as soluções acordadas para a crise. "Pagaremos um pesado preço, a menos que os britânicos deixem claro que não tem aspirações territoriais neste hemisfério – ou a menos que deixemos claro que rejeitamos tais aspirações", disse Rogers. "Populações locais não tem veto absoluto sobre o bem-estar geral, pergunte

---

6 Telegramas 714 e 715, da Embaixada de Roma para Exteriores, 5-5-82, em BR DFANBSB Z4.REX.IPS.230, cit., SIAN. Acesso em 23 de março de 2021.

7 Telegrama 1498, da Embaixada em Washington para Exteriores, 5-5-82, em BR DFANBSB Z4.REX.IPS.230, cit., SIAN. Acesso em 23 de março de 2021.

aos Quebecois, aos galeses, aos bascos, ou aos árabes da Cisjordânia – ou aos índios americanos", concluiu.[8]

De Madri, a embaixada brasileira informou: "a imprensa espanhola de ontem e de hoje reflete, com igual ênfase, independentemente de suas tendências, a profunda consternação dos meios políticos e da opinião pública pelo afundamento do cruzador argentino "Belgrano" e um repúdio veemente e generalizado ao ataque britânico". Segundo o telegrama, os comentários e editoriais "estão conferindo maior atenção ao papel e à atitude da Espanha com relação à crise". Isso queria dizer, mesmo tendo em conta as injunções do contexto de afirmação da unidade europeia, "um papel mais atuante e uma solidariedade mais transparente com a Argentina, sem que isso signifique uma concordância irrestrita com a ação militar inicialmente perpetrada por Buenos Aires".[9] Por fim, nossa missão em Viena anotou que, em entrevista transmitida pela TV austríaca, o chanceler federal Bruno Kreisky afirmara que a culpa pelo conflito no Atlântico Sul devia ser atribuída ao país que iniciara a agressão militar, mas criticou a atuação do governo conservador inglês na crise, como motivada "por certo mundo mental que ainda era o do Império". Na opinião desse governante, um governo trabalhista teria reagido de forma diversa.[10]

No dia 7 de maio, a embaixada em Atenas comunicou ao MRE a posição oficial do governo grego, o qual considerava que deviam "ser evitadas novas perdas de vidas humanas por todos os meios possíveis". Por estas razões, a Grécia apelava "a ambas as partes que (pusessem) fim às atividades bélicas e, dessa forma, (facilitassem) a procura de uma solução pacífica para sua disputa".[11] De Helsinki, telegrama secreto informou a divulgação pelo ministério das Relações Exteriores finlandês de um comunicado oficial sobre o

8 Telegrama 1520, da Embaixada em Washington para Exteriores, 6-5-82, em BR DFANBSB Z4.REX.IPS.230, cit., SIAN. Acesso em 27 de março de 2021. Não confundir com o ex-chanceler do governo Nixon, William P. Rogers.

9 Telegrama 267, da Embaixada em Madri para Exteriores, 5-5-82, em BR DFANBSB Z4.REX.IPS.230, cit., SIAN. Acesso em 23 de março de 2021.

10 Telegrama 237, da Embaixada de Viena para Exteriores, 6-5-82, em BR DFANBSB Z4.REX.IPS.230, cit., SIAN. Acesso em 24 de março de 2021.

11 Telegrama 217, da Embaixada em Atenas para Exteriores, 7-5-82, em BR DFANBSB Z4.REX.IPS.230, cit., SIAN. Acesso em 25 de março de 2021.

conflito anglo-argentino. O documento foi assinado pelos cinco países nórdicos – Islândia, Finlândia, Dinamarca, Noruega e Suécia – e apelava para que fosse respeitada integralmente a Resolução 502 do CS-ONU, pela qual as partes litigantes deveriam cessar de imediato qualquer operação, "ao tempo em que se lhes (fazia) um apelo para que (buscassem) uma solução negociada diplomaticamente". Nosso embaixador destacava como aspectos importantes do texto: 1) a iniciativa desses países coincidia essencialmente com a posição oficial brasileira; 2) a declaração foi firmada pelos cinco países da região, não só pelos neutros, mas por Dinamarca e Suécia que eram parte da OTAN e da CEE, o que implicava "numa evolução na forma como esses países vinham encarando o conflito"; 3) o pronunciamento foi provocado por iniciativa da Finlândia. Por fim, a posição expressa no documento evitou cuidadosamente entrar no mérito da questão e tinha como alvo obter uma ação mais ativa do secretário-geral da ONU, "no que coincid(ia) perfeitamente com o pensamento do Brasil sobre o assunto".[12]

Na América Latina, como era de prever, também foi profunda a repercussão. Em telegrama expedido ainda no dia 4 de maio, nosso embaixador em Santiago, Jorge Carlos Ribeiro, registrou: "o navio da Marinha chilena 'Piloto Pardo' seguiu hoje para o Atlântico Sul com o objetivo de resgatar tripulantes do navio argentino 'General Belgrano' torpedeado pela frota britânica e posteriormente afundado". Depois de reunião com o presidente Pinochet, no Palácio de la Moneda e o chanceler René Rojas, o vice-almirante Ronald McIntyre, chefe do Estado-Maior da Defesa, atribuiu a atitude acima "à solidariedade de homens do mar apenas". Com efeito, devido ao contencioso sobre o Canal de Beagle, principalmente, o Chile não apoiou a Argentina como a maioria dos outros países latino-americanos. Na noite do mesmo dia 5, outro telegrama oriundo da capital chilena referiu-se à declaração do chanceler aos jornalistas de que, no caso de guerra entre Argentina e Grã-Bretanha, "a neutralidade é o mínimo que vocês podem esperar como chilenos".[13]

12 Telegrama 65, da Embaixada de Helsinki para Exteriores, 7-5-82, em BR DFANBSB Z4.REX.IPS.230, cit., SIAN.

13 Telegramas 614 e 607, da Embaixada de Santiago para Exteriores, 5-5-82, em BR DFANBSB Z4.REX.IPS.230, cit., SIAN. Ambos com acesso em 24 de março de 2021.

Na cidade da Guatemala, o chanceler Alfonso Alonso Lima reiterou a posição de seu governo de integral apoio ao governo argentino, acrescentando que o país, segundo a tradução da embaixada brasileira, "condena firmemente essa nova demonstração de prepotência de força e de felonia, com que a Grã-Bretanha atua quando tem em mãos um problema dessa natureza". O afundamento do *Belgrano* teria sido repudiado pela esmagadora maioria do povo guatelmateco.[14] Na capital boliviana, conforme telegrama da embaixada, o chanceler Gonzalo Romero declarou em entrevista coletiva à imprensa que seu país "não prestará ajuda, muito menos militar, à Argentina em seu conflito com a Grã-Bretanha. Seu apoio, como anunciado no dia 2 de abril, se restringiria ao plano moral, diplomático, jurídico e histórico".[15]

Por sua vez, a embaixada em Bogotá transcreveu texto da mensagem enviada pelo presidente Turbay a Perez de Cuellar, com o título: "Colombia pide convocar ao Consejo de Seguridad de la ONU". Aí se podia ler: "O governo colombiano tomou nota de sua decisão de intervir como mediador no absurdo conflito entre Argentina e Reino Unido, que já confrontou militarmente os dois países e já ocasionou a perda de vidas inocentes". E continuava: "Com a mesma firmeza com que condenamos a tomada militar das Malvinas pela Argentina rechaçamos o ataque de que foi objeto o cruzador argentino 'General Belgrano' fora da zona de exclusão".[16] Em telegrama posterior, no entanto, o embaixador em Bogotá registra o debate local, citando declarações do ex-presidente Pastrana, líder do Partido Conservador, de oposição ao governo, para o qual "seria infantil desejar apresentar a Colômbia como a campeã da política internacional, tendo em vista a diplomacia brasileira, de ´tão longa tradição' e a de outros países como o Peru e a Venezuela". Na imprensa, estava sob fogo a derrotada postura colombiana de abstenção quando do pedido argentino de convocação da reunião de chanceleres.[17]

---

14 Telegrama 160, da Embaixada da Guatemala para Exteriores, 5-5-82, em BR DFANBSB Z4.REX.IPS.230, cit., SIAN. Acesso em 24 de março de 2021.

15 Telegrama 622, da Embaixada de La Paz para Exteriores, 6-5-82, em BR DFANBSB Z4.REX.IPS.230, cit., SIAN. Acesso a ambos os telegramas em 24 de março de 2021.

16 Telegrama 406, da Embaixada em Bogotá para Exteriores, 5-5-82, em BR DFANBSB Z4.REX.IPS.230, cit., SIAN.

17 Telegrama 416, da Embaixada em Bogotá para Exteriores, 6-5-82, em BR DFANBSB Z4.REX.IPS.230, cit., SIAN. Acesso em 25 de março de 2021.

No dia 6 de maio, no telegrama já mencionado de Washington, Azeredo da Silveira avisou a Chancelaria que "o tema da conexão 'soviético-cubana' nas Malvinas ganhara desdobramentos". Nesse quadro, o embaixador registrou a divulgação na capital americana de "declarações prestadas em Paris pelo vice-presidente cubano, Carlos Rafael Rodriguez (que se encontrou com Haig na cidade do México), no sentido de que Cuba 'está prestando assistência à Argentina, inclusive no campo militar'".[18]

Na mesma data, de Buenos Aires, o embaixador Carlos Duarte telegrafou a Brasília para relatar a visita que fizeram à missão brasileira os representantes da Multipartidária, que reunia "os cinco principais partidos do país" (embora o texto só citasse quatro: Justicialismo, União Cívica Radical, MID e Partido Intransigente). O objetivo da visita foi manifestar o "profundo reconhecimento do povo argentino pelo apoio prestado pelo Brasil a este país na questão das Malvinas". Para o porta-voz da delegação, o radical Carlos Contin, a crise das Malvinas levaria a Argentina a voltar-se menos para a Europa e valorizar mais seus vizinhos de continente.[19]

Duas semanas depois, o embaixador brasileiro em Paris comentou, "como bem sintomático das reservas do governo francês *vis-a-vis* ao comportamento inglês na crise", memorando de autoria do chefe do Departamento das Américas do Quay D'Orsay, com o título "O fiasco das Malvinas". Nele se apontavam cinco erros de Londres antes da tomada argentina das ilhas: 1) suficiência de grande potência; 2) falta de percepção das intenções argentinas; 3) avaliação equivocada das intenções e dos recursos argentinos; 4) utilização deficiente das informações de que dispunha e 5) falta de preparação política e psicológica com vistas à crise. Após o ataque, a lista de erros incluía: 1) lentidão e incoerência da informação; 2) caráter impulsivo da decisão de represálias; 3) "over-reaction"; 4) atraso da execução operacional da expedição naval e 5) análise insuficiente das repercussões internacionais.[20]

---

18 Telegrama 1520, da Embaixada em Washington para Exteriores, 6-5-82, cit. Acesso em 27 de março de 2021.

19 Telegrama 1094, da Embaixada em Buenos Aires para Exteriores, 6-5-82, em BR DFANBSB Z4.REX.IPS.230, cit., SIAN. Acesso em 24 de março de 2021.

20 Telegrama 353, da Embaixada em Paris para Exteriores, 5-5-82, em BR DFANBSB Z4.REX.IPS.230, cit., SIAN. Acessos em 25 e 26 de março de 2021

Nesta altura, os *aftershocks* do episódio *Belgrano* já começavam a amainar. De Bonn, a missão brasileira na RFA comunicou Brasília que, na conferência de imprensa que sucedeu o principal encontro da visita particular do mandatário francês a seu colega Helmut Schmidt, "o presidente Miterrand e o anfitrião alemão afirmaram que, com respeito ao conflito das ilhas Malvinas, a demonstração de solidariedade para com a Grã-Bretanha e de fidelidade ao aliado britânico goza de prioridade". O francês defendeu que a França "jamais reconheceu a soberania inglesa (sic) sobre o arquipélago, mas (considerou) a posição da Argentina injustificada por haver procurado criar um direito através da força". Já Schmidt declarou: "Ficaremos ao lado da Grã-Bretanha enquanto durar o conflito", ressaltando que não era uma posição fácil para a RFA, "dada a intensidade dos laços comerciais com a América Latina e porque o governo alemão basicamente não acredita que sanções comerciais devam ser instrumento regular de politica externa".[21]

21 Telegrama 484, da Embaixada em Bonn para Exteriores, 17-5-82, em BR DFANBSB Z4.REX.IPS.230, cit., SIAN. Acesso em 27 de março de 2021. Dez dias depois, a embaixada relatou a posição do setor jovem do SPD, cujo presidente Willi Piecyk "qualificou a guerra pela posse do arquipélago como 'imperialismo sangrento e desprezível'. Acrescentou ainda que o governo federal adotava 'uma cínica ambiguidade moral' ao apoiar a 'política sangrenta de Margaret Thatcher", telegrama 519, Embaixada em Bonn para Exteriores, 27-5-82, em BR DFANBSB Z4.REX.IPS.231, cit., SIAN. Acesso em 12 de abril de 2021.

No calor da hora (II)

"Povo unido jamais será vencido" e "apoiamos as Malvinas mas não a ditadura". Ao registrar esse dois slogans "proferidos pelas esquerdas em diversos países", o sumário da 1ª Subchefia dos Estado-Maior do Exército de 27 de abril voltava ao tema da ascensão das forças subversivas no bojo da crise. Com preocupação, mencionava a convocação pela CGT argentina de concentração popular na Plaza de Mayo, em defesa das Malvinas. Consentido pelo governo, o ato contou com a presença de milhares de pessoas e se transformou em manifestação da esquerda, no enfoque dos militares brasileiros. As esquerdas argentinas "estariam adquirindo maior liberdade de ação". Ao mesmo tempo, a aproximação com a URSS permitia admitir a possibilidade "de alguma alteração ideológica" no regime argentino.

Em outra frente, "a facilidade com que a Inglaterra conquistara a Geórgia do Sul e a existência de um único ferido fazia crer "que a tropa argentina entregou a área praticamente sem combate", ao contrário do que dizia a versão oficial do Alto Comando.[1] O sumário de 28 de abril dava uma ideia da tensão reinante em Buenos Aires e no restante do país vizinho, ao citar "estimativa militar argentina" de que os ingleses atacariam as Ilhas Malvinas em 12 a 24 horas. A mesma fonte previa a proximidade da estação de condições meteorológicas extremamente desfavoráveis na área, com temperaturas que já atingiam 5 graus negativos, ventos comuns de 150 a 180 kms por hora e ondas de 15 a 20 ms de altura. Nessas condições, os ingleses não poderiam adiar muito o ataque. Um dos principais objetivos dos comandos britânicos seria o

---

1 "Sumário diário de informações n. 15 – E2.1-EME, 27 Abr 82, "Ilhas Malvinas", 2 p., BR DFANBSB N8.0.PSN, EST.43 – Dossiê II das Malvinas, SIAN. Os acessos aos documentos deste capítulo ocorreram entre 28 e 30 de abril de 2020.

aeroporto de Port Stanley. Para isso, contariam com "excelentes equipamentos óticos de visão noturna".[2]

No informe seguinte, avaliava-se que

> o bloqueio aéreo estabelecido pela Inglaterra em torno das Malvinas, completando o isolamento marítimo já decretado, (colocava) o governo argentino diante de um dilema. A aceitação do bloqueio criaria desapontamentos na população, despertaria forte oposição no seio das Forças Armadas e enfraqueceria a posição assumida pela Argentina no âmbito internacional.[3]

Desafiar o bloqueio implicaria em enfrentar a frota naval inglesa, o que colocaria o país em guerra aberta com a Inglaterra. Este desafio era incontornável, tanto porque era necessário manter o fluxo de suprimentos para as forças em operação nas ilhas, "como também para manter a coerência de sua posição de desafio ao poder militar inglês", concluía o sumário.

No número 18, de 30 de abril, mencionavam-se notícias, precedentes de Buenos Aires, dando conta de que os EUA tinham suspendido sua mediação, alegando intransigência argentina, e passaram a apoiar a Inglaterra, com todos os meios, exceto emprego direto da força. "A posição assumida pelos EUA coloca a Argentina em difícil situação", estimava a apreciação do mesmo texto. Isso aumentaria o risco de uma aproximação com a URSS e mesmo "do estabelecimento de um acordo de assistência militar com aquele país, ao mesmo tempo em que afasta(va) a Argentina, cada vez mais, do bloco ocidental". Um maior envolvimento soviético no conflito, concluía o informe, traria "para a vizinhança do território brasileiro os perigos de um conflito de caráter mundial".[4]

No primeiro sumário de maio, relatava-se os vários episódios bélicos do dia primeiro: incursões aéreas contra o aeroporto de Stanley, bombardeio das Malvinas pela esquadra britânica, tentativas de desembarque, ataque da FAA

2 "Sumário diário de informações n. 16 – E2.1-EME, 28 Abr 82, "Ilhas Malvinas", 1 p., cit., SIAN.

3 "Sumário diário de informações n. 17 – E2.1-EME, 29 Abr 82, "Ilhas Malvinas", 1 p., cit., SIAN.

4 "Sumário diário de informações n. 18 – E2.1-EME, 30 de abril de 1982, "Ilhas Malvinas", 1 p., cit., SIAN.

que alegadamente atingira uma fragata e o torpedeamento do *Belgrano*, sem mencionar ainda seu afundamento. Na noite de primeiro de maio, o general Galtieri tinha falado em cadeia de rádio e TV: a Argentina responderia com fogo cada ação bélica inglesa; o apoio dos EUA à Inglaterra seria injusto e desnecessário. A Argentina teria recusado o plano de paz do presidente peruano. Na apreciação que fechava o texto lia-se: "os combates do dia 1º de maio, sábado, duraram de 0440 às 2100 horas, com interrupções. Houve um saldo favorável aos argentinos, já que conseguiram abortar três tentativas de desembarque britânico nas ilhas". A frota argentina tinha evitado um confronto direto com a frota inglesa, que possuía "incontestável superioridade qualitativa". O "torpedeamento" do *Belgrano* foi "um sério golpe moral e psicológico para a Armada". "Especialmente na Argentina, onde o nacionalismo foi exacerbado em grau mais elevado, existem dificuldades políticas internas", defendia a avaliação castrense.[5]

A entrada em operação dos quatro aviões Bandeirante vendidos pelo Brasil, "fato amplamente divulgado pela imprensa" argentina, abria o sumário de 4 de maio. "O afundamento do cruzador Belgrano teve profundo impacto na Argentina, contristada com a morte de centenas de marinheiros", registrava o EME. Por outro lado, avaliava-se, os ingleses estariam progressivamente desgastando as forças argentinas, "deixando antever o provável desfecho do confronto militar entre os dois países". Mesmo com o apoio interno até então recebido, o governo Galtieri provavelmente não teria condições de conduzir as negociações para a solução da crise, se contrariasse as posições que vinha defendendo.[6]

"O governo britânico anunciou que o destróier Sheffield, um dos mais modernos navios de guerra da Inglaterra, foi atingido por um míssil disparado por avião argentino e afundou e que trinta marinheiros ingleses morreram no afundamento da belonave" – salientou o informe seguinte, sempre se esquecendo de que as forças britânicas incluíram galeses e escoceses.[7] A análise

5 "Sumário diário de informações n. 19 – E2.1-EME, 03 Mai 82, "Ilhas Malvinas", 2 p., cit., SIAN.

6 "Sumário diário de informações n. 20 – E2.1-EME, 04 Mai 82", "Ilhas Malvinas", 2 p., cit., SIAN.

7 No bombardeio dos navios de transporte de tropas *Sir Galahad* e *Sir Tristam*, a 6 de junho, no qual morreram 48 homens, 32 pertenciam aos Welsh Guards. Na

informava também que continuava a repercutir em todo o mundo o afundamento do *Belgrano*, considerado "como um sério erro político-diplomático dos ingleses, uma vez que já se conhecem reações contrárias de governos europeus, que apoiam a Inglaterra, desde o início da crise". Em virtude do ataque ao cruzador argentino, "o governo de Margaret Thatcher sofre violentas críticas da oposição", concluía o texto datado de 5 de maio.[8]

O texto do dia seguinte falava da ausência de operações bélicas nas 24 horas anteriores. A principal nova seria o rumor de que Buenos Aires teria aceitado a proposta apresentada pelo secretário-geral da ONU, Perez de Cuéllar, para solução do conflito. "O fato do governo argentino não ter divulgado, como das vezes anteriores, os termos da proposta da ONU, prosseguia o documento, esta(ria) criando na população argentina uma certa expectativa em torno de seu conteúdo, especialmente quanto ao aspecto referente à soberania do arquipélago". Para os analistas do EME, a proposta da ONU abria "novas perspectivas de uma solução negociada para o conflito", mas restaria saber como ela encarava o problema da soberania argentina, "ponto nevrálgico da questão". A própria inexistência de novos combates na área poderia significar "uma expectativa de ambos os governos por uma solução diplomática", concluía o informe.[9]

Depois do final de semana, o sumário falava da denúncia da Argentina, a 7 de maio, sexta-feira, perante a ONU e a OEA, da ampliação do bloqueio naval para um limite de 12 milhas, em toda a costa continental argentina, "fora da qual os ingleses considerarão hostil qualquer navio ou avião militar argentino". No dia 9 fora retomada a pressão militar argentina, interrompida desde 4 daquele mês, após o afundamento do navio pesqueiro argentino *Narwal*. A realidade da guerra continuava a pousar na Argentina:

Escócia, o 45 Commando e o 2nd Batallion Scots Guards perderam 15 homens. Ver "Thirtieth anniversary of the start of the Falklands War, BBC, Cymru Wales, 2 April 2012 e "Veterans remember Falklands War", BBC News, 14 June 2007.

8 "Sumário diário de informações n. 21 – E2.1-EME", 05 Mai 82", "Ilhas Malvinas", 2 p., cit., SIAN.

9 "Sumário diário de informações n. 22 – E2.1-EME", 06 Mai 82, "Ilhas Malvinas", 2 p., cit., SIAN.

> na madrugada de 04 para 05 de maio 82, desembarcaram, de avião "Hercules", no aeroparque daquela cidade, provenientes das Malvinas, cerca de 200 cadáveres. Na noite de 05 Mai, a operação se repetiu com mais 90 mortos. O desembaraço junto às autoridades médicas e remoção dos corpos foram cercados de medidas de extremo sigilo e discrição, dentro de hangares fechados.[10]

O avanço das medidas preparatórias de um desembarque nas ilhas Malvinas continuou a preocupar os analistas brasileiros: agora, passava a ser considerada como zona de bloqueio marítima a área de 10 milhas náuticas em torno da ilha de Ascensão, principal base de apoio britânica no Atlântico Sul. Citando informes não identificados, o sumário de 11 de maio aludia à "presença, na Base Aérea de Mendoza/Província de Mendoza, de 6 aviões MIG de fabricação soviética, provenientes do Peru, pilotados por oficiais da Força Aérea Peruana". Na apreciação, destacava-se: "aumenta a possibilidade de um desembarque britânico no arquipélago.[11]

No dia 10 de maio, teriam zarpado de portos ingleses, com destino ao Atlântico Sul, as fragatas *Minerva, Active* e *Avenger*, "dotadas de mísseis Exocet". Fora confirmada "a presença de 06 aviões Sukoi (e não Mig), de fabricação soviética, na Base Aérea de Mendoza". Os habituais "informes" indicariam "que mísseis terra-ar e munição de artilharia soviética estariam sendo recebidos na Argentina, através de apoio peruano". O sumário terminava com a apreciação: "o fornecimento de material bélico diretamente pela URSS, até o presente momento, não interessa ao governo argentino que ainda não deseja a presença de pessoal técnico soviético como assessor".[12]

No sumário 26, na cena externa, continuava-se a colocar expectativa nas negociações conduzidas pela ONU. No front interno, salientava-se, "o Presidente do Comitê Executivo do Partido Comunista Argentino

10 "Sumário diário de informações n. 23 – E2.1-EME", 10 Mai 82, "Ilhas Malvinas", 2 p., cit., SIAN.

11 "Sumário diário de informações n. 24 – E2.1-EME", 11 Mai 82, "Ilhas Malvinas", 2 p., cit., SIAN.

12 "Sumário diário de informações n. 25 – E2.1-EME", 12 Mai 82, "Ilhas Malvinas", 2 p., cit., SIAN.

(PCA), Fernando Nadra, tem mantido contatos com o Secretário-Geral da Presidência da República, Gen Bda Hector Norberto Iglesias e com o chefe da Secretaria de Assuntos Institucionais do Ministério do Interior, Cel Bernardo Menéndez". Ao mesmo tempo, exilados políticos começavam a retornar do México para a Argentina. Dessa forma dizia a apreciação, "as correntes de esquerda procuram ocupar os espaços políticos abertos pela crise das Malvinas". Essas iniciativas, avaliava o EME, mostrariam "a disposição dessas correntes de criar condições, irreversíveis, para uma mudança do processo político do país, qualquer que seja a disputa com a Inglaterra".[13]

Em meados de maio, aceitando a versão argentina, o informe afirmava: "o porta-aviões inglês Hermes está fora de ação, por avarias em combate e sendo rebocado, com escolta, a fim de sofrer reparos, possivelmente em Curaçao, nas Antilhas". A pressa na avaliação continuava, ao atribuir a "informe precedente de Buenos Aires" a notícia de que o almirante John Woodward, comandante da força-tarefa, "estaria gravemente ferido". O erro tem que ser salientado pois se ambas as informações tivessem sido confirmadas, o destino da guerra provavelmente teria sido modificado, na medida em que, durante toda a crise, o *Hermes* foi a sede do comando das operações. *Sandy* Woodward morreu apenas em agosto de 2013, mais de trinta anos depois do final da guerra. Em 5 de junho de 2002, ainda estava lúcido o suficiente para participar do seminário de ex-chefes militares, realizado na Joint Services Command and Staff College (JSCSC). Na apreciação dizia-se "a esquadra inglesa já está desfalcada do porta-aviões Hermes". O informe referente a Woodward continuava "em processamento, visando a sua confirmação ou não".[14]

Nos dias seguintes, as ações militares se intensificaram e a Argentina perdeu um navio transporte e mais de dez aviões.[15] No dia 19 de maio, o sumário ainda depositava esperanças nas negociações diplomáticas patrocinadas pela ONU, mas avaliava a possibilidade de fracasso dessa iniciativa, o que au-

13 "Sumário diário de informações n. 26 – E2.1-EME", 13 Mai 82, "Ilhas Malvinas", 3 p., cit., SIAN.

14 "Sumário diário de informações n. 27 – E2.1-EME", 14 Mai 82, "Ilhas Malvinas", 2 p., cit., SIAN.

15 "Sumário diário de informações n. 28 – E2.1-EME", 18 Mai 82, "Ilhas Malvinas", 2 p., cit., SIAN.

mentaria a probabilidade do desembarque inglês, num curto prazo. Existiria mesmo, "entre os militares argentinos, firme determinação de utilizar todos os recursos disponíveis para fazer fracassar qualquer pretensão inglesa de retomar as ilhas através de uma ação militar".[16] O documento do dia seguinte notava a ausência de operações militares e dizia apenas: "na área diplomática permanece o atraso". "A Argentina está consciente de que um desembarque britânico nas ilhas Malvinas pode ocorrer a qualquer momento", dizia a análise. Tal evento provocaria fortes perdas de vidas humanas e de material, "com repercussões negativas diante da opinião pública interna e externa". Sem as habituais notícias sobre o risco soviético e de avanço da esquerda doméstica, os analistas militares pareciam não ter muito assunto.[17]

Mas logo vieram do ar ventos mais ameaçadores: "durante toda a madrugada do dia 21 de maio, foram realizados vários ataques de aviões ingleses, voando a grandes altitudes, sobre as Ilhas Malvinas", informava o sumário do mesmo dia. Ao mesmo tempo, a Royal Navy "posicionada a Norte e Nordeste das ilhas desenvolveu intenso bombardeio, apoiada por aviões e helicópteros. As tentativas de helicópteros britânicos de desembarcar comandos tinha aparentemente fracassado. Navios da força-tarefa foram detectados na Baía e no canal de San Carlos, a oeste de East Falkland. O Estado-Maior Conjunto argentino limitou-se a reconhecer a "tentativa de desembarque", sem referência ao valor do efetivo inimigo. Na parte da tarde, os combates continuavam, sem maiores dados. Mesmo assim, o EME acreditava que se um dos contendores obtivesse um êxito militar significativo isso se constituiria em um novo fator para a aceleração das negociações diplomáticas, o que parecia bastante improvável a esta altura. Poucos dias depois, ocorreria o desembarque em San Carlos, na mesma ilha onde se localizava Port Stanley.

---

16 "Sumário diário de informações n. 29 - E2.1-EME", 19 Mai 82, "Ilhas Malvinas", 2 p., cit., SIAN.

17 "Sumário diário de informações n. 30 - E2.1-EME", 20 Mai 82, "Ilhas Malvinas", 1 p., cit., SIAN.

A paz agonizante

No início de maio, a 1ª Subchefia do Estado-Maior do Exército produziu uma apreciação secreta fortemente marcada pelo quadro geopolítico da guerra fria. O texto abria com a avaliação: "os indícios disponíveis até o presente momento levam a estimar que, à proporção que as ações militares forem se intensificando, mais difíceis ficarão as condições para o atual Governo da Argentina resolver o conflito com a Inglaterra, de forma a atender as suas reivindicações". Militarmente, prosseguia a análise do EME, era possível prever "êxitos em combates isolados", ou mesmo "severas perdas" impostas aos britânicos, em caso de desembarque nas ilhas. No entanto, parecia inviável uma vitória militar final nessa disputa, "especialmente considerando a decisão do Governo norte-americano, de apoiar militarmente a Inglaterra". Esta permitia prever que Washington faria tudo o que fosse necessário, no caso da iminência de um desgaste militar inglês capaz de comprometer seu principal parceiro na OTAN, bem como de atingir a credibilidade das forças aeronavais britânicas "estruturadas e preparadas para enfrentar os riscos de um confronto militar com a URSS e seus aliados do Pacto de Varsóvia".[1]

Para alterar essa situação, nosso vizinho precisaria desfrutar do apoio militar direto de uma grande potência, o que não parecia provável, pois a União Soviética não arriscaria um confronto com EUA, Inglaterra e demais países da OTAN "para defender interesses nacionais argentinos". Os benefícios buscados pela URSS, "para se infiltrar e exercer influência numa região estrategica-

1 Ministério do Exército, Estado-Maior do Exército, 1ª SCH Exec-E2.1-EME, "Apreciação No 002-E2.1-EME", 4 Mai 82, secreto, BR DFANBSB N8.0.PSN, EST.43 – Dossiê II das Malvinas – dossiê, Fundo: Conselho de Segurança Nacional, SIAN. Acesso em 9 de março de 2020.

mente importante para a expansão mundial do comunismo", já estariam sendo colhidos, como consequência das posições adotadas pelos Estados Unidos e pelos países da CEE. Os russos poderiam auxiliar a Argentina, fornecendo armamentos por intermédio de outros países, mas isso não teria grande repercussão no desfecho bélico do conflito, "uma vez que os argentinos necessitariam algum tempo para se adestrarem no emprego do material soviético". Mais um motivo para os dois contendores procurarem abreviar o impasse. Tampouco a eventual participação de tropas sul-americanas seria capaz de ajudar de forma decisiva a Argentina. Nessas condições, sobrariam duas alternativas: enfrentar os riscos de uma guerra desigual, ou negociar uma saída.

No princípio de maio, a avaliação citada do EME apostava na segunda alternativa, pois a primeira seria "dolorosa" sob qualquer aspecto e "deixaria marcas indeléveis ao longo da história futura do país", com a ressalva de que esta teria "que ser preparada, em curto prazo, no âmbito da política interna". Com o nacionalismo no país amigo exacerbado por seu próprio presidente, as divergências político-ideológicas domésticas tinham sido postas em segundo plano, para se alcançar a unanimidade em torno do governo, o que reforçaria sua intransigência nas negociações diplomáticas. Desta forma, faltariam internamente "as mínimas condições políticas para negociar", que só se dariam num novo governo, o qual poderia resultar de um consenso entre os chefes militares, hipótese em que o atual regime "conduziria o processo de substituição e procuraria manter-se no poder". A outra saída seria um golpe de estado, que poderia conduzir à queda do regime, "com o restabelecimento das atividades político-partidárias e a presença de correntes esquerdistas no poder". Note-se que as previsões brasileiras não incluíam a possibilidade de mudança de regime, ou de "transição por colapso" (O'Donnell & Schmitter, 1988), com a eleição de um governo civil de centro, o que acabou ocorrendo com a ascensão à Presidência de Raul Alfonsín, da União Cívica Radical (UCR), a 10 de dezembro de 1983.

No dia 5 de maio, foi apresentado ao Conselho de Segurança Nacional outro documento secreto, agora especificamente sobre a questão da convocação do Conselho de Segurança da ONU. O texto concluía que a medida dificilmente surtiria "efeito definitivo sobre o desenvolvimento do conflito, tendendo a se transformar em apenas mais uma etapa da disputa na área político-diplomática, desta feita favorável à Argentina, sem maiores repercussões na área militar". Considerando que a convocação poderia nem mesmo ocorrer, previa a análise, não havia: "indícios de qualquer repercussão mais direta sobre o posicionamento brasileiro relativo à questão".[2]

Foi nesse quadro que, quase ao mesmo tempo, o chanceler brasileiro Saraiva Guerreiro e o britânico Francis Pym compareceram aos respectivos parlamentos, em Brasília e em Londres, para prestar contas sobre as posições de seus governos diante da crise. Como vimos, o ministro das Relações Exteriores da ditadura argentina, Costa Méndez não tinha casa legislativa para dar explicações. Com o processo de abertura política já avançado no Brasil, o titular do Itamaraty deu satisfações ao Senado. Segundo o relato enviado pelo embaixador Harding ao FCO, Saraiva Guerreiro "enfrentou três horas de polido mas cerrado interrogatório por parte dos senadores reunidos", e fez as seguintes declarações, no resumo elaborado pelo diplomata britânico:

> a) o Brasil apoiava o pleito argentino sobre as "Malvinas" desde 1833 e de lá para cá nunca houve arbitragem, sentença judicial ou tratado internacional que desse validade jurídica à "ocupação britânica";
>
> b) a principal preocupação do país seria reverter a escalada de violência em curso e tentar conseguir negociações num espírito de conciliação e justiça; o governo nunca tivera aspiração de assumir um papel de mediador, ou qualquer tipo de liderança continental, apenas procuraria mostrar-se útil;
>
> c) os brasileiros consideravam as Nações Unidas o melhor instrumento para assegurar a solução do conflito; os três elementos da Resolução 502 (cessação de hostilidades, retirada das forças e início das negociações) deveriam ser atendidos em sua integralidade;
>
> d) a posição do Brasil deveria ser vista num contexto de longo termo e à luz do excepcional grau de diálogo que atingira com os países vizinhos, por meio da superação de ressentimentos históricos; o Brasil tinha como quadro a preocupação com o

2 "Questão das Malvinas. Convocação do Conselho de Segurança da ONU", Brasília-DF, em 05 Mai 82, secreto, em idem, SIAN. Acesso em 9 de março de 2020.

> contexto latino-americano do qual fazia parte, bem como suas excelentes relações com a Argentina. O Reino Unido seria, por outro lado, um país amigo com o qual o Brasil não tinha o mínimo ponto de diferença, pelo contrário;
>
> e) o Itamaraty não tinha o costume de fazer comentários sobre comércio de armas, mas era possível garantir que o parâmetro adotado era que quaisquer vendas não deveriam criar desequilíbrio entre as partes em conflito;
>
> f) o governo brasileiro se opunha à decisão dos EUA de apoiar a Grã-Bretanha e adotar sanções militares contra a Argentina, a qual teria sem dúvida causado danos ao sistema interamericano, que não seria mais o mesmo, embora não se pudesse dizer que estivesse despedaçado.

Harding avaliou o desempenho pessoal do chanceler como exitoso, "apesar de submetido a algumas questões bastante cortantes, particularmente sobre o evidente pendor do governo brasileiro pela Argentina, Guerreiro saiu-se bem (*gave a good account of himself*) e no final da sessão parecia ter conquistado a compreensão, senão o apoio, da maioria dos senadores". A sessão na Câmara Alta foi vista pela diplomacia britânica como "uma cautelosa incursão no sentido de prestação de contas ministerial, de um tipo que o Brasil raramente viu desde a Revolução de 1964". Do ponto de vista britânico, à medida em que mostrava maior sensibilidade do governo à opinião parlamentar, que parecia marginalmente favorável à Grã-Bretanha, o resultado tinha sido satisfatório.[3]

Dois dias depois, o embaixador informou Londres da reação de Saraiva Guerreiro ao depoimento do chanceler britânico na Câmara dos Comuns, na manhã daquele mesmo dia, 7 de maio, sobre o tema das Falklands. Francis Pym começou dizendo que embora o governo tivesse mobilizado e enviado a força-tarefa ao Atlântico Sul, onde esta já tinha se engajado em operações ativas, fora mantido um programa altamente ativo de consulta e negociação, na busca de uma solução diplomática para a crise. Diante da "intransigência" que levara a Argentina a recusar as recentes propostas de solução diplomática, o chanceler julgava correto esclarecer àquela casa onde o governo estava e

3 Telegram number 161 of 6 May, Brasilia to FCO, FCO 7-4123, 50, NAK.

onde pretendia chegar. No dia anterior, defendeu o ministro, o Reino Unido tinha explicitado sua vontade de aceitar e implementar, de imediato, acordo provisório capaz de preparar o caminho para um arranjo definitivo.[4]

Na versão oficial, esse acordo mostraria substancial flexibilidade da parte da Grã-Bretanha. Se tivesse sido aceito pelos argentinos, um cessar-fogo firmemente vinculado à retirada argentina estaria em vigor às cinco da tarde daquele dia. Dependendo das negociações, os dois lados simplesmente reconheceriam as diferenças existentes entre eles sobre o status das ilhas. Mas, não tendo permitido que as atividades militares argentinas interrompessem as medidas tomadas pela força-tarefa, o governo britânico não permitiria que o obstrucionismo diplomático o fizesse. Isso explicaria a aceitação e a cooperação do próprio chanceler com as iniciativas de Haig e, naquele momento, com os esforços do secretário-geral da ONU, mas parecia difícil que a Argentina, tendo rejeitado as iniciativas do secretário de Estado dos EUA e do presidente do Peru, aceitasse então as ideias de Perez de Cuéllar, com os mesmos fundamentos. O governo de Sua Majestade, completou Pym, tinha aceito a abordagem geral estabelecida por Haig. Fora enviada uma resposta positiva e substantiva a Perez de Cuéllar, deixando claro que os elementos para uma solução propostos por ele eram próximos daqueles que tinham baseado os esforços britânicos, desde o início da crise. Antes de aceitar as questões dos parlamentares, o foreign secretary concluiu:

> se uma fase do esforço diplomático foi impedida pela intransigência argentina, outra está ainda em andamento em Nova York. Estamos trabalhando urgente e construtivamente com o Secretário-Geral com esse objetivo. Espero que os argentinos mostrem daqui em diante a disposição e o desejo de atingir uma solução plena, o que até aqui ficou evidente apenas de nosso lado.

O depoimento terminava com uma ameaça: "se eles não o fizerem, estejam certos de que faremos o que for necessário para colocar um fim a sua ocupação ilegal. Nossa resolução está intacta (*undiminished*)".

---

4 *Hansard,* HC Deb 07 May 1982 vol 23 cc395-403, p.1-2. Ver https://api.parliament.uk/historic-hansard/commons/1982/may/07/falkland-islands. Acesso em 12 de março de 2020.

Evidentemente, Saraiva Guerreiro tinha ciência das avaliações pessimistas que circularam no âmbito do Conselho de Segurança Nacional, principalmente diante dos recentes acontecimentos militares (retomada das Ilhas Geórgia e ataque às pistas de pouso nas ilhas) e diplomáticos (fracasso da missão Haig, improbabilidade de sucesso das gestões peruanas e anúncio do apoio explícito dos EUA ao aliado do outro lado do Atlântico). Por outro lado, após o afundamento do *Belgrano* e o ataque argentino ao *Sheffield*, era difícil acreditar que a premiê Thatcher aceitasse dar uma contra-ordem à força-tarefa, ao invés de continuar o esforço de reconquista das ilhas. Mas tanto como à Grã-Bretanha, interessava ao Brasil manter a aparência de esperança em uma paz que se mostrava agonizante, nos planos interno e externo.

Depois de ler o documento em silêncio, o chanceler brasileiro teria comentado que sempre considerara as Nações Unidas como a melhor via para uma solução, embora fosse um assunto complexo e difícil. Ele próprio tinha insistido pessoalmente com Costa Méndez quanto à necessidade de adotar uma postura flexível para uma solução negociada, sob os auspícios da ONU. Pelo que pode perceber da conversa com o chanceler argentino, outra sessão formal do CS não era bem-vinda, diante da certeza de veto da Grã-Bretanha a qualquer projeto de resolução desfavorável a seus interesses. Os argentinos, no entanto, pareciam dispostos a conversações com o Secretário-Geral, sem abandono de sua reivindicação à soberania. O embaixador brasileiro na ONU, continuou Guerreiro, tinha recebido a impressão de seu colega soviético de que os "russos" também seriam favoráveis a uma rápida (*early*) solução negociada e queriam evitar debate formal no CS, dada a presidência chinesa naquele órgão.[5]

Harding teria respondido que, embora não estivesse a par dos pensamentos recônditos (*innermost*) de seu governo sobre a questão, para ele parecia claro que a Grã-Bretanha não pretendia impor pré-condições para as negociações, até onde a Argentina fizesse o mesmo (não estabelecendo condições sobre a soberania) e as tropas argentinas não estivessem mais nas ihas. Todo o resto poderia ser discutido, exceto a soberania e o direito britânico de administrá-las, além da firme determinação de considerar os *desejos* dos

5 Telegram number 162 of 7 May, Brasilia to FCO, FCO 7-2143, 45, NAK.

habitantes. Neste ponto, o embaixador teria tocado no tema das caraterísticas peculiares do processo de tomada de decisões da ditadura argentina, que faziam da palavra de Méndez uma mensagem vazia. Segundo ele, Guerreiro não objetou, embora tivesse notado que durante os encontros da OEA, o chanceler argentino estivesse em contato telefônico bastante frequente com Buenos Aires. Para Harding a observação parecia provar seu ponto de vista, mais do que contrariá-lo.

Em seu comentário final, o embaixador disse que Guerreiro lhe parecera mais pessimista quanto às perspectivas de uma solução rápida e pacífica. Acrescentou que o chanceler não se dispôs a aconselhar ou exortar os britânicos sobre a melhor forma de ação. Arriscava dizer que os sentimentos de impotência do ministro frente a uma situação perigosa que poderia se revelar muito prejudicial aos interesses dos brasileiros era compartilhada pelo governo enquanto um todo. Já o presidente Figuereido, "que é de uma disposição mais emocional, pode bem dar vazão a sua frustração quando encontrar o Presidente Reagan na próxima semana". Ao final, o embaixador expressou ao FCO a esperança de o que embaixador britânico em Washington, Nicholas Henderson, conseguisse coligir (*glean*) alguma coisa interessante de Haig ou Guerreiro, depois de encerradas as discussões entre os dois presidentes, na visita de Estado do presidente brasileiro aos EUA.

No mesmo dia 7 de maio, no âmbito da South Atlantic Presentation Unit (SAPU), vinculada ao Gabinete de Thatcher, foi emitido um documento com informações e sugestões para o tratamento público de alguns temas, entre os quais o que tinha o título "Are we at war?". Pela forma sintética como definia a questão, vale a pena reproduzi-lo na íntegra:

> "Guerra" é um termo técnico com algumas implicações complexas. No sentido legal, não há guerra a menos que um ou outro lado a tenha declarado ou reconhecido que um estado de guerra existe. Nenhum dos lados fez uma ou outra coisa (as observações do Sr. Costa Mendez depois da operação na Geórgia do Sul de que estaríamos "tecnicamente em guerra" foram evidentemente extemporâneas (*off the cuff*) e não foram confirmadas ou repetidas). Nossas operações no Atlântico Sul são de autodefesa sob o Artigo 51 da Carta da ONU (...). Estamos impondo a

> Zona de Exclusão Total que bloqueia suprimentos para as forças argentinas, que ocupam ilegalmente as Falklands em desafio à Resolução 502 do Conselho de Segurança. Não estamos em um estado de guerra geral contra a Argentina.[6]

A 10 de maio, o FCO finalmente enviou a Downing Street a minuta da resposta, a ser encaminhada pelos canais diplomáticos usuais, à mensagem de pesar de Figueiredo pelas vítimas britânicas resultantes do ataque argentino ao *Sheffield*, datado de 5 do mesmo mês. A justificativa que acompanhou a minuta resume avaliação do Foreign Office sobre a atitude até aquela altura do Brasil durante a crise e a sua utilidade eventual para os interesses britânicos: "Embora a posição do governo brasileiro se incline inevitavelmente para a Argentina, ele buscou durante toda a crise manter um equilíbrio razoável e a influência brasileira sobre a Argentina ainda pode ser valiosa. Precisamos portanto assegurar que nossas relações com o governo brasileiro sejam mantidas em tão boa ordem quanto possível", concluía a diplomacia britânica.[7]

A resposta veio no dia seguinte: "O Primeiro Ministro concorda em que a mensagem proposta ao Presidente Figueiredo seja despachada".[8] Assim, ela foi enviada por telegrama à embaixada em Brasília, para encaminhamento imediato ao presidente brasileiro. Referindo-se à "atenciosa mensagem de condolências sobre as perdas" resultantes do ataque ao HMS *Sheffield* e à "trágica perda de vidas ocorridas em ambos os lados", o texto apenas reproduzia as posições britânicas já externadas pelo chanceler Pym no depoimento citado na Câmara dos Comuns, incluindo a ameaça final.[9] Segundo Harding, o chanceler interino prometeu enviar o texto para transmissão ao

---

6 Falklands: South Atlantic Presentation Unit (SAPU) paper – SAPU (82) 17, 7 May 1982, MTF. Acesso em 12 de março de 2020.

7 J E Holmes (Private Secretary) to A J Coles Esq (10 Downing Street), 10 May 1982, FCO 7-2143, 52, NAK. John Coles ocupava o mesmo cargo de Holmes, mas no Gabinete de Thatcher.

8 From the Private Secretary to John Holmes, Esq (Foreign and Commonwealth Office), 11 May 1982, Fco 7-2143, 53, NAK.

9 Telegram number 107 of 11 May, FCO to Brasilia, FCO 7-2143, 54, NAK.

mandatário, cuja chegada à capital dos Estados Unidos era esperada para a mesma noite.[10]

A 12 de maio, já em Washington, Figueiredo enviou nova mensagem a Thatcher. Nela, ele se referia ao telegrama que recebera no dia anterior e dizia ser encorajador contar com a reafirmação do esforço do governo britânico para encontrar uma solução negociada para a questão. Em seguida, antecipava o tema mais importante para o Brasil no momento, a crescente atividade no Atlântico Sul, que aumentava os riscos de um confronto armado de sérias proporções. Para o general, esses riscos poderiam arruinar os esforços diplomáticos patrocinados pelo secretário geral Pérez de Cuéllar, com sérias e profundas repercussões tanto no cenário continental quanto no mundo.[11]

10 Telegram number 157 of 11 May, Brasilia to FCO, FCO 7-2143, 55, NAK.

11 Telegram number 120 of 14 May, FCO to Brasilia, FCO 7-4123, 60, NAK.

Entre quatro paredes

Em suas recordações, Saraiva Guerreiro registrou: "em maio, estava prevista uma visita oficial do presidente Figueiredo a Washington. Achei que não deveria ser adiada, que poderia até ser útil para a Argentina (que, no momento, já via no governo americano um aliado da Inglaterra). E complementou: "essa visita, infelizmente para nós, acabou sendo centrada no episódio das Malvinas, ficando em segundo plano o temário bilateral brasileiro. Não poderia deixar de ser assim, mas não poderíamos, sem parecer estar tomando um partido militante, evitar as datas há tempo fixadas" (Guerreiro, 1992, p. 105).

Com efeito, no dia 5 de maio, o embaixador Carlos Duarte informou em telegrama secreto à Chancelaria:

> Avistei-me esta manhã, às dez horas, com o chanceler Costa Méndez para transmitir-lhe as instruções recebidas de Brasília sobre a visita. Apenas havia anunciado o propósito de minha visita, meu interlocutor atalhou para dizer que havia conversado ontem à noite com o presidente Galtieri sobre o assunto, em decorrência de comunicação enviada pelo embaixador Hugo Caminos ao Palácio San Martin a esse respeito, após conversa que este último tivera com o Chefe da Casa Militar da Presidência, general Danilo Venturini. Segundo Costa Méndez, Galtieri comentou que a visita do Senhor Presidente da República aos Estados Unidos "não poderia ter vindo em melhor momento" e acrescentou que "a Argentina não poderia ter encontrado melhor embaixador para expor sua posição junto ao governo norte-americano".[1]

1 Telegrama 1070, Embaixada em Buenos Aires para Exteriores, 5-5-82, em BR DFANBSB Z4.REX.IPS.230, cit., SIAN. Acesso em 21 de março de 2021.

O chanceler argentino afirmou a nosso embaixador que esta também era sua opinião, pedindo a Duarte que desse conta ao mandatário brasileiro do pensamento de seu colega argentino e do dele próprio, "mesmo porque a Argentina não deseja brigar com os Estados Unidos". Em seguida, "assinalou, por igual, o quanto o presidente Galtieri prezava a amizade pessoal que tinha com o presidente Figueiredo e com o general Venturini". O diplomata brasileiro passou então à segunda parte de suas instruções: "expressou o temor de que uma eventual reação negativa da imprensa sobre a viagem presidencial poderia induzir a opinião pública a uma interpretação equivocada da visita de Sua Excelência a Washington". O argentino respondeu-lhe que "estava pronto a prestar declarações à imprensa de que minha visita à chancelaria tivera como objeto informar este governo da visita presidencial aos Estados Unidos, ao mesmo tempo em que tornaria pública a reação positiva do governo argentino". A conversa terminou com a indagação do chanceler se isso satisfaria o embaixador. Este respondeu afirmativamente, acrescentando que isso evitaria "eventuais distorções quanto aos reais propósitos da visita presidencial" de Figueiredo aos EUA.

Segundo documento ultra-secreto do Conselho de Segurança Nacional, já no primeiro encontro de trabalho da visita a Washington, no final da tarde de 11 de maio, presentes João Figueiredo e Alexander Haig, efetivamente o tema das Malvinas/Falklands dominou as conversas. A reunião teve lugar na Blair House, onde ficam os hóspedes oficiais da Casa Branca. Pelo lado brasileiro, compareceram Saraiva Guerreiro, Danilo Venturini e o embaixador em Washington, Antonio Azeredo da Silveira; pelo lado norte-americano, Thomas Enders, secretário de Estado para Assuntos Americanos, e o embaixador dos EUA no Brasil, Anthony Motley.[2]

2 Viagem do presidente aos EUA. – Dossiê, ultra-secreto, BR DFANBSB N8.0.PSN, EST.47, Fundo: Conselho de Segurança Nacional, SIAN. Acesso em 13 de março de 2020. Não custa repetir que o acesso a documentos deste tipo só se tornou possível graças à já mencionada Lei de Acesso à Informação. Membro da missão Haig, "Big Tom Enders" foi descrito assim por um colega de *shuttle* diplomático entre Londres e Buenos Aires: "personalidade arrogantemente imperial impressionante, imponente, diante da qual mesmo os traços fortes de Al Haig pareciam encolher". Ver *James Rentscheler's Falklands diary, 1 April-25 June 1982*, p. 15, MTF. Acesso em 5 de maio de fevereiro de 2020.

Pela duração da reunião, os pontos nela tratados, a quatro paredes, são mais elucidadores das posições brasileiras e americanas. Após as introduções de praxe, o general disse que esperava bons resultados das conversas que teria com Reagan, embora reconhecesse que o momento "lastimavelmente, não era o mais propício". Afirmou que pretendia usar seu talento em saltar obstáculos (ele gostava de equitação) para que se chegasse a bom termo. Haig concordou que naquele momento não havia escassez de obstáculos. O presidente manteve a analogia com o esporte equestre: não pretendia bater o recorde mundial de altura; enfrentaria os obstáculos, embora infelizmente sabendo que ambos (ele e Reagan) não estavam montando seus próprios animais, mas cavalos alheios. Esperava fazer com que estes não refugassem os obstáculos, mas os superassem. A comparação caberia bem para o ex-ator e ex-governador da Califórnia, cavaleiro contumaz na vida real e no cinema. Ironicamente, o evento mais famoso de sua visita oficial à Grã-Bretanha em plena guerra, a 8 de junho de 1982, foi uma cavalgada: como lembrou o livro *Reagan and Thatcher: a difficult relationship*, "aqui estava a imagem que a Casa Branca planejara por tanto tempo: o Presidente Reagan e a Rainha, lado a lado, ambos a cavalo, passeando pelo terreno do Castelo de Windsor" (Aldous, 2012, p. 108).

O mandatário brasileiro disse que gostava de conversas sinceras e citou diálogo que tivera em Buenos Aires com o ex-presidente Videla (1976-81), como exemplo de uma boa comunicação pessoal.[3] Desde 1935, um presidente brasileiro não ia ao país vizinho. Para ele, Videla "era um excelente homem e se comportava como um general argentino que recebia o presidente brasileiro", por isso o tinha convidado a visitar o Brasil. Impossível não lembrar aqui da expressão de Shakespeare em *Julio Cesar* numa fala de Marco Antônio: "eram todos homens honrados". A visita oficial à Argentina ocorreu a 15 de maio de 1980 e provocou protestos da oposição brasileira.[4]

---

3 Para os discursos, entrevistas e declarações na ocasião, *Resenha de política exterior do Brasil*, 25, abr. maio. jun 1980, p. 21-58.

4 Ver Fundação Perseu Abramo, "Em solidariedade ao povo argentino, os brasileiros repudiam o ditador argentino Rafael Videla", disponível em https://fpabramo.org.br/2006/04/23/manifesto-de-protesto-contra-a-visita-de-videla-presidente-da-argentina-ao-brasil/. Acesso em 17 de março de 2020. O general morreu em 17 de maio de 2013. Segundo um jornal, "permanecia no pavilhão de condenados

Haig respondeu a Figueiredo "que tivera boas relações com o presidente Galtieri e que pressentia que se fosse por Galtieri talvez tivessem resolvido a pendência sobre as Malvinas, mas que o general estava pressionado, especialmente por círculos navais". Essa seria a tragédia da situação. Em resposta, o presidente "confirmou que a Marinha argentina sempre fora o corpo mais radical dentre as três forças; o Exército sempre foi mais ponderado". O secretário concordou: "a Marinha lhe parecia num casulo". Para o brasileiro, a Marinha argentina "era muito fechada" (...) nos encontros que tivera com argentinos eram exatamente os oficiais da Marinha os de contato mais difícil", defendeu.[5]

Haig, então, insistiu no que chamou "a tragédia de toda a situação". Para ele, "não está o Presidente Galtieri à vontade para decidir". Diante disso, seu país "se encontrava diante de uma enorme contradição", pois Galtieri "era muito importante para os Estados Unidos da América e para o Hemisfério". Conduzindo a conversa para o quadro mais geral da guerra fria, o governante brasileiro expressou sua convicção de que "o sentimento de solidariedade argentina com o Ocidente era muito grande; que a Argentina sabe do perigo comunista e que talvez esse seja o ponto que devesse ser explorado". E completou: "tratar-se-ia de não fazer das Ilhas Malvinas o ponto de discórdia". Haig informou que o embaixador da URSS em Washington "demonstrava que a União Soviética já estava pescando em águas turvas, pois comentara que não pretendiam ajudar a Junta – expressão usada por Dobrinin (sic) – mas o povo argentino". Anatoli Dobrynin (1919-2010) foi embaixador da URSS nos EUA de 1962 a 1984, durante o mandato de seis presidentes americanos.

---

por crimes contra a humanidade no Presídio de Marcos Paz, depois da condenação que recebeu a 5 de julho de 2012, quando foi sentenciado a 50 anos de prisão, após ser considerado culpado pelo crime de sequestro e roubo de identidade de menores de idade". A *causa mortis* foi uma "sustración de salud", segundo informou a Secretaria de Derechos Humanos de la Nación. "Murió Jorge Rafael Videla, símbolo de la dictadura militar", *La Nación,* 17 de maio de 2013.

5 O já citado secretário da Marinha dos EUA resumiu assim o papel desempenhado pelas três forças armadas argentinas: "a Marinha, mais ardente pela guerra, no final desempenhou o papel menor. O Exército, suportando a carga da Defesa das ilhas, sequer foi informado da invasão. E a Força Aérea, que sofreu as maiores perdas percentualmente e efetuou a maior parte do combate, tinha se oposto" (Lehman, 1988, p. 272).

Neste ponto da conversa, o presidente destacou que era preciso evitar os termos "junta" e "ditadura", o que seria um erro, "pois predispunha mal". Na visão de Figueiredo, a URSS estaria jogando a longo prazo. Haig ouviu de seu interlocutor que "de toda a situação, quem estava lucrando era exatamente a União Soviética". O chanceler lembrou a Figueiredo que o vice-presidente de Cuba (Carlos Rafael Rodriguez) usara a mesma expressão do embaixador soviético. O brasileiro respondeu que não se podia perder a Argentina para o Ocidente, o que podia ocorrer se aquele país se desestabilizasse, caindo nas mãos dos peronistas, "aliados dos comunistas". Com isso, seria criado um "enorme problema" para o Brasil que teria "uma Cuba maior na sua fronteira sul". Haig disse que a esquerda sabia aproveitar as oportunidades para se colocar contra os interesses do governo dos EUA. Em seguida, alegou que aquela estaria apoiando a Argentina. Com certeza, afirmou, esse assunto seria tratado no encontro entre os dois presidentes. "As forças que vêm defendendo a liberdade" precisavam ser preservadas, salientou Haig. Resumindo, a quatro paredes, em conversa com o chefe do governo militar brasileiro, que lhe sugeriu não usar os termos ditadura e junta para tratar do regime argentino, o chanceler dos Estados Unidos via a Argentina da junta e da ditadura como aliada dos dois países na luta pela democracia, contra o comunismo.

Aqui vale um parênteses. Dez dias antes, o chefe da organização ultra-conservadora Sociedade Brasileira de Defesa da Tradição, Família e Propriedade, conhecida como TFP, Plinio Correa de Oliveira, tinha se dirigido ao chanceler Guerreiro para alertá-lo para os riscos de uma suposta "presença naval soviética nos mares sulinos, a qual permanece estável, tendo a seu alcance a zona que pouco depois entrou a conflagar-se, e que tomou *ipso facto* o caráter de símbolo do firme propósito russo de tirar partido dos acontecimentos que se desenrolarem". Com isso, a URSS tiraria partido "em favor da expansão ideológica e colonialista do poderio soviético", não apenas "nas colinas suaves e gélidas das Malvinas", como também "para se estender eventualmente Argentina adentro, até onde puder". Nos vaivéns imprevisíveis da guerra, perguntava o líder dos católicos conservadores, quem garantiria "que a ajuda episódica de uma força naval russa, de um momento para outro não seja útil, ou quiçá indispensável, à Argentina?". E concluía: "o povo brasileiro, ordeiro e inarredavelmente católico (...) que surpresa terá (...) caso as operações militares nas águas marítimas do sul ensejem o desembarque de ingleses, e logo depois de russos, em território argentino?".[6] Não há registro de resposta do chanceler.

Para o presidente Figueiredo, todos, inclusive a opinião pública, deveriam ter consciência de qual era a "causa maior". A "exacerbação de ânimos" e o "choque maior" deviam ser evitados. Era preciso encontrar uma "saída honrosa" em que nenhum dos dois países se sentisse derrotado. Haig aproveitou para dizer que acreditava nos esforços do secretário-geral da ONU, mas a Inglaterra mostrara mais flexibilidade que a Argentina. Thatcher deixara para trás sua posição inicial e aceitara muitas propostas tendentes à solução do problema. Buenos Aires não fez o mesmo, ponderou. Pérez de Cuéllar tinha encontrado a mesma situação que ele próprio encontrara. Os argentinos pareciam não acreditar que a guerra estivesse próxima; anos de frustração nas negociações contribuíram para desencadear o conflito.

Na visão do Departamento de Estado, era uma loucura achar que os EUA "estivessem engajados em um processo que objetivava dar tempo aos ingleses de chegarem às ilhas". Na verdade, os EUA tinham começado cedo para evitar o pior. Agora há rumores de que ajudassem os ingleses, o que os Estados Unidos não estavam fazendo, completou Haig. Para ele, "muito cedo, os ingleses pedirão auxílio, e esse será um problema que os norte-americanos terão que evitar". A única ajuda até aqui seria a utilização da ilha de Ascensão. Em contraste, em suas memórias, o almirante John Lehman, registrou: "é altamente improvável que Jeane Kirkpatrick (embaixadora dos EUA na ONU) ou alguém no Departmento de Estado ou na Casa Branca tenha entendido, de início, a assistência que estávamos fornecendo, especialmente em comunicações e inteligência". Para o chefe da Marinha dos EUA, os próprios militares britânicos não tinham total conhecimento da ajuda propiciada a seu país. Para tanto, como ele deixa claro em seu livro de recordações, a US Navy chegou a contornar a diplomacia, com a conivência do Departamento de Defesa (Lehman, 1988, p. 276).

---

6 Telex de Plínio Correa de Oliveira a Ramiro Saraiva Guerreiro, São Paulo, 4 de maio de 1982, 1982 Seção Antecedentes, Caixa 373, PGUE ARGT GRÃ-BRETANHARE, Questão das Malvinas, expedidos, AMREB.

Na mesma linha, Figueiredo disse que não era essa a impressão da opinião pública do Brasil, para a qual "o auxílio material dos Estados Unidos à Inglaterra é total, exceto militar". Para ele isso seria um erro: "o problema de se prestar auxílio a uma das partes é também um problema brasileiro, pois a Argentina, no exercício de seu sentido de sobrevivência, irá certamente apelar para o Brasil". Com esse mesmo sentimento, apelaria à URSS. "A ideologia tem força menor que a nacionalidade", lembrou ao americano e isso impeliria a Argentina a solicitar esse apoio, como tinha feito com o Peru.

Haig afirmou então que esperava que Pérez de Cuéllar pudesse alcançar sucesso, porque se o assunto chegasse ao Conselho de Segurança da ONU criaria exacerbação de ânimos e provocaria o exercício do poder de veto, com a paralisação do CS e do processo de negociação. Durante a visita, o presidente certamente teria a oportunidade de explorar todos os pontos do tema, salientou. Para ele, no início, não se levou muito a sério o problema, que foi tema de piada, "pois o orgulho nacional de Argentina e Inglaterra está diretamente envolvido. "A Sra. Thatcher é uma pessoa dura", afirmou entre quatro paredes o chanceler americano ao presidente brasileiro, mas mudara sua posição inicial. Nesta altura o chanceler Saraiva Guerreiro interveio para dizer que Galtieri também o fizera, ao não colocar a questão da soberania como pressuposto para as negociações. Haig listou os pontos que constituíam obstáculos naquela altura. Não interessava ao Hemisfério premiar a agressão, acrescentou.

Daí em diante, a conversa se torna um ping-pong. Para Figueiredo, a agressão não poderia ser incentivada, mas era preciso dar uma satisfação ao orgulho do povo argentino. Haig retrucou que a "tragédia maior" era que as propostas levadas à Argentina por ele e pelo presidente do Peru eram melhores que as que estavam na mesa agora, mas "a Argentina insistia no reconhecimento da soberania e não cedia". Figueiredo defendeu que isso ocorrera no início, mas não era mais o caso. Haig assentiu mas explicou que naquela altura parecia difícil fazer a Inglaterra admitir as propostas que teria aceito há duas semanas. O governo dos EUA tinha algumas ideias e gostaria de saber a opinião do presidente brasileiro.

Figueiredo lembrou que a Grã-Bretanha protelara por 17 anos uma resposta à Argentina. Com a invasão, esta tinha conseguido mudar os termos do longo contencioso, mas era necessário entender que as ilhas não poderiam ser motivo de uma crise mundial. Se a guerra fosse entre países do campo socialista ela seria triste, mas não grave "para nós". Os dois países em conflito eram amigos do Brasil e dos EUA. Houve vários momentos perdidos, em que a negociação poderia ter interrompido o conflito. Haig afirmou que o plano do Peru deixou a negociação muito próxima de uma solução. Agora, os EUA não sabiam o que os ingleses fariam; "estão nervosos", concluiu.

Enfim, Haig começou as despedidas. Mas antes perguntou se havia algum ponto que Figueiredo queria adiantar a Reagan, para preparar o encontro do dia seguinte. Ouviu em resposta que o brasileiro só tinha uma preocupação: "a do fato consumado de que a Inglaterra promova ação no continente, o que teria repercussões desastrosas na América do Sul". Segundo ele, essa hipótese precisava ser evitada a todo custo. Haig respondeu que era a posição dos EUA já expressada à Inglaterra. "Se ocorrer o pior, alertou Figueiredo, a solidariedade americana certamente eclodirá". Até a imprensa brasileira antes pró-britânica estava levantando o problema: "que a Inglaterra não chegue a esse ponto, pois seria muito delicado". Haig concordou, mas disse que não se podia prever o que a Inglaterra faria: não se sabe o que faria, "mas apenas que está prestes a fazer alguma coisa", finalizou. Figueiredo concluiu que o Brasil estava em boa posição para conversar com a Argentina, mas a questão tinha que ser resolvida no âmbito da ONU. "Ao Brasil, lembrou, interessa uma Argentina próspera: a desestabilização do governo argentino seria um desastre".

Tête-à-tête

No dia seguinte, Figueiredo reuniu-se no Salão Oval da Casa Branca com seu colega norte-americano. Na parte privada da reunião, em que participaram apenas os dois mandatários, o primeiro exprimiu sua satisfação em encontrar-se a sós com Ronald Reagan "como Presidente, como simples cidadão e como soldado". Em seguida, defendeu que o Brasil era um povo pacífico, cuja política sempre fora guiada pela busca de solução pacífica de controvérsias. Para ele, a América Latina não era homogênea e o Brasil se esforçava por entender a história de cada país em seus próprios termos, tendo até aqui obtido sucesso. Nos foros multilaterais, no entanto, os latino-americanos seriam exagerados e nunca defenderam seus interesses comuns: "ocupam-se, sobretudo, de seus interesses individuais".[1] Tal como a Argentina, o país via-se como uma exceção, em meio a vizinhos mais ou menos homogêneos.

Passando ao quadro geopolítico da guerra fria, o general disse que, no caso de uma confrontação Leste-Oeste, "o Brasil seria amigo dos Estados Unidos"; no caso de uma conflagração total, "se alinharia com os Estados Unidos". Quanto à questão das "Malvinas", o país, apesar de reconhecer a soberania da Argentina, sempre dissera aos vizinhos que não pretendia ser juiz da questão, mas não gostava de ver como as coisas estavam afetando o continente. Figueiredo acrescentou não poder dizer aos argentinos que foram violentos, pois eram "particularmente difíceis quando confrontados". Segundo Figueiredo, eles sabiam que o Brasil não aprovava o "ataque" às ilhas. Não teriam pedido nada ao país, a diplomacia brasileira lhes fizera ver o perigo

---

1 BR DFANBSB N8.0.PSN, EST.47 - viagem do presidente aos EUA. - Dossiê, ultra-secreto, Fundo: Conselho de Segurança Nacional, SIAN. Acesso em 13 de março de 2020.

da situação. Continuando, disse compreender os esforços desenvolvidos pelos EUA com vistas a uma pacificação, mas lamentou que, após a Resolução 502, os norte-americanos não tenham conseguido deter a frota inglesa. Já os ingleses, "poderiam ter esperado um pouco mais". A desproporção de força empregada pela Inglaterra foi notada pelo Brasil e estaria levando a uma mudança da opinião pública no país.

Para o mandatário, parecia difícil naquele momento uma solução para a situação, mas se fosse possível dar a impressão à Argentina e à Inglaterra de que ambas seriam vitoriosas, talvez se chegasse a uma solução. Quando do afundamento do *Belgrano* e do *Sheffield*, houve uma esperança de que a vontade de lutar acabara, mas não foi assim, concluiu. Como presidente, disse ter tido problemas no relacionamento com os vizinhos e que os únicos casos em que Brasil foi à guerra foram por causa da Argentina. "Com o Paraguai também foi por causa da Argentina" (p.21) afirmou, sem explicar qual a participação do vizinho na invasão do Mato Grosso por tropas de Solano Lopez. Com grande esforço, Figueiredo disse ter conseguido "contornar a desconfiança argentina a propósito de Itaipu, convencendo os vizinhos do absurdo da ideia de uma hegemonia brasileira". O Brasil dependia da prosperidade no país vizinho e da paz no continente, adicionou.

No que tange às ilhas, disse ao colega americano que os argentinos "nunca consultaram o Brasil": "dissemos (a eles), em várias ocasiões, que não usassem a força, mas não nos consultaram quando o fizeram, insistiu, porque o recurso à força não teria o apoio brasileiro". No momento, a situação argentina era das mais delicadas. Do ponto de vista brasileiro, era impossível aceitar a desestabilização do país austral, "pois em seguida vêm os peronistas e, depois, os comunistas", o que seria pior para o Brasil que para os EUA. O problema do Brasil é que não tinha uma propensão pelos argentinos e tampouco poderia concordar que a agressão fosse vitoriosa. A imprensa brasileira vinha falando muito numa aliança EUA-Inglaterra. "Começa a surgir daí uma aversão aos Estados Unidos e aos ingleses por representarem uma força muito maior contra uma Argentina inferiorizada", alertou.

Quando finalmente tomou a palavra, Reagan esclareceu que várias vezes pedira aos ingleses que não exagerassem no emprego da força: "dissemos isso a eles e vamos continuar a lhes dizer", acrescentou. Figueiredo respondeu que se os EUA perderam a capacidade de negociar com a Argentina tinham ganho ao mesmo tempo a possibilidade maior de diálogo com os ingleses. Não interessaria a ninguém que a Argentina se transformasse no Vietnã da América Latina. Se isso ocorresse, "a única a ganhar seria a União Soviética". Reagan disse ver indícios de algum progresso nas negociações orientadas pelo secretário-geral da ONU.

Foi no terceiro encontro de Figueiredo com os americanos, durante o café-da-manhã do dia 13 de maio que surgiu a ideia de que Reagan levasse a Thatcher as preocupações brasileiras quanto aos riscos contidos no agravamento do conflito. Na ocasião, Reagan teria mencionado a rápida deterioração da situação, com as informações sobre o deslocamento do porta-aviões *25 de Mayo* para a zona de combate, o que aumentava a urgência de iniciar negociações efetivas.[2] Para ele, a disputa em torno das Falklands era "ridícula e não vale(ria) mesmo a vida de um homem". Nessa altura, o presidente expressou ao colega brasileiro as esperanças de que o Brasil "pudesse fazer alguma coisa junto à Argentina no sentido de sensibilizá-la mais para uma posição negociadora". Em contrapartida, continuou, por meio de um apelo pessoal seu à premiê Thatcher, os EUA "se comprometiam a atender a solicitação do Brasil (para) que fizessem esforço idêntico e simultâneo Junto à Inglaterra".[3]

Quanto ao chanceler Saraiva Guerreiro, este lembrou em sua memórias do "longo" café da manhã que teve com o secretário de Estado norte-americano, no dia 12, em que este expôs os esforços da missão que levou seu nome para superar os conflitos. "Dava-me a impressão patética de que esteve tentando encher o tonel das Danaides", apontou o diplomata.[4] Haig contou a seu

2 O que afinal não se confirmou. Depois do afundamento do Belgrano, a frota argentina não saiu mais do porto.

3 Ver "Síntese da posição americana" em BR DFANBSB N8.0.PSN, EST.47 - viagem do presidente aos EUA. Dossiê. Fundo: Conselho de Segurança Nacional, SIAN, Acesso em 14 de março de 2020.

4 Na história, as 50 filhas de Dânao, rei de Argos, com exceção de uma, mataram seus maridos na noite de núpcias, por ordem do pai. Perdoadas pelos Deuses e pelos homens, foram julgadas depois da morte por assassinato, no Hades. Seu castigo foi encher de água um grande tonel de barro sem fundo. Ver *Grande Enciclopédia Delta Larousse*, vol. 4.

colega brasileiro que na última viagem a Buenos Aires já estava a bordo do avião que o levaria de volta a Washington, convicto de que "o governo argentino estaria de acordo com uma solução pacífica, à base das gestões peruanas", quando Costa Méndez pediu para que saísse: "tinha uma informação negativa, de recusa". "Haig me disse que encontrara um Galtieri conciliatório (talvez tenha confundido simpatia com aquiescência), mas que o duro na junta de governo era o almirante Anaya, ministro da Marinha. Costa Méndez não lhe pareceu empenhado, ou sequer interessado em proceder na base das ideias então aventadas", lembrou o chanceler.

Neste ponto, essa versão coincide com a impressão passada a Guerreiro por Harding, na entrevista que tiveram a 7 de maio, sobre a situação em que se encontrava o chanceler argentino: "um dos principais problemas, na minha visão, era que enquanto sempre era possível falar com a plena autoridade do Gabinete britânico, Costa Méndez não parecia contar inteiramente com a confiança da Junta, não era possível acreditar que refletisse suas visões com precisão – se é que efetivamente houvesse visões coerentes".[5] De resto, essa perspectiva certamente já tinha sido compartilhada por Haig a Pym e era a visão dominante no governo britânico.

No mesmo dia desse encontro entre os dois chanceleres, 12 de maio, o embaixador britânico em Washington, Nicholas Henderson, enviou telegrama a Londres relatando o que soubera da conversa, por intermédio de Thomas Enders, encarregado de Assuntos Sul-Americanos no Departamento de Estado e membro da Missão Haig. O texto é especialmente interessante porque menciona a parte que faltou nas memórias de Saraiva Guerreiro: o que ele disse a Haig quanto à crise. Sobre isso, o chanceler escreveu apenas: "expliquei a Haig nossa posição, que Haig compreendia" (Guerreiro, 1992, p. 106). O relato diplomático britânico preenche um pouco essa lacuna. Se verdadeiro, revela uma agenda de intenções do que o Brasil se preparava para comunicar ao vizinho platino, que o embaixador britânico em Washington considerou "não de todo antipáticas aos britânicos". Na versão de Henderson sobre o relato de Enders, "a posição brasileira sobre as Falkland, embora basicamente mantendo sua solidariedade com a Argentina, era bastante útil para nós".

5 Telegram number 162 of 7 May, Brasilia to FCO, FCO 7-2143, 45, NAK.

Saraiva Guerreiro teria dito a seu colega americano que estaria preparado para persistir com os argentinos "para abandonar sua insistência em que as dependências devem ser cobertas em qualquer acordo sob patrocínio da ONU", pois "isso poderia ser prejudicial à causa argentina". Referia-se às ilhas Geórgia do Sul e Sandwich. Além disso, Guerreiro teria comunicado a Haig que o Brasil também enfatizaria com seu vizinho que uma administração interina das ilhas deveria incluir representantes dos ilhéus, "com fundamentos simplesmente humanitários", bem como a conveniência de flexibilidade sobre a distância a ser mantida pelas duas forças em relação às Malvinas, numa eventual retirada. Finalmente, o chanceler brasileiro teria afirmado sua disposição a transmitir aos argentinos que estes não deveriam insistir no tema da liberdade de movimento de cidadãos argentinos nas ilhas, como parte do acordo provisório. A posição brasileira seria que esse objetivo era razoável para um resultado final, não como pressuposto. Enders concluíra seu relato a Henderson dizendo acreditar que Guerreiro expressaria essas visões ao embaixador argentino na ONU, em sua estada subsequente em Nova York.[6]

Mas nesse cotejo de versões sobre a conversa dos dois chanceleres é importante destacar uma questão que, segundo o chefe do Itamaraty, foi levantada primeiramente no encontro entre os dois presidentes e depois reafirmada por Guerreiro a Haig, segundo a autobiografia do brasileiro. Aparentemente, Enders resolveu não relatá-la a Henderson. Se o tivesse feito, talvez a visão passada por este ao FCO sobre a benignidade das posições brasileiras não fosse tão otimista. "O presidente Figueiredo, na conversa com Reagan, havia mencionado, *inter alia*, um ponto importante: era de toda conveniência que, se não se conseguisse parar a frota britânica para negociar, pelo menos a Grã-Bretanha evitasse bombardear ou praticar qualquer ato de agressão contra o território continental argentino. Se houvesse algum ataque desse tipo, os latinoamericanos, que davam apoio à Argentina em sua reclamação, mas evitavam agir como se se tratasse de uma agressão britânica ao continente, que os obrigasse à ação de defesa coletiva, seriam provavelmente forçados a reagir, muito além de suas intenções". Saraiva relembra: "repeti a Haig essa

6 Telno 1716, of 12 May 1982, "Falklands: visit of Brazilian President", Washington to FCO, FCO 7-4123, 56, NAK.

nossa preocupação. Parece que Reagan telefonou à Sra. Thatcher a respeito, sem obter qualquer promessa. Felizmente, as circunstâncias excluíram na prática a ocorrência da pior hipótese". E conclui: "um dos mistérios da decisão argentina, que jamais conseguirei penetrar, era a avaliação que teria sido feita de que os Estados Unidos se manteriam neutros" (Guerreiro, 1992, p. 106).

Hoje se sabe que a conversa de Figueiredo e Reagan surtiu efeito. No mesmo dia em que esta ocorreu, 13 de maio, às 23.04, o embaixador em Washington telegrafou ao FCO para relatar conversa com o assessor especial de Segurança Nacional do presidente, William Clark. O contato foi feito depois do telefonema de Reagan a Thatcher que relataremos a seguir, apesar da instrução de Londres no sentido de que o embaixador alcançasse o assessor presidencial antes do chamado. Segundo o auxiliar de Reagan, o presidente ligara para a premiê por duas razões: a primeira se originara de conversações que ele acabara de ter com o presidente do Brasil, que expressara grande preocupação sobre o tema das Falklands e a sua disposição a fazer o que estivesse a seu alcance para alcançar um acordo pacífico. O embaixador anotou que Clark via Figueiredo como "um homem moderado e acreditava que ele poderia ser útil".

Segundo a versão transmitida ao embaixador, o presidente brasileiro teria decidido enviar o chefe do SNI, general Medeiros, como emissário especial a Buenos Aires e estava particularmente preocupado com a perspectiva de que os britânicos estivessem prestes a realizar operações militares no continente.[7] Dois dias depois, o embaixador Henderson comunicou de Washington que, em encontro com o subsecretário de Estado, (Walter J.) Stoessel, este lhe avisara que o presidente Figueiredo desistira da ideia. O funcionário ouviu isso do próprio presidente brasileiro, segundo o qual, no clima vigente de afastamento das partes, não havia muito o que o Brasil pudesse fazer.[8]

A ligação de Reagan a Thatcher a que se referia Clark ocorreu às 18.40 (hora de Washington) daquele dia, uma quinta-feira. Na nota de Downing Street ao Foreign Office, encaminhando o registro da conversa, o emissário

---

7 O segundo motivo da ligação presidencial tinha a ver com as posições de Jeane Kirkpatrick, embaixadora dos EUA na ONU, sobre o andamento das negociações em Nova York.

8 Telegram number 1745 of 13 May, Washington to FCO, secret, PREM19/627, NAK.

anotou: "Eu agradeceria se você e outros recipientes desta carta assegurassem que ela seja circulada entre aqueles com estrita necessidade de conhecê-la".[9] A longa citação visa oferecer o exato conteúdo da parte referente ao Brasil, na versão resumida que transitou em meios muito restritos e cruciais do governo britânico:

> O Presidente Reagan (grifo no original) disse que tinha discutido o tema com o Presidente do Brasil durante a corrente visita do último a Washington. A posição do Presidente Figueiredo sobre a Soberania era, obviamente, próxima da posição argentina, mas ele apoiaria a posição do Reino Unido sobre a exclusão da Geórgia do Sul das negociações e sobre a liberdade de movimento (que deve ser resolvida não num acordo transitório mas em negociações para um entendimento (*settlement*) de longo termo). Figueiredo disse ao Presidente que acabara de receber um relatório do embaixador brasileiro em Buenos Aires. Este disse que o Reino Unido estava preparando um ataque à Argentina continental e que os militares argentinos também estavam se movendo.[10] O embaixador disse que apenas Figueiredo teria algum impacto sobre Galtieri. Surgiu a sugestão que o Presidente Reagan devia falar com a Primeira Ministro. Ambos seriam convidados a retardar qualquer ação militar adicional. O Presidente perguntou se a Primeiro Ministro poderia sustar a ação militar. [11]

---

9 Para a íntegra da conversação, ver State Department, Office of the Historian, 1984, p. 534.

10 Talvez a fonte das informações reveladas parcialmente a Reagan não fosse o embaixador, exatamente. Elio Gaspari afirmou em artigo recente que, graças à quebra do código das máquinas Crypto de fabricação suíça controlada pela CIA, por "um grupo de professores brasileiros contratados pelo Itamaraty e pelo SNI", durante a guerra de 1982, "o presidente João Figueiredo lia as mensagens argentinas antes que elas chegassem ao seu colega, o general Galtieri". Ver "Lembrai-vos de 1968, de 1937, e de 1964", *O Globo,* 23-02-2020 e "O grande golpe da CIA, *O Globo,* 16-02-2020.

11 Falklands: No.10 record of conversation (MT-Reagan), 13 May 1982, Secret, PREM19/627 f150, MTF. Acesso em 13 de março de 2020.

Segundo o mesmo relato, Thatcher respondeu que os argentinos tinham atacado seus navios. Para ela, era fácil para Galtieri retardar a ação militar, enquanto as forças britânicas tinham menos resistência que as forças da Argentina no continente. A capacidade britânica de empreender ação militar se reduziria fortemente. Thatcher disse a Reagan que seu governo tinha deixado claro que não adiaria opções militares por causa das negociações e que a verdade era uma só: apenas as ações militares tinham produzido resultados diplomáticos.[12] Reagan explicou então que os EUA tinham apoiado a Grã-Bretanha, ao custo de suas relações com a América Latina. Salientou estar preocupado com a possibilidade de que a impressão inicial da Argentina como o país agressor estava diminuindo. "Uma imagem de Davi/Golias está sendo criada – e o Reino Unido era o Golias". A premiê retrucou que era difícil acreditar nisso, com a Grã-Bretanha a 8 mil milhas de distância das ilhas. Em seguida, avançou um argumento mais forte: seu povo nas Ilhas Falkland não desejava viver sob uma junta militar ou sob os peronistas. O presidente não desejaria que seu próprio povo vivesse sob um regime similar.

Como se vê, o relato sobre a conversa evidencia que a mensagem de Figueiredo foi transmitida a Londres por Reagan, mas o presidente americano evitou mencionar o argumento do primeiro sobre o risco de que um ataque ao continente levasse os países da América Latina a dar um passo além em seu apoio à Argentina, mesmo contra suas intenções. Conhecendo a personalidade da amiga britânica, Reagan deve ter achado que isso a ofenderia e arruinaria o diálogo.

Se a gestão de Figueiredo, assumida por Reagan, não serviu para render-lhe um lugar central na história da guerra, pelo menos lhe garantiu um parágrafo nas memórias de Margaret Thatcher, embora seu nome não apareça e a entrada "Brazil" não conste do índice do volume. Com a perspectiva de uma década e com fidelidade ao resumo acima, embora sem a tensão que marcou o diálogo, ela escreveu:

---

12 Neste ponto da crise, conforme dois autores britânicos, "a estratégia argentina foi claramente continuar conversando tanto quanto possível para desgastar a força-tarefa e a Sra. Thatcher recusou-se a fazer parte desse jogo" (Hastings & Jenkins, 1983, p. 170.)

> O Presidente Reagan tinha conversado com o Presidente do Brasil, que tinha visitado Washington. Houve alguma preocupação (completamente fora de lugar) sobre estarmos preparando um ataque ao continente argentino: tivessem ou não esses ataques algum sentido militarmente, vimos desde o início que causariam demasiado dano político para nossa posição, a ponto de serem contraproducentes. O Presidente Reagan queria que sustássemos a ação militar. Eu disse que há apenas um dia a Argentina tinha atacado nossos navios. Não poderíamos adiar opções militares simplesmente devido a negociações. Na verdade, somente nossas medidas militares tinham produzido uma resposta diplomática (Thatcher, 1993, p. 221).

Do lado argentino, segundo lembrou o ministro da economia Manuel Solanet em seu livro *Notas sobre la guerra de Malvinas*, na reunião do gabinete de Galtieri que teve lugar no dia 12 de maio em Buenos Aires, o chanceler Costa Méndez expôs as três fases das negociações diplomáticas. A primeira, mediada pelo secretário Alexander Haig, fracassou pela impossibilidade de resolver duas questões exigidas pela Grã-Bretanha: o respeito à autodeterminação dos ilhéus e o sistema de retirada das tropas. A segunda foi a patrocinada pelo presidente peruano Fernando Belaunde Terry, em que houve "avanços notáveis" e se discutiu em torno dos termos *desejos*, exigido pelos britânicos e *interesses*, aceito pelos argentinos, até a suspensão das negociações, em virtude do afundamento do *Belgrano*. A terceira fase era a que se estava conduzindo nas Nações Unidas. O chanceler informou que, na maioria das condições contidas na proposta de Pérez de Cuéllar, não existia nenhuma base para acordo (Yofre, 2011, posição 6465).

No dia 14 de maio, o embaixador Harding telegrafou a Londres para comentar mensagem do presidente Figueiredo ao chanceler alemão Helmut Schmidt, segundo versão publicada no *Jornal do Brasil*. O embaixador começou dizendo que o texto provavelmente fora enviado diretamente de Washington, via embaixada brasileira em Bonn, e refletia a conversa de Figueiredo com Reagan. Segundo o jornal, em matéria enviada da capital americana, o objetivo da comunicação seria um pedido de intervenção alemã junto a Thatcher, a fim de induzir a Grã-Bretanha a mostrar moderação no conflito. Para o embaixador, parecia "que a preocupação aí expressa dirige-se principalmente às repercussões de uma investida em ampla escala e provavelmente sangrenta sobre as Falklands islands, que era no momento vista (no Brasil) como uma perspectiva iminente". Harding mencionava em seguida a especificidade do país no contexto continental e sua pouca propensão a ser submergido por ondas de solidariedade hispano-americana. A partir de seu posto diplomático em Brasília, sugeria ao FCO que o ponto de vista de Figueiredo merecia receber atenção considerável. Obviamente, alertava, tratava-se de um ataque às ilhas, pois uma ação contra o continente "seria vista aqui, e em toda a América Latina, como algo completamente diferente, e de teor muito mais sério que um ataque às Falklands".[13]

No mesmo dia, um membro da Emergency Unit do gabinete britânico escreveu ao FCO referindo-se à mensagem de Figueiredo e perguntando: "A Primeiro Ministro deve responder?". Sua resposta era positiva e em anexo seguia uma proposta. O emissário explicava que se tratava de uma troca de mensagens iniciada com o telegrama de condolências de Figueiredo, datado de 6 de maio. E concluía: "não há sentido em prolongar essa série de intercâmbios a bem da polidez", mas diante da última mensagem do brasileiro, era desejável que a posição britânica fosse apresentada de forma efetiva e positiva e explicava: "com o Brasil e com o México seria desafortunado dar a impressão de ter perdido o interesse em apelos adicionais. Além disso, há nova evidência de preocupação e atividade brasileiras (...) o que torna mais importante fazermos o que for possível para influenciar a opinião do Presidente brasileiro sobre os acontecimentos". Considerando que, segundo o próprio Haig, Figueiredo não era de nenhum modo hostil à posição britânica, o ofício concluía: "uma curta resposta parece, feitas as contas, desejável". À margem, alguém anotou: "Emendei o rascunho da carta para torná-la mais dura e para lembrar o brasileiro qual é o ponto aqui – ele sabe que temos uma causa forte".[14]

Três dias depois, correspondência de Downing Street ao FCO referia-se à minuta da resposta da premiê a Figueiredo e mencionava conversa telefônica na qual Coles (Number 10) dizia a Holmes (FCO) que a medida tinha sido

13 Telegram number 163 of 14 May, Brasilia to FCO, FCO 7-4123, 59, NAK.

14 A J Payne to Mr Giffard, 14 May 1982, FCO 7-2143, 62. Charles Sydney Rycroft Giffard era o subsecretário adjunto do FCO (1982-84), NAK.

superada pela discussão daquela manhã no OD(SA), que decidiu dar consideração a uma aproximação tanto com o México como com o Brasil no contexto da última rodada de negociações em Nova York.[15]

No dia 19 de maio, o Itamaraty recebeu a visita do primeiro secretário da embaixada britânica, Anthony Longrigg, que adiantou nota que sua legação estaria enviando ao MRE, consultando o governo brasileiro sobre a possibilidade de serem transportados para a Argentina, via Rio Grande, 24 prisioneiros argentinos, no caso de haver uma recusa por parte dos governos do Uruguai ou da Argentina, que estariam sendo contatados ao mesmo tempo pela Cruz Vermelha, para que a volta fosse realizada por Montevidéu. Esses 24 prisioneiros, dos quais 4 estavam feridos, eram sobreviventes do *Narwalk* afundado a 9 de maio. As gestões em curso da Cruz Vermelha visavam levá-los a Montevidéus no navio-hospital *Necla*. À margem do ofício que relatava a gestão de Longrigg, o encarregado do Departamento das Américas, Rubens Ricupero, escreveu ao Secretário-Geral do Itamaraty (Baena Soares): "não vejo inconvenientes. Rogo instruções".[16]

15 Private Secretary (10 Downing Street) a John Holmes (FC), 17 May 1982, FCO 7-2143, 63.

16 De Lucia P. e Moura ao Chefe do DAM-I, 19-5-82, 1982 Seção Antecedentes, Caixa 373, PGUE ARGT GRÃ-BRETANHARE, Questão das Malvinas, expedidos, AMREB.

O desembarque

Após o afundamento do *Belgrano* e o ataque ao *Sheffield*, as coisas evoluíram rapidamente no plano militar, na mesma medida em que definharam no diplomático. Como destacaram Hastings & Jenkins (1983, p. 169), "a última quinzena da fase de negociações foi a mais frustrante. No dia 8 de maio, em Chequers, o War Cabinet tomou a decisão crucial da guerra: enviar a força de desembarque ao sul de Ascensão, apesar da patente falta de superioridade naval e aérea". A partir deste ponto, a Grã-Bretanha parece ter mantido as negociações na ONU apenas para aparentar sua disposição a não abandonar por completo as esperanças de paz. Quanto à força de desembarque, "virá-la de volta depois desse ponto seria politicamente intolerável".

No dia 11 de maio, Haig lançou sua cartada final. Enviou a Buenos Aires, em segredo, o general Vernon Walters, para convencer Galtieri e a Junta a procurar uma saída para a crise. O general era fluente em espanhol e conhecia bem a linguagem dos militares argentinos. Também falava português. Tinha sido o principal elemento de ligação entre os generais brasileiros e o governo americano no processo que levou ao golpe de 1964 no Brasil. Mas desta vez fracassou. Foi mencionado assim por um dos membros da missão Haig: "Eu gosto muito de Dick Walters, mas a exposição prolongada a ele nesse exercício mostrou que prodigioso falastrão (*bullshitter*) ele é capaz de ser, citando 'fatos' e cifras com precisão assustadoramente detalhada e portanto suspeita". E referindo-se ao trecho da viagem entre a escala em Caracas e a capital argentina em que o avião do secretário de Estado sobrevoou a Amazônia: "Jesus, a força do Amazonas e o volume de seu conteúdo só podem ser suplantados pela produção oral do próprio Dick".[1]

---

1 *James Rentscheler's Falklands diary, 1 April-25 June 1982*, p.14-15, MTF. Acesso em 5 de maio de 2020.

Enquanto as negociações em torno da proposta do secretário-geral da ONU se arrastavam e a premiê fingia explorar os últimos caminhos para a paz, no dia 14 de maio o almirante Fieldhouse, comandante em chefe da força-tarefa em Northwood, fez sua primeira apresentação no War Cabinet sobre a disposição de homens e navios para a Operação Sutton, o desembarque no estreito de San Carlos, a 80 quilômetros da capital Port Stanley, no canal que separava a Ilha Gran Malvina, ou West Falkland e a Ilha Soledad, ou East Falkland, previsto para 21-22 daquele mês.

Em longos telegramas, o embaixador Roberto Campos procurou relatar o que naquela altura ocorria em Londres. No primeiro deles, datado de 14 de maio, examinou os debates na Câmara dos Comuns, nos quais ficavam "patentes as divisões de opinião inter e intra partidos que vem se cristalizando desde o início da crise nas Malvinas". Na visão da embaixada, "tais divisões (extravazavam) os alinhamentos partidários para penetrar no próprio Gabinete e para refletir-se nos meios de comunicação e em segmentos da opinião pública". Em linhas gerais, o campo político se dividia "em uma facção de guerra e uma de paz", ou seja, entre os partidários de uma solução negociada para a crise, o que incluiria concessões, algumas substanciais e "aqueles que exigem o atingimento pleno dos objetivos originais britânicos, se possível por uma vitória diplomática, e não por uma vitória militar". No "Inner Cabinet", a facção da paz estaria representada pelos ministros Pym (FCO) e Whitelaw (Home Scretary), representantes dos conservadores moderados. Estes constituiriam maioria mas, na visão do diplomata brasileiro, tinham que enfrentar "uma minoria loquaz, que nitidamente (preferia) uma saída militar para a crise e que, muitas vezes (parecia) contar com os favores da Primeiro Ministro".[2]

No campo trabalhista, dizia o telegrama, o Shadow Cabinet "tem apoiado o uso da força pelo governo desde o envio da força-tarefa até o bloqueio das Malvinas, tendo apenas questionado, de forma qualificada, o afundamento do cruzador 'Belgrano'". No plano diplomático, a maioria do Labour dava preferência a uma resolução da crise via secretário-geral da ONU, continuava a avaliação. Os liberais e os social-democratas seguiriam, em linhas gerais essa

2 Telegrama 684, Embaixada em Londres para Exteriores, 14-5-82, em BR DFANBSB Z4.REX.IPS.230, cit., SIAN. Acesso em 26 de março de 2021.

postura. "Uma significativa minoria do Partido Trabalhista (...) vem adotando, desde o começo da crise uma posição singular" de condenação ao próprio envio da força-tarefa e à política de Thatcher.[3]

Para Campos, essa corrente estava fracassando na batalha da opinião pública. Os próprios conservadores moderados, embora aparentemente no comando, estavam "nitidamente perdendo terreno". Nessa perspectiva, a estratégia do Reino Unido foi desde o início de compromisso entre as facções da paz e da guerra. Para Campos, "o governo britânico manteve sempre aberta a opção entre uma solução diplomática e uma opção militar, enquanto a força-tarefa não chegava ao teatro de operações". "Reunida a força máxima britânica na área das Malvinas a pressão para abandonar a negociação e usar a força torna-se crescente", o que daria novo poderio à facção militarista. Os duros contariam, cada vez mais, com o apoio da maioria da imprensa.

Foi esse o tema de novo e também extenso telegrama enviado pelo embaixador a Brasília no dia 15. "Vem-se observando nos últimos dias uma constante preparação da opinião pública britânica por parte do governo, com apoio em meios de comunicação, no sentido de ter respaldo para o que se afigura como a linha atual do posicionamento britânico na questão das Malvinas", escreveu Roberto Campos. Tal linha se bifurcaria em duas vertentes: no plano da negociação, o endurecimento da posição do governo Thatcher e "no plano militar, a opção por uma invasão das ilhas, ao invés de um bloqueio prolongado". Ao analisar a primeira, ele lembrou o discurso pronunciado pela premiê na convenção do Partido Conservador na Escócia, no dia anterior, "considerado pelos observadores como o mais duro e inflexível feito por Thatcher desde o começo da crise das Malvinas". "No plano militar, todos os comentaristas parecem concordar em que se teria tomado uma decisão" no sentido mencionado acima.[4]

---

3 Os líderes dessa corrente, Tonny Benn, Judith Hart e Tam Dallyell eram velhos inimigos de Roberto Campos, que os enfrentou de maneira muito pouco diplomática na conjuntura que precedeu a visita oficial do presidente Geisel a Londres, em maio de 1976. Ver Martins Filho, 2019, capítulo XI, "O brasileiro intranquilo".

4 Telegrama 686, Embaixada em Londres para Exteriores, 15-5-82, em BR DFANBSB Z4.REX.IPS.230, cit., SIAN. Acesso em 26 de março de 2021.

Em outro telegrama, de 18 de maio, Campos informou Brasília de duas intervenções de Margaret Thatcher sobre a crise. Em entrevista a uma emissora de rádio, "um de seus pronunciamentos mais contundentes desde o início da crise das Malvinas", a premiê afirmou que "esta semana se saberia se seria possível chegar a uma solução pacífica para a crise". Perguntada se não haveria uma transferência de soberania para a Argentina, ela respondeu: "*I beg your pardon*? Você realmente disse que a Grã-Bretanha ao final deixaria essa gente ficar sob os calcanhares de uma Junta, mesmo que não o queiram? Nunca pensei que ouviria tais palavras. Nós fomos lá para defendê-los. Isso é o que fomos fazer. Fomos para tirar os argentinos das ilhas e espero que alguém jamais dirá que súditos britânicos não podem contar conosco para protegê-los". E concluiu: "Nós fomos até lá para proteger o direito de autodeterminação e para proteger o direito deles de viver suas vidas a seu modo e com o tipo de governo que escolherem. A democracia é exatamente isso". Essas declarações resumem com rara precisão a dicotomia democracia-ditadura que Thatcher explorou em sua oratória, desde o início da crise.[5] Falando na sessão de perguntas do Parlamento, conforme registrou o embaixador brasileiro, ela "indicou que o governo britânico seguiria aumentando a pressão militar e que nenhuma opção ou ação militar seria retardada porque negociações estavam em curso". A governante deixou claro que esperava contar com o apoio dos parlamentares e afirmou: "Não hesitaremos diante de uma solução pela força".[6]

No mesmo dia 18, os chefes de estado-maior fizeram sua apresentação formal da operação no War Cabinet e, em seguida, o plano foi apresentado ao Gabinete, a primeira vez que o conjunto dos ministros ouvia falar de sua existência. Para os autores que vimos mencionando, "ninguém agora acreditava seriamente que algo pudesse impedir a guerra terrestre" (Hastings & Jenkins, 1983, p. 174). No dia seguinte, a recusa argentina às últimas propostas britâ-

5 Vale relembrar, no entanto, que em janeiro de 1971, no governo de Edward Heath (1970-74) no qual ela ocupava um ministério (Secretary of State for Education and Science), os britânicos enviaram ao Brasil um grupo de oficiais do Exército que ajudou a construir instalações científicas de tortura no prédio do DOI-CODI do Rio de Janeiro (Martins Filho, 2019).

6 Telegrama 700, Embaixada em Londres para Exteriores, 18-5-82, em BR DFANBSB Z4.REX.IPS.230, cit., SIAN. Acesso em 28 de março de 2021.

nicas chegou a Londres. De Northwood, foi transmitida a ordem ao almirante Woodward, comandante do Grupo Tarefa no Atlântico Sul: dali em diante ele assumia o comando da operação, a bordo do porta-aviões *Hermes*. Em seguida, a premiê anunciou oficialmente no Parlamento que o processo de paz terminara. A diplomacia tinha cumprido até o ultimo momento o papel a ela atribuído: ajudar a guerra a seguir seu caminho. No dia 21 de maio o desembarque em San Carlos ocorreu, mais ou menos como planejado.

Dois dias antes, o chanceler brasileiro Ramiro Saraiva Guerreiro enviou ao presidente do Conselho de Segurança da Organização das Nações Unidas telegrama onde se dizia "profundamente preocupado com a perspectiva de um iminente desenlace sangrento da crise entre o Reino Unido da Grã-Bretanha e Irlanda do Norte e a República Argentina a propósito das Ilhas Malvinas" e reiterava sua firme convicção de que era indispensável alcançar uma solução pacífica e honrosa, sem vencidos nem vencedores, com a participação, inclusive operacional, das Nações Unidas. A mensagem reiterava o decidido apoio do governo brasileiro às gestões em curso conduzidas por Pérez de Cuéllar e fazia "veemente apelo à abstenção de qualquer ação bélica que (frustrasse) os altos objetivos das gestões que possa fazer". E concluía: "nesse momento crítico, só a moderação demonstrará de forma inequívoca um verdadeiro desejo de paz".[7]

No dia 19, em telegrama secreto, o embaixador Campos depois referiu-se a contato da missão com o Foreign Office para informar que "permanecia no governo britânico (...) a impressão de que a Argentina estava simplesmente tentando ganhar tempo e prolongar as negociações". "Não havia ainda qualquer prova clara de que os argentinos estavam seriamente buscando um acordo", acrescentou a mensagem.[8] No dia seguinte, de Nova York nosso representante junto à ONU Sergio Correa da Costa escreveu a Brasília: "O Secretário-Geral entregou durante a noite a cada uma das partes uma proposta que visa conciliar os pontos de divergência que tem impedido acordo". Isso as obrigaria "a uma resposta que lhes impõe o ônus natural da rejeição". E

7 Ministério das Relações Exteriores, *Resenha de política exterior do Brasil*, 33, abr.-mai.jun 1982, p. 66.

8 Telegrama 701, Embaixada em Londres para Exteriores, 19-5-82, em BR DFANBSB Z4.REX.IPS.230, cit., SIAN. Acesso em 2 de abril de 2021.

continuava: "com isso, é de supor que Perez de Cuellar possa evitar o desgaste de seu exercício perante o Conselho de Segurança e preservar intacta sua autoridade mediadora, para uma segunda etapa, caso ocorra o desembarque britânico que parece iminente".[9]

No dia 20, em telegramas consecutivos, Brasília recebeu de Londres o relato sobre o sexto debate no Parlamento sobre a situação nas ilhas. A premiê insistiu na intransigência argentina, explicou o ponto em que estavam as discussões na ONU e reiterou que "as negociações não inibirão qualquer ação militar". A fórmula vinha sendo usada desde o início das tratativas. O trabalhista Michael Foot apelou para que se mantivesse aberta a porta da negociação, evitando uma escalada militar e sugeriu que Thatcher e Pym viajassem a Washington. Na parte final da sessão nos Comuns, falando pela oposição Dennis Healey concordou com a necessidade de aumento da pressão militar, "respeitando as condições de proporcionalidade no uso da força". A moção da esquerda trabalhista a favor de um cessar-fogo incondicional foi derrotada por 296 votos a 33.[10]

Na imprensa argentina, o jornal *Clarin* publicou artigo de Jorge Abasolo, no qual se dizia que a crise das Malvinas apresentava-se a nosso país "como la possibilidad de llenar nuevos espacios en la esfera de las relaciones americanas, desde el punto de vista diplomatico". Segundo o articulista, nesse campo, "desde los primeros momentos del conflicto, resulta evidente la voluntad de la cancilleria brasileña por expresar una equidistancia de las partes, conservando sin embargo el caracter 'latinoamericanista' de cada gesto'. E continuava: "moviendo-se entre los resquicios que le dejan sus compromisos y necesidades, Brasil es ahora el único pais latinoamericano que, con gravitación propia, mantiene uma buena relación con todas las partes envueltas en la crisis". Mas se a polarização não fosse interrompida, o país correria o risco de que a equidistância se tornasse paralisia. Depois de analisar as perspectivas de defesa do Brasil, o texto concluía: "a despecho de la escasa possibilidad de maniobra que oferecen las circunstancias, el panorama diplomatico y militar que se presenta

9 Telegrama 803, Missão na ONU para Exteriores, 20-5-82, em BR DFANBSB Z4.REX.IPS.230, cit., SIAN. Acesso em 2 de abril de 2021.

10 Telegramas 715, 716 e 720, Embaixada em Londres para Exteriores, 20-5-82, em BR DFANBSB Z4.REX.IPS.230, cit., SIAN. Acesso em 4 de abril de 2021.

ante Brasil (...) es, en el peor de los casos, favorable y en el mejor, un inesperado susten para su desarollo".[11]

Nas águas geladas do Atlântico Sul, no dia 18, a força anfíbia britânica, com os navios de assalto *Fearless* e *Intrepid,* deslocando 12000 toneladas e equipados com 600 homens cada um, tinha se juntado ao porta-aviões *Hermes* e à força-tarefa. Uma semana antes, comandos desembarcaram em Peeble Island, base argentina a noroeste de San Carlos. Três dias depois, detonaram explosivos que destruíram onze aviões argentinos no solo. Pouco antes da ação, um helicóptero Sea King caiu ao mar com 20 homens do SAS e dois tripulantes. Todos morreram afogados. Sete navios de escolta foram deslocados da FT para proteger o desembarque da brigada de forças especiais (Hastings & Jenkins, 1983, p. 186 e segs). Este, realizado antes do nascer do sol, não encontrou resistência, apesar das afirmações em contrário do Estado-Maior conjunto argentino. O informe já citado do adido do Exército brasileiro na Argentina referia-se a esses comunicados, para afirmar: "Nós somos céticos a respeito dessa resistência".[12]

Travou-se em seguida uma batalha de seis horas entre a FAA, vinda do continente, e a força naval de apoio à operação. Os aviadores argentinos enfrentaram uma barreira de mísseis oriundos de aviões, navios e plataformas terrestres. Segundo o relato que vimos acompanhando, "os britânicos estavam espantados com a coragem dos pilotos argentinos, voando baixo de forma suicida para atacar, para desaparecer entre os clarões dos Sea Cat, Blowpipe, Rapier atacantes, que cruzavam os céus atrás deles. Única entre as forças do inimigo, a força aérea parecia altamente motivada e completamente comprometida a travar batalha" (Hastings & Jenkins, 1983, p. 206). Os Mirage e Skyhawk argentinos voavam a alta altitude mas mergulhavam para quase tocar a água a 50 milhas dos alvos. No primeiro dia, houve doze ataques envolvendo um total de 72 aviões. A fragata *Ardent* foi atingida e 22 homens

11 Ver "La oportunidade de Brasil", anexo ao telegrama 1272, Embaixada em Buenos Aires, 20-5-82, em BR DFANBSB Z4.REX.IPS.230, cit., SIAN. Acesso em 2 de abril de 2021.

12 Ver Ministério do Exército, EME, ADIEX à Embaixada do Brasil, "Informe n. 22/082", Buenos Aires, 26/Mai/82, BR DFANBSB N8.0.PSN, EST.43 - Dossiê II das Malvinas - dossiê, Fundo: Conselho de Segurança Nacional, SIAN. Acesso em 15 de março de 2020.

morreram. Em quatro dias de combate, uma fragata foi afundada (*Antelope*) e quatro danificadas (*Argonaut, Antrim, Ardent* e *Broadsword*). Dezesseis aviões argentinos foram derrubados no primeiro dia. O navio-transporte *Canberra* saiu ileso. "Os argentinos já deram prova convincente de sua determinação e poder de ataque, capazes de aumentar o risco para o grupo de batalha", dizem nossos autores. Mas a operação fora bem sucedida. Os britânicos se estabeleceram na ilha (Hastings & Jenkins, 1983, p. 216).

No calor da hora, no dia da invasão, novo telegrama de Londres ao MRE comunicava:

> Aguarda-se para as próximas horas novas informações sobre os combates nas Malvinas. A opinião da maioria é a de que as operações militares agora se seguirão em crescente escalada sempre que o tempo na região o permitir. Não se antecipa a possibilidade de uma interrupção, a curto prazo, em tais operações, não tendo perspectivas de êxito iniciativas diplomáticas lançadas antes de que tenha havido uma modificação na balança militar de forças, em um sentido ou em outro.[13]

Em outro telegrama do mesmo dia, o embaixador brasileiro retratou o ambiente em Londres, descrevendo-o como "clima de união nacional, que inclusive tende a crescer, na medida em que as operações militares ganhem corpo". O porta-voz do Labour para assuntos de Defesa, John Silkin, indicou que naquele momento "o pensamento dos trabalhistas estava voltado para as tropas britânicas que lutavam contra o fascismo". A minoria de esquerda no partido estaria completamente isolada. Pelo SDP, o deputado David Owen reiterou o apoiou que os social-democratas vinham dando ao governo. O texto acrescentava: "A conclusão a que se chega é que somente uma alteração significativa da balança militar, quer por uma derrocada militar argentina, quer por pesadas baixas infligidas às forças britânicas, poderá provocar uma ruptura no atual clima de união nacional".[14]

13 Telegrama 722, Embaixada em Londres para Exteriores, 21-5-82, em BR DFANBSB Z4.REX.IPS.230, cit., SIAN. Acesso em 6 de abril de 2021.

14 Telegrama 723, Embaixada em Londres para Exteriores, 21-5-82, em BR DFANBSB Z4.REX.IPS.230, cit., SIAN. Acesso em 6 de abril de 2021.

O "apoio internacional para a causa britânica" foi tema nesta altura. De Londres, o embaixador ressaltou que tal apoio, "em grande medida limitado à OTAN e aos países da Commonwealth, vem se enfraquecendo com o passar do tempo e, em particular, pela escalada militar britânica". As sanções comunitárias foram prorrogadas por apenas sete dias e sem o respaldo da Itália e da Irlanda. O telegrama falava em "crescente intranquilidade entre os aliados britânicos", devido a sua preocupação com as "ramificações potenciais de uma crise que consideram está sendo escalada além das devidas proporções". Isso estaria ocorrendo na Alemanha. Já com a relação aos Estados Unidos, "notar-se-ia uma crescente ansiedade com o risco de uma escalada militar e com as repercussões ao apoio americano a tal escalada, inclusive em termos materiais na posição dos EUA na América Latina". No Reino Unido, havia crescente irritação "com o que se considera uma posição equívoca dos Estados Unidos", principalmente na bancada conservadora e na oposição, dizia Roberto Campos.[15]

No outro polo da crise, o embaixador Carlos Duarte relatou de Buenos Aires que o chanceler Costa Méndez declarou que a Argentina tinha "incomodado o mundo", porque, "ao ocupar as ilhas tomou uma decisão soberana e independente que, na presente estrutura do poder mundial, só poderia ter esse efeito". O chefe da diplomacia argentina reiterou que tratava-se de uma "situação colonial" e enfatizou o anacronismo do problema. Para ele, "a posição de abertura e flexibilidade da Argentina não podia ser questionada". Por fim, considerou a posição britânica como "agressiva, contraditória e interessada exclusivamente em restabelecer uma situação colonial numa ilha com menos 2 mil habitantes".[16]

Em Nova York, o embaixador Correa da Costa falou na ONU: "o governo brasileiro vê com muito pesar e profunda preocupação o agravamento do conflito nas Ilhas Malvinas, agravamento que motivou a convocação da presente sessão do Conselho de Segurança, ante a iminência de um derramamento de sangue de proporções incalculáveis". Considerando a situação "mais

15 Telegrama 724, Embaixada em Londres para Exteriores, 21-5-82, em BR DFANBSB Z4.REX.IPS.230, cit., SIAN. Acesso em 6 de abril de 2021.

16 Telegrama 1277, Embaixada em Buenos Aires para Exteriores, 21-5-82, em BR DFANBSB Z4.REX.IPS.230, cit., SIAN. Acesso em 6 de abril de 2021.

crítica do que nunca", ele lembrou que, desde o começo, para os brasileiros a situação das ilhas foi entendida como uma "ocupação de facto da parte do Reino Unido". Diante da escalada da crise, o governo do Brasil considerava "imperativo" que fossem "imediatamente acionados os mecanismos previstos na Carta das Nações Unidas para a manutenção da paz e da segurança internacionais". E concluía: "o Governo Brasileiro, da mesma forma em que apoiou, através de seu Chanceler, os esforços de paz do Secretário-Geral, não pode deixar de deplorar profundamente a interrupção desses esforços por parte do Reino Unido. Na realidade, os elementos essenciais para uma solução pacífica estavam presentes nesses esforços". Para o Brasil, a situação era "grave e crítica"; já se tinham produzido perdas de vida de ambos os lados, sendo cada vez mais urgente deter a "engrenagem da violência".[17]

O Alto-Comando do Exército brasileiro recebeu informações de seu adido militar em Buenos Aires: com base em reunião realizada a 23 de maio, na Jefatura II Inteligencia do Estado-Maior Geral do Exército (EMGE), à qual compareceram os adidos dos Exércitos das nações latino-americanas "amigas", vale dizer as que tinham votado com a Argentina na Reunião de Consulta da OEA já mencionada. Depois de resumir os dados geográficos da área selecionada para o desembarque e os motivos que teriam levado os britânicos a escolher San Carlos, o informe avaliava:

> havia muita auto-confiança de parte dos argentinos sobre a defesa das ilhas, particularmente da ilha de Soledad onde teriam de 8 a 10 mil homens; o sucesso obtido no confronto aeronaval do dia 4 de maio em que se afundou o destróier SHEFFIELD, acarretava uma sensação e convicção de superioridade enorme da Aviação Naval e de sua Força Aérea sobre a Força Aérea Naval britânica, reconhecidamente em inferioridade no Teatro de Operações.[18]

---

17 Ministério das Relações Exteriores, *Resenha de política exterior do Brasil,* 33, abr--mai.jun 1982, p. 67-68.

18 Ministério do Exército, Estado-Maior do Exército, ADIEX à Embaixada do Brasil, Buenos Aires, 26/Mai/1982, Informe n. 022/82, "Batalha do Canal de San Carlos, Malvinas", BR DFANBSB N8.0.PSN, EST.43 – Dossiê II das Malvinas – dossiê, Fundo: Conselho de Segurança Nacional, SIAN, acesso a 15 de março de 2020. É

O informe continuava dizendo que os argentinos tinham a "quase" certeza da incapacidade de operar do "porta-helicópteros" *Hermes* tido como fora de combate desde 4 de maio. Isso num momento, hoje sabemos, em que o almirante Woodward comandava as operações no Atlântico Sul a bordo do porta-aviões (nome mais adequado para aquele navio). Segundo o adido, conforme as informações compartilhadas pelo EMGE, o Estado-Maior conjunto do Teatro de Operações argentino "decidiu deixar os navios de guerra britânicos entrarem no estreito de San Carlos para facilitar a ação da Aviação de Ataque argentina".

As informações seguintes não parecem ter sido fornecidas pela mesma fonte. Traçavam um quadro sombrio da tropa argentina, "composta a maioria de conscritos deste ano e reservistas egressos em 1980" e que vinha "sendo submetida a mais de cinquenta dias de bombardeios intensivos". Seu moral estava sendo testado "em condições profundamente adversas", principalmente para os recrutas provenientes das províncias do norte argentino: abrigos em terreno úmido, em clima antártico; temperaturas abaixo de zero; água escassa, porque as correntes estavam contaminadas com fezes de pássaros e pinguins; controle de alimentos dada a precariedade da logística dificultada pelo bloqueio britânico (a linha de suprimento do continente às ilhas era definida como "bastante vulnerável", dado o afundamento dos transportes *Ilhas dos Estados, Narwall, Rio Carcarañа* e outros, o que obrigou ao uso de aviões Hercules C-130). A pista de Puerto Argentino (Port Stanley) estaria sendo mantida "com inúmeros sacrifícios" e recuperação quase diária, após cada bombardeio.

Nessas condições, era possível prever "uma tropa cansada, desgastada e sofrida na defesa das ilhas", cuja inexperiência era suprida por "incontestável patriotismo" e pela convicção, cultivada de geração a geração, de que as Malvinas eram argentinas e que eles as haviam retomado "realizando uma antiga e sagrada aspiração nacional" e teriam a missão de conservá-las, mantê-las "e morrer, se necessário, em sua defesa". O militar dizia ter sido informado, juntamente com os outros adidos, pela II Seção do EME argentino "antes

---

bom lembrar que o adido mais competente para analisar a batalha de San Carlos seria o da Força Aérea ou o da Marinha. Não foi possível identificar os oficiais que ocupavam esses postos naquela ocasião.

mesmo que a imprensa local", do sucesso britânico em estabelecer uma cabeça-de-praia na ilha Soledad. Para além dos comunicados "que desovam homeopaticamente os informes" sobre os avanços das tropas britânicas, o oficial brasileiro relatava a seus superiores no Estado-Maior: "a impressão que nos deixou, embora pouco lisonjeira e um pouco amarga, é que o desembarque na Ilha pegou os argentinos 'dormindo', em função do cansaço, da inexperiência, da situação adversa e de uma profunda confiança em contar com as condições atmosféricas locais a seu favor". Essa impressão, embora menos detalhada, foi confirmada depois em várias obras sobre a guerra.

Em sua análise do desembarque, a Jefatura II teria admitido que os ingleses tinham desdobrado na cabeça-de-praia três batalhões de infantaria reforçados por apoios de artilharia, engenharia e logística, o que corresponde aos relatos posteriores que se referiam a uma brigada, como vimos, mas não menciona que se tratava de comandos. Depois de fazer um balanço das forças britânicas e suas táticas e de constatar o papel crucial da aviação argentina vinda do continente, o informe se referia "à inoperância da Armada, encurralada em suas bases e acuada pela presença dos submarinos nucleares ingleses".

Na segunda-feira, dia 24, chegaram à Chancelaria em Brasília as versões britânicas sobre os combates na sexta e no final de semana. Em telegrama de oito páginas, a embaixada resumiu o estado da arte sobre as operações na sexta e no domingo, 21 e 23 de maio, reproduziu informações britânicas sobre perdas materiais dos dois lados e especulou sobre as vantagens de uma campanha rápida, com a tomada de Port Stanley. Em sua abertura, a análise falava em "operação de grande envergadura, envolvendo praticamente a totalidade das tropas de desembarque à disposição da força-tarefa". O texto terminava afirmando que a batalha por Goose Green seria o teste decisivo para os britânicos.[19]

Citando as declarações de John Nott no Parlamento, o embaixador Roberto Campos, disse que "o Reino Unido havia realizado seu desembarque na área de San Carlos, praticamente sem interferência argentina". O secretário de Defesa britânico acrescentou que "a Força Aérea argentina havia perdido

19 Telegrama 737, Embaixada em Londres para Exteriores, 24-5-82, em BR DFANBSB Z4.REX.IPS.230, cit., SIAN. Acesso em 11 de abril de 2021.

grande número de aviões (mais de um terço dos aviões que haviam participado do ataque na sexta-feira e cerca de dois terços dos aviões que atacaram no domingo)". Para Nott, as perdas sofridas, em matéria de helicópteros e navios de transporte "haviam seriamente debilitado a capacidade argentina de atuação nas ilhas". O ministro admitiu o afundamento da *Ardent* e danos a 4 outros navios, na sexta, e danos pesados à *Antelope* no domingo.[20]

Segundo a mesma mensagem, falando em seguida, o já citado porta-voz trabalhista para assuntos de defesa "salientou que a oposição estava feliz por já terem sido liberados alguns habitantes das ilhas" e "indicou que não era o momento para se questionar as operações militares nas Malvinas mas que desejava uma reafirmação de que seguiam abertas as portas para negociação". Nott respondeu que no momento isso estava fora de questão. Na sessão de perguntas subsequente, afirmou que "o objetivo britânico era obter, no menor prazo possível, uma vitória militar sobre as forças argentinas nas Malvinas". Para o embaixador, "a posição intransigente de Nott (parecia) encontrar respaldo na opinião pública britânica": pesquisa divulgada pouco antes mostrava que 76% dos entrevistados favoreciam uma invasão imediata das ilhas e 53% desejavam um sucesso militar, mesmo ao preço de pesadas baixas. Outra sondagem revelou que 54% dos britânicos eram favoráveis à manutenção da soberania sobre as ilhas para sempre.

De Buenos Aires, a embaixada passou a falar em "novo quadro estratégico-militar do conflito das Malvinas" e de "enfraquecimento bélico da posição argentina nas ilhas". A rígida censura imposta aos meios de comunicação estaria levando a versões "as mais contraditórias e triunfalistas", muitas vezes desmentidas pelo próprio governo. A única fonte a que podia se referir a representação brasileira seriam os comunicados do Estado-Maior Conjunto,

20 Dois dias depois, segundo o embaixador Campos, em nova aparição do Secretário de Defesa nos Comuns, "vários parlamentares conservadores pediram o bombardeio de bases argentinas no continente, mas Nott indicou que tal operação faria pouco sentido até mesmo do ponto de vista militar, pois dificilmente poderia ser levada a cabo com sucesso", telegrama 752, Embaixada em Londres para Exteriores, 26-5-82, em BR DFANBSB Z4.REX.IPS.231, cit., SIAN. Acesso em 12 de abril de 2021.

"sem emitir juízos de valor sobre os mesmos, pela escassez de elementos adicionais e confiáveis de avaliação do teatro de operações".[21]

No dia seguinte, em Londres, foi a vez da premiê enfrentar a sessão de perguntas e respostas no Parlamento. Segundo a embaixada, ela "reiterou que não poderia haver progresso no sentido de uma negociação sem prévia retirada argentina". Na avaliação de Roberto Campos, a crise das Malvinas e as operações militares estavam oferecendo aos conservadores e à própria Thatcher "uma extraordinária oportunidade não só para manter a oposição na defensiva, dentro de um clima de união nacional, como para recuperar prestígio na opinião pública". Sondagem de opinião divulgada no domingo, 23, constatou 48% de apoio ao Partido Conservador, 30% aos trabalhistas e 20% para a aliança liberais-SDP (sociais-democratas). A análise produzida em Londres reiterava que o objetivo britânico parecia ser uma vitória militar. E concluía: "Tudo indica que não será possível às forças argentinas impedir a consecução de tal objetivo". Este trecho foi grifado em Brasília. Enfim, informou-se que "as estimativas dos peritos militares britânicos são de que o Reino Unido obteria tal vitória no prazo máximo de duas semanas".[22]

Enquanto isso, em Washington, a versão oficial era a de que Thatcher procurava garantir sua posição militar para encerrar pacificamente a crise, ou como lembrou em telegrama a Brasília o embaixador Azeredo da Silveira, citando o presidente Reagan: "as operações militares britânicas nas ilhas Malvinas estão destinadas a criar condições dentro das quais se poderá resolver a crise de um modo pacífico". Também nas palavras do secretário de Estado Haig, "a Inglaterra está se aproximando de uma posição que permitirá em breve terminar sua guerra contra a Argentina". Para Silveira, no entanto, com base nas recentes ameaças argentinas de apelar aos soviéticos e britânicas sobre a necessidade de rendição imediata das tropas que invadiram as ilhas, as perspectivas sobre a evolução no conflito eram "cada vez mais alarmantes".[23]

---

21 Telegrama 1328, Embaixada em Buenos Aires para Exteriores, 24-5-82, em BR DFANBSB Z4.REX.IPS.230, cit., SIAN. Acesso em 11 de abril de 2021.

22 Telegrama 745, Embaixada em Londres para Exteriores, 25-5-82, em BR DFANBSB Z4.REX.IPS.231, cit., SIAN. Acesso em 11 de abril de 2021.

23 Telegrama 1690, Embaixada em Washington para Exteriores, 25-5-82, em BR DFANBSB Z4.REX.IPS.231, cit., SIAN. Acesso em 12 de abril de 2021.

No dia 24 de maio, a embaixada londrina comunicou Brasília sobre boatos que circulavam na capital britânica sobre fornecimento pela África do Sul à Argentina de mísseis Gabriel, de fabricação israelense, além de peças de Mirage. Em Pretória, o governo informou que o caso estaria sendo investigado. Se confirmada a informação, acrescentou o embaixador Campos, poderia ocorrer "um grave incidente diplomático".[24] No dia seguinte, de Washington, com base em matéria do *New York Times*, o embaixador Silveira registrou o desmentido sul-africano aos boatos de que seu país estaria ajudando a Argentina a obter mísseis Exocet. O mesmo artigo citava o embaixador francês em Pretória, negando que a França teria vendido em segredo esse tipo de arma ao sul-africanos antes da entrada em vigor do embargo relacionado ao *apartheid*, cinco anos antes. O diplomata também disse não acreditar que outro país o tivesse feito.[25] O chefe da missão brasileira nos EUA termina seu despacho com a conclusão, presente em "especulações" correntes em Washington, de que "uma das consequências do conflito das Malvinas (...) seria a reavaliação do valor estratégico da África do Sul".[26]

24 Telegrama 735, da Embaixada em Londres para Exteriores, 24-5-82, em BR DFANBSB Z4.REX.IPS.230, cit., SIAN. Acesso em 7 de abril de 2021.

25 Em telegrama enviado da embaixada em Pretória, nosso embaixador comentou matéria publicada no jornal *Star*, com o título "SA sends arms to Argentina – Claims", onde se menciona garantia dada pela África do Sul à Grã-Bretanha de que nenhum Exocet seria enviado à Argentina, telegrama 141, da Embaixada em Pretória para Exteriores, 24-5-82, em BR DFANBSB Z4.REX.IPS.231, cit., SIAN. Acesso em 12 de abril de 2021.

26 Telegrama 1692, da Embaixada em Washington para Exteriores, 25-5-82, em BR DFANBSB Z4.REX.IPS.231, cit., SIAN. Acesso em 12 de abril de 2021.

Exocet

Em 24 de maio, o chanceler Saraiva Guerreiro enviou uma carta ao presidente do Conselho de Segurança da ONU, o chinês Ling Qing. "O Governo brasileiro tem efetuado esforços incessantes junto às partes e junto ao Governo de terceiros países no sentido de se encontrar uma solução pacífica justa e duradoura para essa questão", começava a missiva. E continuava: "demos decidido apoio ao trabalho de mediação a que se propôs o Secretário de Estado dos Estados Unidos da América. Frustrado esse esforço, passamos a apoiar vigorosamente as negociações conduzidas pelo Secretário-Geral da ONU e suas propostas de paz".[1]

O presidente brasileiro, lembrava o chanceler, tinha feito apelos pessoais aos chefes de governo da Argentina e da Grã-Bretanha e também solicitara a colaboração de governantes de outros países para alcançar a paz. Com o sacrifício da discussão de premente pauta bilateral, o presidente dedicou a maior parte de suas conversas com o presidente dos EUA a explorar caminhos com o mesmo objetivo. Por toda parte, o Brasil vinha sendo, "ao longo de toda a crise, uma voz a favor da moderação, do entendimento e da paz". No momento em que os esforços pareciam fracassar, continuava o chanceler, centenas de vidas de jovens argentinos e britânicos tinham sido perdidas e as mais sérias consequências se apresentavam para a América Latina e o mundo, o Brasil julgava que não podia mais ser adiada "uma ação firme e decidida do Conselho de Segurança das Nações Unidas para restabelecer a paz e a segurança in-

---

1 Ministério das Relações Exteriores, *Resenha de política exterior do Brasil*, 33, abr.-mai.jun 1982, p. 68. Ver a versão em inglês em Minuta de telegrama 963 de Exteriores a BRASEMB Londres, 24-5-82, urgentíssimo, AMREB, Microfilme F0941 - Telegramas recebidos do ano de 1982.

ternacionais". "Creio ser imprescindível que o Conselho de Segurança tome uma decisão para por um fim imediato ao enfrentamento bélico e estabelecer as bases de uma solução permanente do problema", dizia Saraiva Guerreiro a Ling Qing.

À luz das discussões já havidas entre as partes, o Brasil apresentava então alguns elementos que podiam se constituir na base de uma resolução do Conselho "que garantiria uma paz justa e honrosa, sem vencidos e vencedores". Estes incluíam:

1. Cessação imediata das hostilidades;

2. Retirada simultânea das forças argentinas para o território continental e das forças britânicas para uma distância a Nordeste equivalente à existente entre o território continental argentino e as Ilhas Malvinas.

   a) isso deveria ocorrer em 48 horas;

   b) todas as forças deveriam ser retiradas em três semanas, um terço por semana;

3. Designação pelo SG de uma administração provisória, que manteria consultas com representantes dos habitantes a serem designados pelos dois governos;

4. Estabelecimento de um comitê presidido pelo SG e integrado pelas partes e por quatro outros Estados-membros, sendo dois indicados por cada uma das partes, para conduzir negociações urgentes, com vistas a uma solução permanente da questão. O comitê iniciaria seus trabalhos no dia seguinte ao da conclusão da retirada e deveria apresentar seu relatório ao CS até 31 de janeiro de 1983.

O documento seguia afirmando: "o Brasil está convencido de que esses elementos, em seu conjunto, constituem uma base honesta, justa e equitativa para que cesse o derramamento de sangue e a trágica perda de vidas". Guerreiro encerrava com a citação de palavras da Carta da ONU: "Nós, os povos das Nações Unidas, resolvidos a preservar as gerações vindouras do flagelo da guerra...".[2]

No mesmo dia do posicionamento brasileiro na ONU, às 17.15, o embaixador britânico procurou o chefe do Departamento das Américas, Bernardo

2 Idem, p.69.

Ricupero, "em caráter de urgência" para lhe entregar um *papel* no qual informava que um carregamento de mísseis AM-39 Exocet estaria transitando pelo Brasil. No jargão profissional, *bout de papier* é um documento apresentado quando da visita de um representante diplomático a autoridades de um outro país. Serve ao mesmo tempo como memória para o diplomata visitante e para remover ambiguidades por se tratar de um assunto especialmente sensível. O *papel* não é assinado, para manter a confidencialidade, caso venha à luz.

Era a segunda visita vinda da embaixada britânica em três dias, com o mesmo objetivo. No dia 21, o secretário-geral Baena Soares e Ricupero tinham recebido o embaixador Harding, a pedido deste, a fim de entregar um *papel* "referente à eventualidade de fornecimento à Argentina de mísseis daquele tipo. O secretário do Itamaraty disse então ao diplomata britânico que não tinha conhecimento de qualquer operação desse tipo; o chefe do DAA teria acrescentado que as Forças Armadas brasileiras não disporiam da modalidade ar-mar do míssil citado. Harding agradeceu e declarou que seu governo apreciaria se fosse possível ao Brasil assegurar que não seriam permitidas operações daquele gênero. Na segunda visita, Ricupero disse ao embaixador nada saber a respeito do trânsito por ele mencionado, mas que levaria o *papel* ao conhecimento das instâncias superiores.[3]

Um dos episódios mais relevantes das relações anglo-brasileiras durante a guerra, essas gestões hoje podem ser reveladas e postas em perspectiva. Já mencionamos o míssil em questão quando falamos do afundamento do *Sheffield*. O jornalista argentino Juan Baptista Yofre (que usa documentos a que teve acesso quando ocupou a chefia da Secretaria de Defensa del Estado, em 1989, no governo Menen) diz sobre o episódio: "No dia 4 de maio, a resposta argentina (ao afundamento do *Belgrano)* veio por meio de aviões equipados com mísseis franceses Exocet da Armada e aviões da Fuerza Aérea Argentina, que afundaram o destróier HMS *Sheffield*. Como isso se fez e quem o afundou é ainda hoje um tema de debate e competição entre a Armada y a Força Aérea" (Yofre, 2011, posição 6136). O ataque reacendeu as preocupações britânicas com a posse desse armamento pela aviação naval argentina.

---

3 "Informação", Brasília, em 24 de maio de 1982, 1982 Seção Antecedentes, Caixa 373, PGUE ARGT GRÃ-BRETANHARE, Questão das Malvinas, expedidos, AMREB.

Em 8 de dezembro de 1981, o general Galtieri, então comandante do Exército e membro da Junta, em visita a Bahía Blanca para colocar no comando do V Corpo do Exército um general de divisão de sua confiança, foi levado pelo almirante Anaya, comandante da Marinha, à base naval de Puerto Belgrano. Na cerimônia que teve lugar ali, conheceu os novos equipamentos navais. Segundo o mesmo jornalista, "o mais atraente foram os aviões Super Étendard com a nova versão do ar-terra AM-39 Exocet" (Yofre, 2011, posição 788).

Nas avaliações feitas pela Marinha britânica sobre o poderio naval argentino antes do início da crise, a presença desses mísseis adquiriu lugar central. O ex-chanceler britânico David Owen escreveu em seu livro de memórias que a França "foi de grande utilidade, uma vez que revelou segredos sobre o avião francês Super Eténdard e os mísseis Exocet, que tinha vendido aos argentinos" (Apud Yofre, 2011, posição 4068). Ao fazer seus cálculos sobre os riscos colocados ao envio da força-tarefa, a Royal Navy registrou que os argentinos tinham apenas cinco AM39 Exocets (Hastings & Jenkins, 1983, p. 319).

Voltando ao Brasil, por ocasião das consultas mencionadas junto ao Itamaraty, o serviço de informação britânico sabia certamente da chamada "Operação Libia", iniciada uma semana antes da primeira gestão do embaixador britânico junto ao Itamaraty, a 14 de maio, quando um emissário da Junta, o almirante Moya e mais três oficiais do Exército argentino, foram enviados a Tripoli. Segundo um relato publicado em 6 de abril de 1984 pelo semanário *Somos*, entre 14 e 16 de maio foram realizadas as reuniões que estabeleceram a lista de armas necessitadas pela Argentina. Tratava-se de "mísseis soviéticos SAM-6 e SAM-7 (antiaéreos portáteis) para neutralizar a aviação britânica". A resposta teria chegado a Buenos Aires uma semana mais tarde "e assim começou a ponte aérea com um Boeing 707 das Aerolíneas Argentinas (o qual foi esvaziado por dentro), entre Buenos Aires, Recife, as ilhas Canárias e Trípoli". Foram feitas cinco viagens e a Líbia forneceu mais de uma centena daqueles mísseis, em duas entregas de 60 unidades e outros armamentos, como minas antitanques, metralhadoras, morteiros, rampas, radares, munições etc). Conforme o mesmo relato, o último vôo chegou à base aérea da Brigada I de Palomar em 11 de junho de 1982, três dias antes da rendição argentina. Os aviões seguiam para a Líbia carregados de frutas e verduras. Como presente pessoal de Galtieri a Kadhafi, foram enviados cavalos de monta do Exército (Yofre, 2011, posição 7553).

Paralelamente, uma segunda operação foi chefiada pela Marinha, por meio de um amigo argentino do líder líbio, Horacio Calderón. Segundo este, a primeira ocasião em que a Líbia ofereceu armas à Argentina foi quando do incidente em torno da chegada a Port Stanley do navio HMS *Endurance*. A 4 de fevereiro de 1976, uma delegação argentina liderada pelo então vice-presidente Vicente Solano Lima e com a presença de Calderón, visitou Trípoli para assistir ao "Primeiro Seminário de Diálogo Islamita-Cristão", a convite do governo do país africano. Em reunião com o próprio Kadhafi, onde se discutiu o tema das ilhas, este "escreveu uma carta à presidenta Maria Estela Mártinez de Perón na qual oferecia oficialmente, a título gratuito e sem condições, duas esquadrilhas de aviões Mirage, com ou sem pilotos, com o objetivo de aumentar o poder bélico argentino".

Depois da invasão das ilhas no começo de abril, o contato foi retomado e Calderón teve uma entrevista com o diretor-geral de Material Naval da Armada. Daí saiu com um memorando escrito a mão onde se perguntava; "1) se seu amigo dispunha de aviões de vigilância marítima Falcon Guardian da firma Marcel Dassault; 2) de que equipamento dispunha?". Em forma oral, o oficial perguntou se a Líbia dispunha de mísseis EM-39 Exocet, ao que o amigo de Kadhafi respondeu que não, mas que o Iraque possuía 150 aproximadamente. Contatado, o encarregado de negócios do Iraque em Buenos Aires disse que seu país precisava dos mísseis para sua guerra com o Irã, mas incentivou a chancelaria argentina a fazer um pedido formal. Esse caminho foi em seguida abandonado pela Armada. Outra gestão, que levou a Trípoli delegação argentina liderada por Calderón, via Roma, até onde pegaram carona no avião do Papa na volta de sua visita à Argentina, fracassou porque logo depois de sua chegada à capital líbia a Argentina se rendeu em Port Stanley (Yofre, 2011, posição 7623).

Na data da primeira visita ao Itamaraty do embaixador britânico em busca de informações sobre os Exocet (21 de maio), é provável que a inteligência britânica tivesse ouvido rumores de que algo estava acontecendo entre Buenos Aires e Trípoli. Na segunda visita, a 24 de maio, o Foreign Office já sabia da ponte-aérea que passava por Recife, mas não tinha certeza sobre a presença de Exocets nos aviões. De qualquer modo, esses mísseis tinham se tornado uma neurose para os britânicos, depois do ataque ao *Sheffield*. Desde o desembarque em San Carlos, a operação Sutton tinha se resumido ao confronto aeronaval e aos esforços para desembarcar todo tipo de equipamento necessário para deixar a cabeça-de-ponte e começar o avanço em direção a Port Stanley. Como lembraram Hastings e Jenkins, "o descarregamento dos navios deveria progredir mais antes que os helicópteros pudessem movê-los" (Hastings & Jenkins, 1983, p. 220). Até lá, as tropas desembarcadas seriam meras espectadoras dos combates aeronavais.

Mas no dia 25 de maio, data da Independência argentina, os pilotos da FAA se esforçaram para marcar a ocasião. E efetuaram um dos mais mortíferos ataques duplos da guerra.[4] O primeiro, a partir de um Skyhawk, afundou um destróier, deixando 19 mortos. "A perda do *Coventry*, o terceiro dos navios Tipo 42 de defesa aérea a ser posto fora de combate, foi um golpe amargo, sobretudo por causa das dúvidas que lançou sobre a eficiência do sistema de mísseis da frota", diz um relato. Mas o pior para os britânicos estava por vir: "o almirante Woodward sempre acreditou que os argentinos escolheriam essa ocasião para lançar novo ataque de Exocet contra o grupo-tarefa dos porta--aviões e ele estava perfeitamente correto". Naquele dia, dois Super Etendard decolaram de Rio Gallegos à procura de alvos cruciais e rumaram na direção norte, reabastecendo em pleno ar com a ajuda de outros Etendards, "para uma missão vital, pois os aviões carregavam dois dos únicos três Exocets lançados do ar remanescentes para os argentinos", dizem os autores citados até aqui. O destino de um dos mísseis jamais foi conhecido. O segundo atingiu em cheio o navio-transporte *Atlantic Conveyor*, destruindo sua carga de dez helicópteros Wessex e quatro helicópteros-gigantes, além de tendas para toda a operação de desembarque: "a perda dos Chinooks, capazes de carregar oitenta homens cada um, foi um golpe arrasador (*crippling blow*) para a Royal Navy" (Hastings & Jenkins, 1983, p. 226-28).[5]

---

4 No dia seguinte, nossa embaixada relatou o clima em Buenos Aires. "os ataques aéreos de ontem sobre (sic) unidades da frota britânica (comunicado n. 88 do Estado-Maior Conjunto) teriam sido, segundo opinião atribuída a fontes aeronáuticas deste país, os mais eficazes desde o início das hostilidades. As perdas impostas pela Força Aérea seriam de grande magnitude", telegrama 1343, Embaixada em Buenos Aires para Exteriores, 26-5-82, em BR DFANBSB Z4.REX.IPS.231, cit., SIAN. Acesso em 12 de abril de 2021.

5 No calor da hora, o embaixador brasileiro em Londres informou, com base em informações dadas no dia seguinte no Parlamento pelo ministro da Defesa John

A segunda aparição desses mísseis aéreos desse tipo na guerra das Malvinas/Falklands gravou sua fama em todo o mundo, ainda que os britânicos tenham eventualmente vencido a batalha de San Carlos. No dia 30 de maio, uma missão conjunta Super Etendard/Skyhaw teve como alvo os porta-aviões. "Foi a primeira vez que a Força Aérea e a Aviação Naval argentinas trabalharam juntas", lembra o historiador oficial da campanha das Falklands, Lawrence Freedman. Os aviões partiram de Rio Grande, mas seu radar não fechou no *Invincible*, mas na fragata Tipo 21 *Avenger*, recém-chegada à área de operações. Como de hábito, todos os navios próximos lançaram suas iscas (*chaffs*) para desnortear mísseis. O mesmo recurso foi usado pela *Avenger* e o precioso míssil se perdeu no mar. Mas a dúvida sobre a existência de outros permanecia. Em seu diário, a bordo do *Hermes*, o almirante Sandy Woodward, comandante do grupo de batalha no teatro do Atlântico Sul, anotou naquele dia: "o Exocet lançado do ar permanece como a dor de cabeça maior (Freedman, 2005, p. 463)".[6]

A julgar pelos documentos diplomáticos hoje disponíveis, mais que uma dor de cabeça, foi uma enxaqueca duradoura. Dois dias depois do afundamento do *Sheffield*, correspondência "secreta e pessoal" no âmbito do gabinete sugeria encaminhar ao MOD algumas questões sobre "possíveis contra-me-

---

Nott, que o *Atlantic Conveyor* fora atacado "por dois aviões Super Etendard que dispararam mísseis Exocet contra o navio", telegrama 745, Embaixada em Londres para Exteriores, 26-5-82, em BR DFANBSB Z4.REX.IPS.231, cit., SIAN. Acesso em 12 de abril de 2021.

6 Em longo despacho de Londres (9 páginas), a embaixada brasileira arriscava especulações sobre possíveis consequências do conflito, nos planos político, psicológico e militar. Quanto a este último, o embaixador considerava "quase certa" uma intensificação do esforço militar argentino depois do fim da guerra, inclusive com esforços na área nuclear, e a "reorientação da estratégia de defesa" do país vizinho. Esta "passaria a enfatizar mísseis sofisticados sobre plataformas simples" ao invés de "dispendiosas plataformas (...) vulneráveis a mísseis". Nesse quadro, no calor da hora, enfatizava-se o "sucesso dos 'Exocets' argentinos". A análise das tendências futuras no campo militar encerrava-se com a previsão de fortalecimento "de uma indústria militar de apoio". Como se vê, não estava no radar o desmantelamento do aparelho militar argentino que ocorreu nas décadas seguintes, telegrama 766, Embaixada em Londres para Exteriores, 28-5-82, em BR DFANBSB Z4.REX.IPS.231, cit., SIAN. Acesso em 13 de abril de 2021.

didas eletrônicas contra os mísseis Exocet", propondo que as indagações deveriam provir preferencialmente da própria Thatcher e anexava uma minuta para aprovação. À margem, o destinatário do ofício anotou "Prime Minister: Content that I should write as proposed". A minuta do texto a ser enviado ao ministro da Defesa explicava que houve discussões no OD(SA) sobre meios de defesa contra o emprego pela Argentina de mísseis Exocet e no curso dessas discussões o Chefe do Estado-Maior da Defesa referiu-se, sem dar detalhes, a contramedidas eletrônicas de defesa (ECM, da sigla em inglês). Diante disso, a premiê fazia duas questões: 1) considerando que o Exocet é um míssil fabricado pela França era de supor que os franceses devessem saber que ECM poderiam pará-lo, talvez mesmo um artefato bloqueador (*jamming device*). Seria desejável perguntar isso a eles? e 2) existem outros instrumentos sendo produzidos em outros contextos – por exemplo, para aeronaves – que pudessem ser utilizados com eficácia contra os mísseis Exocet, suficientemente móveis para ser enviados rapidamente à força-tarefa?[7]

Dez dias depois, o FCO relatou em nota secreta que, na reunião do Estado-Maior de 17 de maio, o primeiro da lista nos pontos de interesse para aquele ministério era o Exocet. O sub-chefe do Estado-Maior de Defesa (Inteligência), DCDSI da sigla em inglês, um cargo civil, relatou na ocasião as últimas avaliações segundo as quais os argentinos tinham dois ou três Exocet ainda operacionais (informação que hoje sabemos correta), mas acreditava que entregas poderiam elevar esse número para cinco ou dez, em três ou quatro semanas (o que afinal não se concretizou, segundo sabemos atualmente). Essa previsão incluía os quatro mísseis a serem enviados ao Peru, sobre os quais havia representações em curso junto ao governo francês. O Chefe do Estado-Maior de Defesa perguntou se havia alguma evidência de que o *Belgrano* carregasse Exocet, destacando que se esse fosse o caso, "este poderia ser um ponto importante de relações públicas".

Segundo o documento, o DCDS(I) ficou de examinar a matéria. O representante do FCO na reunião teria então chamado a atenção para relatório de

7 Não foi possível encontrar a resposta nos arquivos. Falklands: Armstrong minute to Coles (electronic counter-measures against missiles), 1982 May 6, PREM19/647 f125, MTF, acesso a 30 de março de 2020. Sir Robert Armstrong era o Cabinet Secretary.

inteligência recente, recebido de um serviço de ligação irmão (provavelmente da Commowealth, *community liaison service*), que parecia afirmar categoricamente que os argentinos têm agora 10 Exocets". Os fatos posteriores mostraram que nenhuma das duas hipóteses se confirmou.[8] No entanto, minuta secreta e pessoal no âmbito do gabinete, datada do mesmo dia, sem cópia para qualquer outra pessoa, lembrava que o destinatário estivera presente no final do almoço para o presidente Miterrand naquele dia quando a premiê levantou a questão do suprimento pela França do Exocet ao Peru. Thatcher disse ao colega francês ter conhecimento de que os peruanos tinham encomendado os mísseis e que esperava que nenhum deles fosse despachado antes do final do conflito com a Argentina. O presidente respondeu que o Peru estava insistindo muito no cumprimento do contrato, mas ele tinha resolvido adiá-lo por tempo tão longo quanto necessário. Nas explicações dadas àquele país foram oferecidas razões técnicas para o atraso. Por essa razão, ele pedia que o que acabara de dizer fosse tratado em total segredo. A premiê prometeu que assim seria feito. Depois disso, acedeu que o OD(SA) fosse informado da questão apenas oralmente. Seria conveniente lembrá-la disso durante a reunião, anotou o remetente.[9]

O tema voltou, conforme comunicação do secretário da premiê com sua contraparte no MOD, em telefonema de Miterrand a Thatcher em 29 de maio. Nessa oportunidade, o francês disse que estava acompanhando de perto a situação nas Falklands e que tinha falado com o chanceler Helmut Schmidt. Contatos confidenciais estavam em curso com as autoridades britânicas. Alguns ministros em Londres estavam escrevendo a seus colegas franceses agradecendo o apoio, mas seria melhor manter o caráter confidencial desses esforços. O presidente francês lembrou que um navio peruano chegara à França para levar os mísseis, mas voltara vazio. O Peru apresentara protestos por rompimento de contrato, o que aumentava a necessidade de sigilo. Outro navio estava a caminho. Thatcher perguntou então se havia uma cláusula no

8 Falklands: FCO notes of 51st Meeting/82 of Chiefs of Staff Committee, 1982 May 17, FCO 7/4474, MTF. Acesso em 30 de março de 2020.

9 A J Cole a Sir Robert Armstrong, Falklands: No. 10 record of conversation (MT-Miterrand), 1982 May 17, PREM 19/648 f159, MTF. Acesso em 30 de março de 2020.

contrato que impedisse a transferência dos mísseis a terceiros países. O mandatário gaulês respondeu que sim.

A premiê disse então que o Peru estava ajudando militarmente a Argentina e que não podia confiar no respeito peruano a cláusulas como essa. Seu colega francês disse que também pensava assim, mas estava em uma situação difícil, pois o Peru já comunicara a seus vizinhos que a França não estava respeitando contratos. Nesse contexto, precisava obter de Thatcher informações sobre as perspectivas imediatas das operações nas ilhas e a data em que a chegada dos mísseis já não apresentasse mais riscos para as forças britânicas. A premiê disse que não podia falar disso pelo telefone. Miterrand disse que entendia, mas que precisava que lhe fosse comunicada secretamente, com urgência, a informação. Finda a chamada, Thatcher avisou ao remetente, seu secretário privado John Cole, que pretendia discutir a matéria num grupo restrito em Chequers.[10] No mesmo dia, documento *top secret* da CIA referia-se ao "Missile Factor": "se os argentinos forem capazes de obter mísseis Exocet ar-terra adicionais, com alcance de 50 a 75 quilômetros, eles podem reduzir a escala dos ataques aéreos e se concentrar em colocar seus Super Etendard em posição para lançar esses mísseis contra os porta-aviões britânicos".[11]

Thatcher manteve a palavra. Às 18.50 do mesmo dia, mandou mensagem de caráter secreto a Miterrand. Disse de início que o presidente tinha podido entender pelo telefonema o quão séria era sua preocupação com o assunto dos Exocet vendidos para o Peru. Para ela, não havia dúvidas de que estes seriam usados contra a força-tarefa. A situação se agravara com a última resolução aprovada na OEA (ou seja, a reunião do Conselho de Consulta), que podia ser interpretada pelo país andino como justificativa para transferir os Exocet à Argentina. Esse míssil já tinha sido usado com efeitos terríveis contra os navios britânicos. Em suma, salientou, embora fosse compreensível a preocupação francesa com relação ao contrato com o Peru, ela tinha que pedir "com toda a ênfase e a urgência de que disponho que se encontre um meio

10 John Cole a Sir Frank Cooper, Ministry of Defence, Falklands: No. 10 record of conversation (MT-President Miterrand), 1982, May 29, PREM19/649 f17, MTF. Acesso a 30 de março de 2020.

11 Falklands: CIA National Intelligence Daily Cable ("UK-Argentina: British Military Gains"), 1982 May 29, MTF. Acesso em 30 de março de 2020.

para adiar a partida desses mísseis da França por pelo menos um mês a mais". E acrescentou: "as próximas poucas semanas serão particularmente cruciais: não podemos ter certeza da rapidez com que ocorrerão as operações em direção a Port Stanley, ou se a Argentina irá concordar com um cessar-fogo pleno, ainda que sejam forçados a se retirar das Falklands".[12]

Depois de se dizer reconfortada com o apoio francês, ela fechava a mensagem com um argumento final: a entrega dos mísseis ao Peru e sua transferência à Argentina teriam "efeito devastador sobre as relações entre nossos dois países". "Na verdade, teriam um efeito desastroso sobre a Aliança (OTAN) como um todo", arrematou. Os mísseis acabaram sendo entregues em meados de julho.[13] Em 2012, a imprensa britânica divulgou novas informações que comprovam a presença na Argentina, durante toda a crise, de uma equipe de técnicos franceses da empresa fabricante (MBDA), o que permitiu a aferição das plataformas de lançamento dos misseis. A Direction Générale de Sécurité Exterieur (DSGE, equivalente ao MI-6 britânico) sabia desse fato e tinha um informante infiltrado na equipe.[14] Thatcher morreu, pouco mais de um ano depois dessas notícias, de uma longa doença cerebral degenerativa.[15]

---

12 Defence: UKE Paris to FCO (Exocet missiles for Peru"), 1982, July 15, PREM19/690 f74, MTF. Acesso em 30 de março de 2020.

13 Falklands: MT message to President Miterrand (French supply of Exocet missiles to Peru; Peru passing Exocets on to Argentina), 1982 May 30, Thatcher MSS (Churchill Archive Center), TCHR 3/1/21 f98 (T116/82), MTF. Acesso em 30 de março de 2020.

14 Mike Thomson (radio 4), "How France helped both sides in the Falklands War", *BBC News*, 6 March 2012. Disponível em https://www.bbc.com/news/magazine-17256975. Acesso em 6 de maio de 2020. Antes mesmo de chegar à chefia do governo, Thatcher cultivou relações com os serviços secretos britânicos. Segundo uma biografia da líder conservadora, "no governo, manteve esse interesse e conexão de forma mais assídua, dizia-se, que muitos de seus predecessores" (Young, 1993:459).

15 "Margaret Thatcher dies: reaction in quotes", *BBC News*, 8 April 2013. Disponível em https://www.bbc.co.uk/news/uk-politics-22071506.

No calor da hora (III)

O exame dos sumários diários de informações produzidos pela 1ª Subchefia do Estado-Maior do Exército brasileiro entre 24 de maio, quando se consolida a cabeça-de-praia em San Carlos e 14 de junho, dia da rendição argentina, mostra o que circulava no seio do EME e do Conselho de Segurança Nacional, no calor dos acontecimentos. No primeiro desses dias, o adido do Exército em Buenos Aires informou que continuava "difícil a obtenção de dados precisos a respeito da situação, tendo em vista a Guerra Psicológica desenvolvida por ambos os países".[1] Mais à frente, dizia: "a Argentina, através da Líbia, adquiriu mísseis Exocet, por valor três vezes superior ao preço de mercado". A informação nunca foi confirmada, mas mostra que o Brasil pelo menos tinha conhecimento das intenções do vizinho e assumiu o risco de que

1 No dia 28 de maio, em telegrama secreto, o embaixador no Paraguai chamou a atenção do MRE para "a eficácia com que a Argentina vem desenvolvendo, não apenas no Paraguai, mas em toda a área hispano-americana seus esquemas de guerra psicológica". E acrescentou: "a centralização da informação, a unilateralidade sabiamente calculada com que são interpretados e até mesmo criados 'fatos' favoráveis, a abundância de material 'domesticado' que está sendo fornecida aos meios de comunicação social (no Paraguai e, pelo que é possível depreender no restante da América Latina, com exceção do Brasil) caracteriza o grau do empenho argentino em tentar cristalizar uma visão total e instrumental do conflito malvinense, que faz pensar em outras experiências histórico-políticas de cunho autoritário ou francamente totalitário", telegrama 300, Embaixada em Assunção para Exteriores, 28-5-82, em BR DFANBSB Z4.REX.IPS.231, cit., SIAN. Acesso em 13 de abril de 2021. O embaixador era o general Fernando Bethlem, que em 1977 substituiu o ministro do Exército, general Frota, quando este foi demitido pelo presidente Geisel.

os mísseis passassem por Recife. Nesse dia, mencionava-se também a suposta presença de oficiais andinos em território argentino como "mais um indício da disposição peruana de prestar apoio militar à Argentina, desde que solicitado".[2]

No dia seguinte, a avaliação do EME avisava que o Comunicado n. 86 do Estado-Maior Conjunto argentino admitira o estabelecimento da cabeça-de-praia "inglesa", em San Carlos, com 12 km de profundidade no sentido Oeste-Leste e 15 km de largura, no sentido Norte-Sul, com cerca de 1000 homens (na verdade, como vimos, já se estabelecera aí uma brigada de cerca de 3000 homens, mais apoios). O governo argentino divulgou ter avariado, seriamente, o transatlântico de transporte de tropas *Canberra* (o que não ocorreu, como veremos mais adiante).[3] O sumário de 26 de maio aludia à proposta irlandesa de cessar-fogo, em discussão no Conselho de Segurança da ONU, como rejeitada pela Inglaterra e ao apelo do chanceler Costa Méndez ao mesmo órgão para obter um instrumento desse tipo de imediato. "Os combates na área da cabeça-de-praia continuavam intensos e violentos", acrescentou o informe, o que estaria levando a grande consumo de suprimentos em ambos os lados, em particular Classe V (munições), com desvantagem para as tropas argentinas, "que se encontram, basicamente, com fluxo logístico dificultado pelo bloqueio britânico".[4]

No dia 27, o sumário da 2ª seção do EME dizia: "informações obtidas junto ao EMGE argentino possibilitaram complementar dados anteriores sobre a consolidação da cabeça-de-praia inglesa, na região de Porto San Carlos". Já a Inglaterra tinha admitido a perda de dois contratorpedeiros (*Sheffield* e *Coventry*), duas fragatas (*Ardent* e *Antelope*) e o navio tranporte *Atlantic Conveyor*, atingido pelo Exocet.

Nesta altura, os sumários começam a apresentar informações sobre a possível ajuda militar do Peru à Argentina. De início, citando a chancelaria

---

2 "Sumário Diário de Informações, 32-E2.1-EME", 24 Mai 82, BR DFANBSB N8.0.PSN, EST.43 – Dossiê II das Malvinas, cit., SIAN. Acesso em 31 de março de 2020.

3 "Sumário Diário de Informações 33-E2.1/EME", 25 Mai 1982, cit., SIAN. Acesso em 31 de março de 2020.

4 "Sumário Diário de Informações 34-E2.1/EME", 26 Mai 1982, cit., SIAN, Acesso em 31 de março de 2020.

peruana, o EME explicava que a política daquele país era apoiar o cessar-fogo e a obtenção de uma paz negociada, uma vez que "não poderia abrir mão de seu material bélico, sem colocar em risco a segurança nacional". A missão do Peru seria a de gestor da paz e não de participante em armas. Além disso, "observa-se nítida divergência de opinião a respeito da crise das Malvinas, entre o Pres Belaunde Terry e o Gen Cisneros, ministro da Defesa". O objetivo do general seria aumentar sua liderança no Exército peruano, "já que este mantém estreitos laços com as Forças Armadas argentinas".[5]

O sumário de 28 de maio apontava já na sua primeira linha que o adido aeronáutico argentino no Peru "tem desenvolvido atividade inusitada, comparecendo frequentemente ao aeroporto em Lima". O Ministério da Aeronáutica peruano desmentira, porém, o envio de 6 a 8 Mirage da FAP para a Argentina. "Há rumores, não confirmados, de que existe um antigo pacto militar peruano-argentino, de caráter sigiloso", alertava o documento do EME. Na reunião da OEA, iniciada no dia anterior, Nicanor Costa Méndez apresentara proposta convocando os países-membros a adotarem medidas mais efetivas de ajuda à Argentina. O informe terminava com a preocupação de que ações argentinas ao longo das linhas de suprimento inglesas, entre a Ilha de Ascensão e as Malvinas, com emprego de submarinos, poderiam trazer reflexos para o Brasil, "em caso de ser envolvido em operações de salvamento de náufragos".[6]

Depois do final de semana, novo sumário se referiu a grandes combates em Porto Darwin (dia 28), à ação de tropas inglesas desembarcadas de helicópteros, que levaram à conquista de Porto Darwin e Goose Green (madrugada de sábado, 29), "capturando um grande efetivo argentino" e ao duro bombardeio de Port Stanley no dia 30, por forças navais e aeronavais. Mencionando o emprego de aviões Super Etendard, Skyhawk e Mirage pela FAA, citava fontes argentinas segundo as quais o porta-aviões *Invencible* fora atingido por mísseis Exocet (como vimos isso não ocorreu). Conforme as informações obtidas pelo adido, "algumas autoridades argentinas" tinham passado a reconhecer que a batalha das Malvinas estaria perdida. No entanto, o efetivo de valor bri-

5 "Sumário Diário de Informações 35-E2.1/EME", 27 Mai 1982, cit., SIAN. Acesso em 31 de março de 2020.

6 "Sumário Diário de Informações 36-E2.1/EME", 28 Mai 1982, cit., SIAN. Acesso em 31 de março de 2020.

gada desdobrado em Porto Argentino (Stanley) estaria decidido, até aquele momento, a "resistir até o último homem".

O mesmo texto referia-se à reunião de emergência realizada pela OEA, encerrada em 30 de maio, que aprovara resolução de dez itens, entre os quais o que solicitava aos países signatários do TIAR que prestassem a já citada "ajuda necessária à Argentina", se necessário coordenando este apoio de forma conjunta, item que causara preocupação a Thatcher, como se viu. Nesse quadro, a Argentina aguardaria a qualquer momento "apoio ostensivo" do Peru e da Venezuela. Haveria informes de que Cuba estaria prestes a concretizar seu oferecimento. O informe apontava a existência de duas correntes nas FFAA argentinas, "uma favorável à solicitação de apoio soviético e a outra, contrária a essa solicitação". Na quarta-feira, dia 2 de junho, como mencionado, Costa Méndez viajaria para Havana, a fim de participar de reunião dos países não-alinhados presidida por Fidel Castro, quando seria tratado o tema das Malvinas.[7]

Na apreciação final, o sumário estimava que "a existência de pontos de vista divergentes nas FA argentinas quanto à solicitação de apoio soviético (poderia) quebrar o monolitismo existente, até aquele momento, em torno do governo e gerar uma crise político-militar". A última resolução da OEA aumentava a fratura no sistema americano de defesa, afastando ainda mais os EUA do bloco latinoamericano. Os termos aprovados na reunião de Washington teriam traduzido o reconhecimento da existência de uma agressão extracontinental a um país americano. Caberia a cada país decidir se empregaria seu poder militar em apoio aos argentinos.

Quanto aos Exocet, o EME dava como certo que o seu fornecimento pela Líbia estimularia as ações da Força Aerea Argentina nos ataques à força-

7 Na quinta-feira anterior, dia 27, telegrama do embaixador Carlos Duarte avisou o MRE: "Outro foro (além da ONU e da OEA) para o qual o governo argentino está no momento dedicando atenção especial é o grupo dos países não-alinhados". Já estaria decidida a participação do país na próxima reunião do Bureau de Coordenação a realizar-se em Havana. "O único aspecto pendente diria respeito ao nível da delegação (...). A chefia deveria caber ao chanceler Costa Méndez, ou ao subsecretário de Relações Exteriores, embaixador Enrique Ros", concluía o documento, telegrama 1371, Embaixada em Buenos Aires para Exteriores, 27-5-82, em BR DFANBSB Z4.REX.IPS.231, cit., SIAN. Acesso em 12 de abril de 2021.

-tarefa.[8] No primeiro dia de junho de 1982, o EME e o Conselho de Segurança Nacional tomaram conhecimento de que no dia anterior tiveram início "intensos bombardeios britânicos" sobre Port Stanley e o ataque final se aproximava. Novo desembarque ocorrera na região de San Luiz, ao norte da capital do arquipélago. A Argentina continuava a insistir que o *Invicible* estava fora de combate. Setores do Estado-Maior Conjunto chegaram a expressar que a derrota em Port Stanley não significava a "derrota na guerra".

Nos meios militares platinos, já se falava na formação de um "governo de emergência nacional". O informe trazia também notícia de um fato ocorrido em Lima. Em conferência na Escola Superior de Guerra (a ECEME peruana), um professor de Ciências Políticas "teceu comentários sobre a posição de neutralidade do Brasil" no conflito, atribuindo a posição brasileira à "antiga rivalidade entre Brasil e Argentina pela liderança da América do Sul", bem como ao suposto interesse do Brasil em que "a Argentina não (saísse) fortalecida, em caso de sobrepujar a Inglaterra". Segundo o sumário, provavelmente baseado em informações passadas ao EME pelo adido do Exército em Lima, o oficial brasileiro que cursava a escola refutara esses argumentos. Nas linhas finais, voltava o tema da inquietação nos meios militares argentinos, bem como nas lideranças civis, "face à perspectiva de maior compromisso com a URSS".[9]

No dia seguinte, dois de junho, o sumário do EME alertou que a conquista de pontos-chave nos arredores de Porto Argentino confirmava seu cerco pelas forças inglesas. Com cerca de 6 mil homens (duas brigadas, muito mais que o inicialmente previsto pelo Estado Maior Conjunto), estas estariam bem equipadas, "inclusive para combate noturno". No entanto, "o Gen Menéndez (mantinha) disposição de resistir, a todo custo", na defesa da capital das Malvinas. As condições meteorológicas tinham piorado na área: "está nublado e nevando", salientava o sumário.[10]

8 "Sumário Diário de Informações 37-E2.1/EME", 31 Mai 1982, cit., SIAN. Acesso em 31 de março de 2020.

9 "Sumário Diário de Informações 38-E2.1/EME", 1º Jun 82, SIAN. Acesso em 31 de março de 2020.

10 No mesmo dia, a correspondência diplomática entre a capital argentina e Brasília dizia que "a principal indagação feita pelos observadores acerca das operações bélicas nas Malvinas diz respeito ao tempo que levariam as tropas britânicas para

Quanto à hipótese de avaria séria no *Invincible*, em Buenos Aires já se aceitava que o míssil Exocet tinha atingido uma fragata, que se encontrava ao lado do porta-aviões (como vimos, nem isso ocorrera: o navio atingido fora o *Atlantic Conveyor*). O sumário prosseguia afirmando que fora confirmada a presença, na Argentina, de 16 assessores da URSS, que orientavam a instalação de uma rede de radares de fabricação soviética, na Patagônia, e executavam sua operação e manutenção. O agravamento da situação nas ilhas já estaria "atenuando a oposição existente, em setores das Forças Armadas argentinas, contrários a uma maior aproximação com a URSS". Conforme o sumário da 2ª Seção do EME, "uma ligação militar, sem comprometimento político-ideológico, já (começaria) a ser considerada aceitável por estas correntes".

Ao lado disso, mencionava-se a intenção do governo dos EUA de agir junto à Grã-Bretanha "a fim de evitar um desfecho militar que (comprometesse) gravemente os brios nacionais argentinos". Essa perspectiva, concluía o informe, esbarraria "na firme disposição do Gen Menéndez" e na necessidade dos britânicos de decidir o confronto militar rapidamente "para evitar um maior desgaste de suas tropas", nas condições meteorológicas adversas vigentes no teatro de operações. Mas o EME brasileiro não perdia a esperança em negociações de última hora que pudessem "criar condições para impedir uma maior aproximação da Argentina com a URSS".[11]

Com data de 3 de junho, o sumário comentava sobre a ajuda que poderia ser prestada à Argentina por vários países signatários do TIAR, após a Resolução da OEA de 30 de maio. O Peru teria condições de oferecer pessoal,

---

tomarem definitivamente a capital do arquipélago", telegrama 1451, Embaixada em Buenos Aires para Exteriores, 2-6-82, em BR DFANBSB Z4.REX.IPS.231, cit., SIAN. Acesso em 14 de abril de 2021.

11 "Sumário Diário de Informações 39-E2.1/EME", 2 Jun 82, SIAN. Acesso em 31 de março de 2020. No mesmo dia, o embaixador em Buenos Aires informou o MRE de encontro mantido no dia anterior entre Galtieri e o embaixador soviético Striganov. Pouco transpirou sobre o conteúdo da conversa, mas o brigadeiro Lami Dozo negou ter havido oferecimento de ajuda militar por parte da URSS. "Admitiu, porém que, na hipótese de ser feito tal oferecimento (seria) o mesmo analisado, se as circunstâncias assim o determinarem", concluiu o curto texto, telegrama 1430, Embaixada em Buenos Aires para Exteriores, 1-6-82, em BR DFANBSB Z4.REX.IPS.231, cit., SIAN. Acesso em 14 de abril de 2021.

bem como mísseis de fabricação soviética e alemã e mísseis Exocet MM-38 (mar-mar) e AM-39. Mas, complementava o informe, a posição do presidente Belaunde Terry era pelo "estabelecimento de uma paz honrosa, com o reconhecimento da soberania argentina sobre as ilhas Malvinas e pela obtenção do cessar-fogo imediato antes da batalha final em Port Stanley". A informação sobre os Exocet apenas comprovava que as avaliações no calor da hora se baseavam em informações desencontradas. O Peru não tinha recebido os Exocet, como já vimos. Na apreciação ao final do documento, o EME estimava que a Argentina contava com apoio político "da maioria dos países latino-americanos", mas "idêntica aglutinação" não ocorria quando se tratava de apoio militar.[12]

Uma informação do mesmo dia referia-se ao incidente mais grave ocorrido entre o Brasil e Grã-Bretanha durante toda crise: "cerca das 11.00 horas de hoje, o espaço aéreo brasileiro foi violado por um avião Vulcan inglês, com uma tripulação de 6 homens", dizia o sumário. Interceptada por dois Mirage da FAB, a aeronave fora forçada a pousar na base aérea do Galeão. O capitão da aeronave declarou que voava para a ilha de Ascensão, conduzindo bombas, mas devido "a um problema técnico decidiu lançar as bombas ao mar e voar para o Brasil". O texto concluía: "a ameaça de violação de nossos espaços aéreo, marítimo e terrestre (...) é materializada, pela primeira vez, com o pouso da aeronave Vulcan de nacionalidade inglesa". Mais adiante, dedicaremos uma parte específica a este incidente. Por ora seguiremos com os sumários.[13]

No dia 4 de junho, o EME informava: "é tensa a situação na Argentina, diante da falta de notícias confiáveis vindas do Governo e da ausência de ações bélicas de grande envergadura, nas últimas 48 horas". Em entrevista, o general

---

12 Também no dia 3, telegrama da embaixada na capital britânica ao MRE avaliava: "o final mais provável para o conflito segue sendo um assalto a Port Stanley, pois parece pouco provável que Buenos Aires aceite uma retirada incondicional das ilhas, ou que Londres se disponha a fazer qualquer concessão adicional. O combate em Port Stanley terminará, ao que tudo indica, com uma derrota argentina e a restauração plena da administração britânica nas Malvinas", telegrama 814, Embaixada em Londres para Exteriores, 3-6-82, em BR DFANBSB Z4.REX.IPS.231, cit., SIAN. Acesso em 14 de abril de 2021.

13 "Sumário Diário de Informações 40-E2.1/EME", 4 Jun 82, cit., SIAN. Acesso em 1 de abril de 2020.

Galtieri declarou que, se necessário, seu país receberia a ajuda de quem oferecesse, inclusive a URSS. A imprensa argentina continuava a assediar o comandante da Aeronáutica, brigadeiro Lami Dozo, "face ao destacado desempenho da Força Aérea argentina nos combates contra a Força Tarefa inglesa". O brigadeiro começava a "despontar como possível solução para a crise política decorrente de perda militar das Malvinas" e poderia encabeçar um governo de transição política, "com respaldo unânime da opinião pública e dos partidos políticos".[14] Voltaremos a este tema.

Por fim, o documento da 1ª Subchefia do EME se referia a "informes de que aviões comerciais argentinos e líbios têm transportado material bélico, oriundo da Líbia, para a Argentina". E completava: "esse material incluiria mísseis Exocet, obtidos junto ao governo do Iraque pela Arábia Saudita e que teriam sido repassados à Argentina, em troca de tecnologia militar".[15]

No final de semana de 5 e 6 de junho não houve informes. O texto da segunda-feira abria com a constatação: "nas últimas 48 horas não se tem conhecimento de nenhuma ação bélica de vulto desencadeada no Atlântico Sul. Têm ocorrido algumas ações de comandos por ambos os lados". De volta ao tema do Vulcan, o sumário registrava a "grande repercussão na imprensa do

14 O embaixador Roberto Campos enviou telegrama secreto sobre o mesmo tema: "voltaram a surgir, agora em Londres, crescentes rumores de que estaria sendo preparada uma substituição de governo em Buenos Aires. Tais rumores inspiram-se, em parte, em declarações que teriam sido formuladas há dois dias pelo brigadeiro Lami Dozo, no sentido de que modificações na Junta pareciam necessárias, à vista dos desenvolvimentos nas Malvinas". Fontes normalmente bem-informadas, continuava a mensagem, falavam em afastamento de Galtieri e do almirante Anaya, o que se daria com apoio americano. Lami Dozo continuaria, "dado o desempenho da Força Aérea na crise", telegrama 815, Embaixada em Londres para Exteriores, 4-6-82, secreto, em BR DFANBSB Z4.REX.IPS.231, cit., SIAN. Acesso em 14 de abril de 2021.

15 "Sumário Diário de Informações 41-E2.1/EME", 4 Jun 82, SIAN. Acesso em 1 de abril de 2020. Na mesma data, o embaixador brasileiro em Washington, Azeredo da Silveira, escrevia ao Itamaraty: "comenta-se (...) que a Argentina comprou da Líbia misseis Katia, mas que até agora não conseguiu êxito em suas tentativas de comprar mísseis Exocet", telegrama 1793, Embaixada em Washington para Exteriores, 4-6-82, em BR DFANBSB Z4.REX.IPS.231, cit., SIAN. Acesso em 14 de abril de 2021.

Uruguai e da Inglaterra" da interceptação do bombardeio pela FAB, "com interpretação peculiar a cada um destes países". Na falta de notícias sobre o teatro de operações, comentava-se a pouca viabilidade de apoio militar da Bolívia.[16]

O informe do dia subsequente mostrou algum otimismo sobre as possibilidades argentinas: a FAA tinha bombardeado posições britânicas em Monte Kent, enquanto a artilharia se concentrava nas regiões de Monte Chalenger e Cerro Duas Irmãs. Após receber 24 aviões Skyhawk de Israel, a Argentina "teria condições de manter a superioridade aérea na área de operações". Haveria informes sobre o recebimento de outros mísseis Exocet "para reequipar os aviões Super Etendard, tornando-os aptos a novos ataques contra a Força Tarefa britânica". Enquanto isso, o mau tempo continuava nas Malvinas, "com frio intenso e céu encoberto". Em terra, nada de novo ocorria no front: "a linha de contato entre argentinos e ingleses permanece estática, com atividades de patrulha de ambos os lados". Referindo-se a "informes", o sumário aludia à intenção do Estado-Maior Conjunto de reforçar a defesa de Porto Argentino com tropas de infantaria de montanha, oriundas de Neuquen, "aptas a combater na neve". Para os oficiais da 1ª Subchefia do EME brasileiro, eram contraditórias as notícias sobre o desembarque de 3.500 homens, pertencentes à V Brigada de Infantaria britânica. A nota realista vinha no final: informações vindas de Londres davam conta de 60 argentinos mortos nos cinco dias anteriores e de que, na cidade de Port Stanley, o aeroporto já estava ao alcance da artilharia inglesa. Na apreciação final, o sumário referia-se a "um bem montado quadro de guerra psicológica de ambos os lados" e ao emprego da "desinformação" para mascarar a real situação militar, o que dificultaria o trabalho de análise e interpretação dos acontecimentos no Atlântico Sul.[17]

Um suposto sucesso argentino no ataque da aviação contra a fragata *Plymouth* e duas barcaças de desembarque britânicas foi o tema inicial do próximo informe. Estimativa da ordem de batalha da FAA vinha a seguir, elencando os aviões nas ilhas e em cada base aérea no continente, ou no inativo porta-aviões *25 de Mayo*. Em Rio Gallegos/Santa Cruz, apareciam dois EM-

---

16 "Sumário Diário de Informações 42-E2.1/EME", 7 Jun 82, cit., SIAN. Acesso em 1 de abril de 2020.

17 "Sumário Diário de Informações 43-E2.1/EME", 8 Jun 82, cit., SIAN. Acesso em 1 de abril de 2020.

111 Bandeirante. Sobre o moral dos combatentes aéreos, dizia-se: "apesar de não haver confirmação, há indícios de que a Argentina teria perdido cerca de 60 pilotos, entre os quais os mais experientes e que os demais estariam fatigados". E arriscava: "o povo e o governo argentinos não aceitam a rendição incondicional" e o retorno ao status quo anterior ao conflito. A adesão de última hora da Argentina aos países não-alinhados iria de encontro às correntes esquerdistas internas. O Partido Comunista Argentino aproximava-se do governo e da "oficialidade jovem nos quartéis". No entanto, o maior compromisso com a URSS encontrava ainda forte oposição no mundo civil e nos quartéis. Previa-se consequências graves para o governo argentino, se efetivada essa aliança, não apenas na política interna, como no seu relacionamento "com os demais países da América do Sul, especialmente com seus vizinhos".[18]

Não houve informações entre os dias 10 a 13. O último dos sumários examinados nesta parte data de 14 de junho. Nele se informava que a FAA atacara com sucesso os navios britânicos *Sir Galahad* e *Sir Tristam*, na área de Porto Fitzroy/Bluff Cove. Ao anunciar a conquista desta primeira localidade, a primeira-ministro reconheceu que os britânicos tinham sofrido "pesadas perdas" durante a operação de desembarque. Após intensos bombardeios por terra, mar e ar, na noite de 11-12 de junho os britânicos lançaram ataque contra a capital das Malvinas/Falklands, "conquistando as primeiras linhas avançadas da defesa argentina". No momento do informe, a situação estaria estabilizada, "com atacantes e defensores reajustando seus dispositivos". Porém, o desloca-

18 "Sumário Diário de Informações 44-E2.1/EME", 9 Jun 82, cit., SIAN. Acesso em 1 de abril de 2020. De Buenos Aires, a diplomacia brasileira informou que, em Havana, "Costa Méndez lançou mão de uma retórica bastante grata a esse grupo de países, ao expor a causa argentina no conflito do Atlântico Sul contra o colonialismo e formular enérgicas acusações contra a Grã-Bretanha e os Estados Unidos. Fez, inclusive, um paralelismo com os casos da Argélia, de Cuba e do Vietnã, países que, conforme assinalou, realizaram largas lutas 'pela sua libertação e pelos seus direitos à vida independente'". "Aspecto que teve, também, acentuada repercussão aqui", continuava o telegrama, "se refere à calorosa acolhida dispensada por Fidel Castro ao visitante argentino, merecedor de especiais deferências por parte do líder cubano durante sua estada em Havana", telegrama 1486, Embaixada em Buenos Aires para Exteriores, 4-6-82, em BR DFANBSB Z4.REX.IPS.231, cit., SIAN. Acesso em 14 de abril de 2021.

mento de tropas da Argentina para o sul do país mostraria sua disposição a resistir. Num curto parágrafo, o texto informava "o destróier Glamorgan foi atingido e avariado por disparos da defesa da costa argentina". Soube-se depois que se tratava de um míssil Exocet retirado de uma fragata e instalado, de forma improvisada, numa plataforma de lançamento terrestre.[19] Foi o canto do cisne. No dia seguinte ocorreu a rendição argentina.

19 "Sumário Diário de Informações 45-E2.1/EME", 14 Jun 82, cit., SIAN. Acesso em 1 de abril de 2020.

As duas guerras da Argentina

No dia 25 de maio, Michael Perceval, ministro-conselheiro da embaixada britânica em Brasília desde fins de abril, que como já vimos ocupara o mesmo posto na embaixada de seu país em Havana, enviou um ofício de seis páginas ao sub-secretário permanente de Estado do Foreign Office (PUSS, da sigla em inglês), cargo equivalente ao secretário-geral do Itamaraty. O texto trazia o título "Falklands and after: Latin American atitudes". Nele, o diplomata contrastava a atitude lusoamericana com a hispanoamericana no subcontinente. Oscilava entre o contraste entre a *real politik* do Brasil, frente ao emocionalismo de seus vizinhos e as recorrentes alegações de ambivalência, falsa neutralidade e isenção do único país de língua portuguesa nas Américas. Referia-se aos argentinos como os "lunáticos perigosos lá do sul". Procurava tirar proveito de sua experiência cubana, propondo um ângulo particular sobre os efeitos da crise das Falklands/Malvinas na América Latina, no contexto do conflito maior da guerra fria.

"O governo brasileiro é acima de tudo a favor da paz na região", dizia o diplomata, "somente depois disso, mostra uma imparcialidade-pendente-em-favor-da-Argentina". Após reconhecer que as duas posições eram inerentemente incompatíveis, sua análise lembrava que "cavalgar contradições e ficar em cima de cercas" seriam nossa característica nacional. Menos que um sinal de afeto para com os impulsivos vizinhos meridionais, a tendência pró-Argentina era um sintoma da solidariedade latino-americana e, principalmente, consistia numa manifestação de prudência, em nome da boa vizinhança. "O Brasil é portanto diferente e se não for forçado pela gravidade dos eventos a escolhas que certamente preferiria evitar (...) deve continuar a ser uma influência a favor da sanidade e da contenção na América Latina", dizia o documento.[1]

Em 1974, Perceval servia na Grécia, quando o general golpista Nicolaides arriscou todas as sua fichas na aventura de um golpe a mais, contra Makarios em Chipre. Em nome de uma antiga ambição nacionalista, viu aí sua chance de resolver problemas internos de popularidade. Quando a Turquia respondeu invadindo a ilha, o general alegou ter sido grosseiramente enganado pelos americanos e foi removido para a lata de lixo da história, na versão verossímil do agora conselheiro da embaixada britânica em Brasília. Para ele, naqueles meses de 1982, ao ver sua política para toda uma região repentinamente fragilizada, os EUA deviam se lembrar do caso grego: "mesmo o Brasil sentiu-se obrigado a condenar publicamente a dramática guinada dos EUA contra a Argentina", emendava o ministro-conselheiro, lembrando que o chefe do Itamaraty dissera no Senado que o sistema interamericano jamais seria o mesmo.

Para enfatizar o desagrado brasileiro, o presidente João Figueiredo, o "impassível líder responsável da maior potência latinoamericana", teria cortado em um simbólico dia sua longamente planejada visita a Washington, sob forte pressão de seus assessores mais graduados para que cancelasse a visita, "para marcar a 'profunda inquietação' do *establishment* militar brasileiro". De modo tipicamente nacional, continuava o diplomata, a visita acabou ocorrendo, como, por sinal, aconselhava o bom senso, enquanto vazamentos para a imprensa procuravam serenar os argentinos, contrários à viagem. Para o ministro-conselheiro, o episódio trazia à luz a "ambivalência" da posição brasileira.

Pela lógica, haveria bons motivos para os militares nativos comemorarem a humilhação da Argentina pelos britânicos, o que diminuiria o pendor do governo daquele país por novas aventuras bélicas. Com efeito, os adidos militares da embaixada colhiam apoios subreptícios nesse sentido de seus contatos castrenses, o que não impedia os altos escalões de vender equipamento militar aos vizinhos, como os dois aviões Bandeirante e munições. Para ele, ao defender seus falklanders, a Grã-Bretanha estava lutando por todos os vizinhos da Argentina. Fosse ou não verídico o projeto de expansão argentino,

1 M Perceval a R J Chase Esq (South America Department, Foreign and Commonwealth Office), 25 May 1982, FCO 7-4124, Brazilian attitude to the Falklands Island dispute Part B, 72, NAK.

denunciado na revista *Manchete*, devia haver medo entre os vizinhos de que a "resposta instintiva (*knee-jerk response*)" da Junta, sempre que confrontada com problemas internos, voltasse a ser a agressão transfronteiriça. No entanto, esses países não estavam agradecidos à Grã-Bretanha e não apenas porque procuravam contemporizar com a Argentina.

Após reconhecer que naquele momento havia diferentes graus de veemência antibritânica na América Latina, motivados seja pela proximidade ou distância da fronteira com a Argentina, seja por preocupações com problemas pendentes de fronteiras, ou pela "solidariedade de casta" entre as Forças Armadas, o diplomata admitia outros fatores a serem analisados para imaginar o futuro. Com sua reação à crise das Falklands, a Grã-Bretanha sacudira algumas das ilusões por trás das quais o subcontinente se abrigara desde o fim da Segunda Guerra, expondo a região a um choque de realidade. Para o funcionário britânico, seu país estava sendo culpado não pelo que fizera à Argentina, mas pelo que fizera os EUA fazerem à América Latina.

No frigir dos ovos, o conflito revelara que, para os Estados Unidos, a OEA valia menos que a OTAN; latino era menos que anglo-saxão. Em consequência, os latinoamericanos precisavam digerir os fatos: em certas circunstâncias, o escudo hemisférico americano não funcionava e a força da pressão norte-americana não fora suficiente para impedir a aposta argentina. Num quadro em que Havana (a aparente obsessão do diplomata) parecia endossar uma doutrina Monroe que os EUA renegavam, culpava-se a Grã-Bretanha pelas oportunidades não definidas que supostamente se abriam para a União Soviètica, diretamente ou via seu agente caribenho na região. Talvez um observador estrangeiro não se espantasse com esses acontecimentos, admitia Perceval, mas a irracionalidade do mito destruído não servia de consolo aos que viveram dele.

Afinal, refletia o conselheiro, o abrigo americano era confortável. Graças a ele, o Brasil, por exemplo, pode manter seus baixos níveis de despesa em armamentos para se concentrar no desenvolvimento. Ou mesmo se dar ao luxo de uma política de "Terceiro Mundo", incentivada pelos membros mais "avançadinhos" ("trendier) do Itamaraty. Não por acaso, os ministros militares começavam a admitir que as alianças tradicionais de nada valiam e havia necessidade de repensar para cima os gastos com defesa. Para o britânico, parecia haver um sentimento geral de que, independentemente do comportamento monstruoso argentino, os regimes anticomunistas da América Latina estavam todos no mesmo barco e mereciam mais ajuda dos EUA. No seio do conflito Leste-Oeste, eram aliados de Washington e esperavam apoio americano, pelo que *eram* e não pelo que *faziam*, acrescentava a análise.

Na parte mais cáustica do documento, o ex-conselheiro britânico em Havana dizia: "se a dinâmica da luta anticomunista tornar necessário para a Junta argentina 'desaparecer' com as Ilhas, tal como teve que 'desaparecer' com grande número de seus próprios cidadãos, Washington deve aquiescer nos dois casos". Se a situação da época fosse enfocada com os olhos em Cuba, continuava o diplomata, a crise podia ser vista como função da luta contra a guerrilha de esquerda em El Salvador. Fosse ou não verdade que os assessores americanos incentivaram seus parceiros argentinos na América Central a acreditar que poderiam se safar de uma aventura nas Falklands, o fato era que a versão da esquerda depois do evento construíra uma narrativa de incentivo e traição. Fora o afã da Argentina em se intrometer na região centro-americana que a levara a superestimar sua importância para Washington. O erro maior dos argentinos, jejunos de democracia, foi não entender a importância da imprensa americana na pressão sobre o Congresso e sobre o governo Reagan.

A junta militar latinoamericana – prosseguia a análise – era a expressão extrema de uma elite burguesa atribulada: "é a espada que substitui a mão e, no caso argentino, também o cérebro". A ditadura era capaz de impor uma solução desse tipo, por certo tempo, a um alto preço em sangue, mas não seria capaz de resolver os problemas sociais e econômicos subjacentes. A aventura nas ilhas fora a chance de ganhar glória militar limpa, o que permitiria aos militares deixar o poder sem pagar por seus crimes, ou permanecer no poder cavalgando uma onda nacionalista.[2] Mas o tiro saíra pela culatra: "se lavar suas medalhas era o que os militares argentinos buscaram, tudo o que conseguiram foi o espetáculo do comandante Astiz na Geórgia do Sul, sob a luz intensa da atenção mundial, mostrando que medalhas limpas não são fáceis de conquis-

2 Vinte e cinco anos depois, sem saber deste documento, Novaro e Palermo (2007, p. 576) afirmaram: o objetivo de reconstruir a reputação e unir guerras 'sujas' e 'limpas' salta aos olhos, se levarmos em conta que a ocupação das Geórgias foi comandada por Alfredo Astiz".

tar às custas de comandos dos fuzileiros navais britânicos, como as medalhas sujas, às custas de adolescentes suecas ou freiras francesas". A frase terrível ganhará sentido mais adiante.

A ironia para Perceval era que a derrota poderia levar à queda da Junta e à ascensão de um governo de esquerda, afastando assim a Argentina da órbita americana. No caso da junta sobreviver enfraquecida, Havana também poderia ganhar, vendo triunfar finalmente a causa pelo qual Ernesto Che Guevara se sacrificara em vão. O fim da hegemonia americana poderia levar à livre eclosão de conflitos de divisa. Os militares latinoamericanos veriam surgir em suas fronteiras os militantes de suas próprias guerrilhas abrigados num país onde a direita naufragara. Ao antagonizar os EUA, os ditadores militares da região se afastariam do próprio imperialismo americano que dera sustentação a eles e à elite burguesa que representavam. Essas eram as oportunidades que Cuba poderia tentar explorar. Como se vê, sob a guerra fria, diplomatas britânicos e generais sul-americanos podiam ter uma obsessão comum.

O fato é que, nas vésperas da batalha final nas ilhas, a questão das possíveis consequências do conflito pairava no ar. Três dias depois, de Londres, o embaixador Roberto Campos especulou sobre os efeitos políticos da guerra. Partindo da ideia de que, com a derrota argentina, a Junta perderia as condições de permanecer no poder, o embaixador expôs como variantes mais plausíveis: um governo de coalizão para salvação nacional, a reabilitação do peronismo, com o surgimento de "um modelo semelhante ao social-militarismo" de Alvarado no Peru e uma substituição da Junta por outro grupo militar mais radical. O desenlace que afinal ocorreu, a restauração civilista pura, foi considerado então "pouco provável, pelo vigor remanescente do estamento militar, receoso de eclosão de um 'revanchismo' e pela própria escassez de lideranças políticas". Naquela altura, nosso diplomata considerava o desfecho mais provável "um confuso período de coalizão, a partir do qual emergiria, ou uma restauração militar ou uma acentuação do populismo civil do tipo antiamericano, nacionalista, intervencionista em matéria econômica e assistencialista em matéria social".[3] No final, os dois diplomatas, que pareciam partilhar visões políticas bem próximas, erraram: como já mencionamos, a ditadura militar foi substituída pelo governo de Raúl Alfonsín, da União Cívica Radical.

3 Telegrama 766, Embaixada em Londres para Exteriores, cit., 28-5-82.

Aproximando-se do fim de sua longa análise, Perceval propunha que havia em curso dois conflitos das Falklands. Aos olhos europeus, a questão era simples: um regime militar assassino e de direita de um país grande e rico lançara um ataque sem motivação a um pequeno e pobre arquipélago pertencente à Grã-Bretanha. Nesse passo, impôs uma dominação colonialista a uma população que viu frustrado seu direito à autodeterminação. O segundo conflito era o das Falklands. Nele, um povo da América Latina, do Sul e do Terceiro Mundo tentava corrigir injustiças históricas e liberar seu território do controle imperialista, opondo-se à diplomacia das canhoneiras e às sanções econômicas das potências industrializadas e à pressão da finança mundial. Essa versão poderia soar como "uma bizarra descrição de colonialistas hispano-italianos comedores de bife". Ainda mais estranha porque o Tratado do Rio foi virado de ponta-cabeça e convertido numa carta de larápios (*smugger's charter*). Mas para a maior parte da América Latina o que suas nações-irmãs *eram* era mais importante que o que *faziam*. Com o desenrolar do conflito e principalmente após o afundamento do *Belgrano* a primeira imagem se desvaneceu e a segunda ganhou força. A única coisa que poderia evitar uma herança mais grave do conflito seria uma vitória militar inquestionável, seguida, se possível, por um acordo magnânimo.

Contudo, apesar da imagem que ficou para a história de uma oposição dos governos britânicos às ditaduras do Cone Sul, que culminara naturalmente no choque da democracia com a Junta argentina, o governo de Sua Majestade fora condescendente com a ditadura brasileira durante todos os anos 1970. Mais do que isso, em plenos anos de chumbo, o Exército inglês ajudara diretamente o aparelho repressivo da ditadura, colaborando, no início de 1971, com a instalação de um centro de emprego da chamada "tortura inglesa" no Rio de Janeiro. À época, como já vimos, o primeiro-ministro era Edward Heath, do mesmo partido da premiê Thatcher, embora seu inimigo nas lutas partidárias (Martins Filho, 2019).

O personagem citado pelo diplomata para reforçar a parábola das medalhas era o já citado capitão-de-fragata Alfredo Astiz, mais conhecido como "el ángel rubio". Depois de décadas de processos e acusações, foi condenado, em outubro de 2011, à prisão perpétua sob a acusação de sequestro, tortura e homicídio de 86 pessoas, quando atuava na infame ESMA, entre elas as três fundadoras da organização Madres de Plaza de Mayo (na qual havia se infiltrado e cuja confiança havia conquistado com sua aparência juvenil), o jornalista Rodolfo Walsh e as freiras francesas Alice Domon e Leónie Duquet (Cardoso, Kirschbaum, & Kooy, 2012, p. nota 49). Seis anos depois, o oficial da Marinha argentina foi sentenciado a mais uma pena de prisão perpétua, pelo desaparecimento da sueca Dagmar Hagelin, quando esta tinha 17 anos.[4] Essas eram as três vítimas citadas pelo conselheiro britânico, como acabamos de ver. Por sua carga trágica, por evidenciar a ambiguidade do governo Thatcher ao tratar de casos graves de violação dos direitos humanos e por ter envolvido o Brasil, o caso Astiz exige análise em um capítulo específico.

Antes, porém, convém deixar registrado que os métodos de repressão empregados na segunda metade dos anos 1970 na Argentina, pelo mesmo regime que levou o país à guerra das Malvinas, podem ser incluídos entre as piores atrocidades do século XX.[5] Como lembra Federico Finchelstein (2016, p. 259-60):

> As juntas militares sistematicamente sequestraram, torturaram e assassinaram entre 10.000 e 30.000 cidadãos argentinos, assim como pessoas de outras nacionalidades europeias e latinoamericanas. Esses assassinatos não foram ao azar, mas cuidadosamente planejados nos níveis superiores do governo militar. Além disso, em vários casos os argentinos cooperaram com outras ditaduras latinoamericanas num plano internacional para sequestrar e assassinar, chamado Plano Condor, que operava em todo o Cone Sul e incluía Argentina, Brasil, Chile, Paraguai e Uruguai.[6]

4 "Argentina condena dezenas por 'voos da morte' e crimes na ditadura", *Carta Capital,* 30 de novembro de 2017.

5 "Na Argentina, diferentemente do Uruguai, o número de presos era pouco relevante em relação ao de vítimas mortais (...). Não havia sequer corpos para entregar", lembram Novaro e Palermo (2007, p. 670).

6 O mesmo autor cita afirmação de 1977 do general Ibérico Saint Jean, que seria depois governador da Província de Buenos Aires: "primeiro mataremos todos os subversivos, logo mataremos seus colaboradores, depois ... os simpatizantes, em seguida ... aqueles que permanecem indiferentes e finalmente mataremos os tímidos" (Finchelstein, 2016, p. 268)

O anjo assassino

A primeira referência que encontramos ao caso Astiz na documentação britânica data de 28 de abril de 1982, três dias após sua infame rendição em Grytviken, na Geórgia do Sul. Na reunião do Estado-Maior ocorrida naquele dia, em Londres, fez-se referência a um telegrama da embaixada do Reino Unido em Madri, relatando manchete da imprensa espanhola onde se mencionava que se tratava de um "notório torturador". Àquela altura, a notícia interessou ao FCO apenas como possível meio "extremamente útil de propaganda" de guerra.[1] Quinze dias depois, no âmbito do "Information Group on the Falklands Islands", o assunto voltou à baila brevemente. Apenas se mencionou que os ministros tinham decidido manter Astiz na ilha Ascensão, ao invés de devolvê-lo com os outros (mais de 180) argentinos capturados na Geórgia do Sul, diante de representações apresentadas pela Suécia e pela França. Aguardava-se exame dos aspectos legais do caso. O FCO estaria preparando informação sobre que acusações pesariam sobre ele.[2]

No mesmo dia, ao responder a uma questão parlamentar sobre se o governo já havia decidido se as leis da guerra se aplicavam ao conflito, que

1 Falklands: FCO notes of 33rd Meeting/82 of Chiefs of Staff Committee (OD(SA), Intelligence, Public Relations), 1982 Apr 28, Secret, FCO 7/4474, MTF. Acesso a 3 de abril de 2020. A lista completa foi entregue, uma semana depois, à embaixada brasileira em Londres, para ser repassada, de acordo com as Convenções de Genebra de 1949, ao governo da Argentina, telegrama 579, Embaixada em Londres para Exteriores, 5-5-82, em BR DFANBSB Z4.REX.IPS.230, cit., SIAN. Acesso em 20 de março de 2021.

2 Falklands: minutes of meeting of the Information Group on the Falklands, 1982 May 13, CAB 164/1622 f33, MTF. Acesso em 3 de abril de 2020.

aludiu ao caso Astiz, a premiê declarou que, desde a retomada das ilhas, os governos da França e da Suécia "solicitaram uma oportunidade de questioná-lo em relação a crimes contra nacionais desses países que alegadamente tiveram lugar na Argentina". Thatcher afirmou então que a Convenção de Genebra seria respeitada.[3] Vale dizer, a premiê conservadora já apontava uma saída para o problema.

Astiz desembarcara em Port Leith, no sábado, 3 de abril, chefiando um grupo de forças especiais da Marinha argentina, conhecido na repressão à guerrilha como 'Los Lagartos'. Em 24 de abril, como já vimos, ele se rendeu aos comandos britânicos que invadiram a ilha. Segundo um relato histórico argentino, no mesmo dia em que "um barbudo Astiz firmava docilmente sua assinatura de rendição em Grytviken", um oficial que acompanhava o chanceler Costa Méndez a Washington disse a um jornalista: "não vão tirar de letra (*llevar de arriba*), os ingleses. Esse menino está muito 'posicionado' (*jugado*) e não vai se entregar sem mais" (Cardoso, Kirschbaum, & Kooy, 2012). O jornalista era um dos autores do livro. A foto do oficial assinando a rendição apareceu em primeiras páginas da imprensa mundial no dia seguinte.

Em 18 de maio, Nick Evans, secretário de John Nott, titular da Defesa, enviou ofício sobre o tema a seu correlato no Gabinete do Primeiro-Ministro. Para ele, uma decisão precisava ser tomada com urgência. A missiva explicava que o oficial argentino era mantido a bordo do "guard ship" da ilha de Ascensão HMS *Dumbarton Castle*, vigiado por um destacamento dos Royal Marines. Tratava-se de um prisioneiro difícil, alertava o secretário do MOD, que já tinha agredido um guarda e feito um punhal de uma mola de cama. As autoridades de Ascensão tinham requerido que deveria ser removido do navio e da ilha tão logo possível. Se isso ocorresse, havia três opções: entregá-lo às autoridades da França ou da Suécia, enviá-lo para o Reino Unido ou repatriá-lo para a Argentina. Quanto à primeira opção, continuava o ofício, o Procurador-Geral de Sua Majestade opinara que, independentemente dos crimes que ele pudesse (sic) ter cometido na Argentina, estes seriam irrelevantes para sua condição de prisioneiro de guerra, que lhe garantia os direitos

---

3 House of Commons PQs (Parliamentary Questions), Hansard HC 23/941-46, 1982 May 13, MTF. Acesso em 3 de abril de 2020.

e privilégios da Terceira Convenção de Genebra de 1949. Nos termos desta, não podia ser entregue a outro país. O funcionário do MOD dizia acreditar que os tratados de extradição entre a Grã-Bretanha e a França e a Suécia não se aplicavam a esse caso. E concluía: "Os tribunais ingleses não tem qualquer poder para julgar Astiz".[4]

Se o militar argentino fosse enviado de Ascensão ao Reino Unido, seria necessário garantir as instalações necessárias a que tinha direito, como oficial preso sob a Convenção de Genebra. Isso queria dizer que ele não poderia, por exemplo, ser mantido numa cela, deveria ter acesso a pagamento e a instalações de recreação e a guarda militar deveria ser extensa e estrita, tendo em vista seu comportamento agressivo desde que fora capturado. Nesse quadro, explicava o secretário, o ministro da Defesa era de opinião de que, tão logo quanto possível, Astiz deveria ser inquirido sobre se estava preparado para ver representantes franceses e suecos. Aqui entraria o Brasil: "as autoridades brasileiras, como poder protetor, já foram abordadas para ver se estão dispostas a colocar a questão para ele. Se, como parece plausível, os brasileiros se recusarem a fazê-lo, então devemos perguntar a Astiz, nós mesmos. Ele provavelmente recusará".

Isso seria o fim da questão, concluía o ofício, uma vez que, sob as Convenções de Genebra, ele não seria obrigado a responder a qualquer questão e as autoridades britânicas não tinham o direito de pressioná-lo sob qualquer forma (esta parte do ofício é tristemente irônica, se pensarmos na forma como Astiz "pressionou" suas vítimas, à margem de leis e convenções). Nesse caso, estaria aberto o caminho para sua repatriação direto da ilha de Ascensão. Sua recusa a ajudar os inquéritos francês e sueco deveria ser explorada ao máximo, pública e internacionalmente, sugeria o MOD à premiê.

A principal preocupação do ministério da Defesa era que o tratamento dado até então a Astiz chegara bem perto do limite recomendável, pois sua detenção no navio constituía uma violação do artigo 22 da Convenção de Genebra e também havia a questão da discriminação a que ele fora exposto, se comparado ao modo como foram tratados seus homens. Nesse ponto, aparecia

4 Falklands: MOD letter to No 10 ("Lieutenat Commander Astiz"), 1982 May 18, PREM19/648 f144, MTF. Acesso em 4 de abril de 2020.

o argumento final do MOD: era preciso evitar fornecer aos argentinos qualquer oportunidade de alegar que o caso Astiz justificaria violações das Convenções de Genebra no tratamento de prisioneiros de guerra britânicos eventualmente capturados (mais uma vez, a palavra violação era aqui sombriamente significativa, tratando-se da ditadura argentina em geral e de Astiz, em particular).[5] O documento terminava: "Eles indicaram há pouco ao ICRC (da sigla em inglês para Comitê Internacional da Cruz Vermelha) que a menos que Astiz seja libertado vão retaliar contra qualquer prisioneiro de guerra que detenham". Para o ministro Nott, a única via era livrar-se dele tão logo possível.

No documento em questão e, como se verá, em toda a discussão interna ao governo sobre o Caso Astiz, não aparece nenhum indício de que as autoridades britânicas considerassem, ao menos uma vez, o mérito das solicitações dos países europeus em questão. Nenhum adjetivo foi usado para caracterizar um torturador brutal como o oficial argentino, contra o qual pesavam gravíssimas acusações. E não adianta dizer que é assim na diplomacia. Em outubro de 1975, John Guy, oficial de relações públicas do consulado britânico em São Paulo, em correspondência enviada ao FCO, não se eximiu de negar a versão oficial sobre a morte do jornalista Vladimir Herzog, em dependências militares. Em seus relatórios, não usou uma única vez a palavra "suicídio", que deu forma à negação da ditadura brasileira em relação ao caso (Martins Filho, 2019, capítulo 7).

O governo Thatcher mostrava, assim, que condenar o caráter ditatorial do regime argentino era mais um expediente de propaganda que uma questão de princípio. Foi o que ocorreu na entrevista radiofônica da premiê a um famoso jornalista, no dia 19 de maio. Ao discutir a necessidade de consultar os ilhéus, a premiê defendeu que, em vista do que os habitantes das Falklands tinham sofrido, era difícil pensar que preferissem a soberania argentina. E acrescentou: "basta olhar para algumas das acusações que foram feitas contra (o Capitão Astiz), uma das pessoas que estamos mantendo como prisioneiro

5 "Silvia Labayrú, sobrevivente da ditadura argentina: 'Mulheres foram sistematicamente estupradas'", *El Pais Brasil*, 16 de agosto de 2021. Acesso em 23 de agosto de 2021. Agradeço a Liliana Guastavino por chamar a atenção sobre a matéria.

de guerra. Os suecos e os franceses querem questioná-lo. E esse é tipo de regime com o qual estamos tratando".[6]

Mas a novela estava apenas começando. No dia 20 de maio, em documento secreto do OD(SA) o tema reapareceu. Segundo o texto, se fosse tomada a decisão de enviar Astiz ao Reino Unido por via marítima, o primeiro navio disponível seria o *British Esk*, que era aguardado na ilha de Ascensão no dia 25 e chegaria no Reino Unido a 5 de junho. Os problemas de escolta estavam sendo examinados pelos setores responsáveis do Estado-Maior da Defesa.[7] No mesmo dia 20, foi a vez do Foreign Office entrar na discussão. Referindo-se ao ofício do MOD que examinamos há pouco, o secretário de Francis Pym, John Holmes, trazia a informação de que a Cruz Vermelha tinha solicitado acesso a Astiz, conforme previa a Convenção de Genebra.

O documento lembrava que o Procurador-Geral deixara claro que a extradição para a França ou a Suécia estava fora de questão, assim como forçar Astiz a depor. Aquela autoridade opinara também que era preciso perguntar ao argentino se ele queria ser entrevistado e, caso a resposta fosse negativa, repatriá-lo de imediato. Aqui, o FCO adicionava um primeiro ponto ausente no ofício do MOD: o procurador-geral também tinha afirmado que se, mesmo assim, fosse resolvido agir de outra forma, a retenção de Astiz até a cessação das hostilidades *não constituiria* (grifo nosso) em si uma violação da Convenção de Genebra, "ainda que tivéssemos que ser cuidadosos para não sermos arrastados publicamente para as razões do tratamento dele como um caso excepcional".[8]

As sutis diferenças entre os dois ministérios continuavam. O próximo passo, se não houvesse uma resposta da Argentina, seria inquirir o próprio oficial sobre sua disposição a depor, o que poderia ocorrer em Ascensão ou

---

6 Radio Interview for BBC Radio 2 *Jimmy Young Programme*, 1982 May 19, MTF. Acesso em 4 de abril de 2020.

7 Falklands: Minutes of MOD Chiefs of Staff Committee - COS 54th Meeting/82 (Operation Corporate (...) Lieutenat-Commander Astiz), Secret, 1982 May 20, FCO 7/4474, MTF. Acesso em 4 de abril de 2020.

8 Falklands: FCO letter to No 10 ("Lieutenant Commander Astiz") {dispute with France and Sweden over extradition], PREM19/648 f20, MTF. Acesso em 5 de abril de 2020.

no Reino Unido. Pela carta do MOD, dizia o FCO, o melhor seria na primeira. A questão poderia ser feita por algum militar graduado, de preferência na presença de um representante da Cruz Vermelha, o que atenderia à solicitação desta para ver o preso. Se ele se recusasse, o problema sobre se deveria ser repatriado de imediato ou continuar sob detenção militar como prisioneiro de guerra era *essencialmente político* (grifo nosso). Os argentinos já tinham protestado junto à ICRC e dito inclusive que se o seu oficial não fosse repatriado eles poderiam fazer o mesmo mais tarde com eventuais prisioneiros britânicos. Para a diplomacia, esta seria uma ameaça a ser levada em conta, supondo que isso pudesse ocorrer. A possibilidade do argentino ficar no Reino Unido e ganhar um *habeas corpus* parecia ao procurador-geral remota.

Desde a decisão de manter Astiz em Ascensão e repatriar seus homens, continuava o ofício do FCO, enquanto se considerava o pedido do governo francês, a opinião pública e a cobertura de imprensa tinham sido favoráveis à posição do governo, ainda que destacando "os supostos mal-feitos de Astiz (*the alleged Astiz misdeeds*). Mas para o FCO era necessário deixar claro que não haveria protelação, tendo em vista a previsível manutenção do interesse pelo caso no Parlamento. A opinião pública seria provavelmente receptiva ao argumento da necessidade de respeitar convenções. Mas era de esperar críticas se o oficial fosse meramente devolvido à Argentina, mesmo aceitando que nem a extradição nem o interrogatório compulsório eram legalmente viáveis (talvez fosse bom lembrar que na Argentina daquela época a palavra interrogatório tinha um sentido tétrico). Neste ponto, o FCO tocava num outro tema ignorado pelo MOD: "sabemos que os argentinos se sentem vulneráveis à má imagem tipificada por Astiz e eles podem assim se inibir quanto a pressionar por sua libertação com muita ênfase". Isso sem falar, continuava o texto, nas implicações políticas de libertar o argentino quando três proeminentes jornalistas britânicos permaneciam detidos em Buenos Aires, mesmo considerando a diferença dos dois casos.

Depois de expor diplomaticamente seus pontos de discordância com o MOD, o FCO concluía que, tudo somado, Pym concordava com Nott: era necessário repatriar Astiz. Mas sem muita pressa. Era preciso tempo para explicar aos franceses e aos suecos os motivos legais que inviabilizariam recursos adicionais da parte deles. Se se decidisse pela repatriação seria mister repetir esses argumentos publicamente. E explorar ao máximo o fato de que a

Argentina e o próprio Astiz não podiam evidentemente ser confrontados com abordagens em prol da França ou da Suécia, mesmo se garantida a presença de representantes da Cruz Vermelha.

No dia 25 de maio, em outra reunião dedicada ao tema do Atlântico Sul, realizada em Londres, anotou-se:

> Os governos sueco e francês acreditam que o comandante Astiz foi responsável pelas mortes de alguns de seus súditos em circunstâncias suspeitas, deixando de lado outras acusações (ver por exemplo o *Guardian* de hoje) sobre sua participação em tortura e assassinatos na Argentina, e pediram para entrevistá-lo (...) temos muita simpatia pelos suecos e pelos franceses, mas temos que lembrar que a forma como o tratarmos pode criar um precedente se vierem a capturar qualquer outro de nossos homens. Explicamos isso aos suecos e aos franceses e estamos preocupados em não parecer insensíveis à opinião deles – ou nossa própria opinião.[9]

A ata esclarecia que, como previsto, o militar argentino fora visitado na ilha Ascensão pela Cruz Vermelha, que aprovou as condições de detenção temporária. No momento estava a caminho do Reino Unido.

A troca de ofícios entre os dois ministérios competentes continuou. Em correspondência de 28 de maio, foi a vez do MOD dirigir-se ao FCO. O secretário privado do ministro John Nott iniciou sua nota lembrando que, na última reunião do OD(SA), fora tomada a decisão de trazer Astiz ao Reino Unido. No momento, ele estava a bordo do MV *British Avon*. O MOD tomara providências para mantê-lo na Torre de Chichester (*Fortaleza de Chichester*, parte do Centro de Treinamento da Real Polícia Militar, que ali funcionou entre 1946 e 2007). As instalações eram adequadas para isolar um prisioneiro de guerra, mas isso custaria caro, dada a escolta necessária. Ao visitar o oficial argentino em Ascensão, a Cruz Vermelha se recusara a tomar parte em qualquer esforço para interrogá-lo. Não era essa sua missão. Conforme o

9 Falklands: South Atlantic Presentation Unit SAPU (82) 26, MTF, 1982 May 25, Thatcher MSS (Churchill Archive Centre): THCR 2/6/2/163 f72, MTF. Acesso em 4 de abril de 2020.

esperado, ele se recusara a ver representantes dos governos francês e sueco e a responder qualquer pergunta sobre suas atividades na Argentina. O ministro dizia entender que essas gestões já tinham sido comunicadas aos governos dos dois países. Uma vez que o oficial não podia ser extraditado ou interrogado, nada mais havia a fazer para ajudar os franceses e os suecos, na visão do MOD.

Embora a Cruz Vermelha até aqui tivesse mantido uma atitude moderada, os últimos contatos do ministério com a organização sugeriam que ela estava sob pressão para se posicionar de forma mais incisiva. Se houvesse uma declaração da parte dela, insistia Nott, essa com certeza seria desfavorável à posição do Reino Unido. Era preciso fazer todo o possível para impedir que isso ocorresse, pois deixaria o governo britânico em má posição internacionalmente, além de criar riscos desnecessários para os prisioneiros de guerra nas mãos dos argentinos (é bom lembrar que o não atendimento aos pedidos dos dois governos amigos vinha desgastando o governo de Sua Majestade na mesma medida, ou ainda mais intensamente, o que se verá mais adiante). Para não deixar dúvidas sobre sua posição, o ministro da Defesa dizia "acreditar fortemente" na premência de repatriar Astiz, assim que chegasse ao Reino Unido. Diante de tudo o que já fora discutido, sua detenção era cada vez mais difícil de justificar. Estava na hora de tomar uma decisão clara e definitiva (*clear-cut decision*). Concluindo, ele recomendava devolver o oficial no primeiro vôo para a Argentina.[10]

No dia seguinte, Pym respondeu a Nott. Nos prolegômenos, reconheceu os aborrecimentos que o MOD estava tendo com "esse homem" desde sua captura na Ilhas Geórgia no mês anterior (na verdade, no final de abril). Concordou que os arranjos para manter o oficial em Chichester eram adequados, na medida em que a detenção contínua fosse necessária. No segundo parágrafo, o ponto principal foi introduzido: como era do conhecimento de Nott, o FCO tinha informado os franceses e os suecos de que nem a Argentina nem o próprio Astiz estavam dispostos a aceitar interrogatório sobre "seus supostos mal-feitos anteriores" (até privadamente, os funcionários britânicos relutavam em usar o termo *crime* ao invés de *misdeeds*, ou em admitir que se tratava de um torturador consumado).

10 Falklands: Nott letter to Pym ("Lt Cdr Astiz"), 1982 May 28, PREM19/649, f13. MTF. Acesso em 6 de abril de 2020.

Houve uma forte reação de Paris e de Estocolmo, relatou Pym ao colega. Ambos os governos tinham insistido em que se reexaminasse a possibilidade de apresentar as perguntas a Astiz, com o argumento de que a Convenção de Genebra não o impedia explicitamente. O primeiro-ministro da Suécia fizera um apelo pessoal ao chanceler, por meio do embaixador sueco em Londres, para que levasse em conta a interpretação de seu país sobre a Convenção de Genebra, nesse aspecto. As representações francesas tinham sido igualmente incisivas e talvez fossem retomadas em Versalhes (onde ocorreria a Cúpula Econômica do Ocidente do G-7). Prevendo isso, explicava o FCO ao MOD, estava sendo preparada para a premiê uma minuta de conversação.

Ainda assim, dizia o chanceler Pym, ele reconhecia que a opinião jurídica apresentada ao governo apontava para a repatriação o quanto antes e que o procurador-geral recomendara o mesmo no caso de Astiz não estar disposto a responder a questões adicionais, o que se confirmara. Era necessário ter em mente, principalmente num momento em que a Junta via a derrota se aproximar no horizonte, que a continuidade da detenção de Astiz poderia encorajar a, ou ser usada como, desculpa para uma retaliação contra prisioneiros de guerra, ou outros súditos britânicos, como por exemplo o piloto do avião Harrier então detido na Argentina. Era também recomendável manter boas relações com a Cruz Vermelha, que comunicara ter perdido credibilidade junto aos argentinos quando Astiz foi retido em Ascensão.

Em seguida, o chanceler esclarecia estar inclinado a aceitar que as "possibilidades de relações públicas" do caso Astiz estavam esgotadas. E que faria sentido repatriá-lo tão logo chegasse ao Reino Unido. Mas havia algumas questões a serem consideradas: nenhuma decisão deveria ser tomada antes da cúpula do G-7 em Versalhes; o procurador-geral estava considerando se a embaixada francesa deveria ter acesso ao oficial; finalmente, era preciso evitar uma decisão formal antes de elaborar a resposta ao memorando jurídico sueco. Pym fechava o ofício dizendo que agradeceria se os funcionários dos dois ministérios pudessem permanecer em contato para as providências de repatriação.[11]

11 Falklands: Pym minute to Nott ("Lt Cmdr Astiz" [dispute with France and Sweden over Astiz], 1982 June 3, PREM19/633 f91, MTF. Acesso em 6 de abril de 2020. O ofício seguia com cópias para os "colegas" do OD(AS) e para Robert Armstrong (secretário do OD(AS) e Michael Palliser (ex-secretário permanente do FCO e assessor de Thatcher durante a crise).

No mesmo dia, o secretário do MOD escreveu a seu correlato em 10 Downing Street para comentar o ofício do foreign secretary, especialmente a menção à reação francesa, quando o embaixador britânico informou da recusa do governo argentino e de Astiz em responder a questões sobre fatos ocorridos na Argentina. "A recusa francesa em aceitar uma resposta negativa é estranha", dizia o funcionário do FCO. A reação gaulesa fora "bastante rude" e injusta, ao acusar os britânicos de táticas de protelação. O presidente Miterrand possivelmente levantaria o tema em Versalhes com a premiê. Nessa eventualidade, seria com efeito útil que Thatcher tivesse uma minuta com os pontos a serem tratados.[12]

Antes, porém, de examinar esses pontos é preciso entender o conteúdo da atitude francesa que espantara o FCO. Em telegrama de Paris, com cópia para Brasília, Trípoli e Washington, o embaixador (John) Fretwell relatou telefonema que recebera do secretário-geral do Quay D'Orsay, (Francis) Gutmann. Este ligara para comunicar dois pontos: 1) respondendo às gestões britânicas referentes ao possível fornecimento de armas líbias à Argentina, o embaixador (Claude) Cheysson conversara de forma incisiva com Kadhafi que negara categoricamente a iniciativa por parte da Líbia (em que, como vimos, até cavalos de monta foram envolvidos). O diplomata francês emendou então o ponto que considerava menos agradável aos olhos britânicos: ele estava "francamente chocado" com a forma protelatória com que a Grã-Bretanha tratava o caso Astiz. A matéria era fonte de séria preocupação para o governo francês, que não considerava sustentáveis os argumentos legais dos britânicos.[13] Parecia que os pontos de vista franceses não estavam sendo levados a sério. Diante de tamanha sinceridade, o embaixador Fretwell lembrou que

12 G7: FCO letter to No.10 ("Lt Commander Astiz} [French seeking quid pro quo], 1892 June 3, PREM19/724 f112, MTF. Acesso em 6 de abril de 2020.

13 Não conseguimos localizar esses argumentos, mas mesmo uma autora que considera a via escolhida pela Grã-Bretanha no caso Astiz como a mais razoável admite que "embora as dificuldades legais e práticas que se antepõem ao julgamento de prisioneiros de guerra por crimes alegadamente cometidos anteriormente a sua captura sempre tendam a ser consideráveis, deve-se lembrar que a Convenção de Genebra III garante em seu artigo 112 que prisioneiros de guerra contra os quais há processos criminais pendentes podem ser retidos para esse propósito depois da conclusão das hostilidades" (McCoubrey, 2019).

os pontos levantados em conversa que tivera no Quay D'Orsay a 29 de maio estavam sendo considerados em Londres. Contudo, tomaria providências para que essa reafirmação das preocupações francesas fossem transmitidas ao FCO. Ao término do telegrama, o diplomata britânico anotou: "Gutman chegou quase a fazer uma ligação direta e aberta entre o tipo de ajuda que estamos procurando dos franceses em tópicos como o suprimento de armas a terceiras partes e a cooperação que eles buscam de nós quanto a Astiz".[14]

A motivação francesa fica mais clara se notamos que, no final de maio/ começo de junho, Michael Palliser recebeu Gutman em seu gabinete em Londres, quando este esteve na cidade para uma reunião com seus correlatos da Grã-Bretanha e da Alemanha. Depois de dizer ao britânico que ainda não tinha resposta do presidente Miterrand à mensagem de Thatcher relativa ao embargo dos Exocet comprados pelo Peru, o francês conversou com Paris e trouxe mais tarde a informação de que o embaixador peruano seria convocado ao Quai D'Orsay e informado que, por razões políticas, o governo francês tinha decidido que os mísseis não poderiam ser fornecidos por algum tempo.[15]

Esclarecido este ponto, voltemos às sugestões do FCO a Thatcher, para serem usadas na reunião do G-7 em Versalhes, não por sua efetividade mas pelo que dizem sobre a atitude do governo britânico sobre o caso Astiz. A minuta tinha duas páginas. O primeiro ponto enfatizava a necessidade da premiê entender que precisava convencer a opinião pública francesa de que tudo fora feito para processar Astiz. O ponto seguinte era mencionar que tinha dedicado bastante de seu tempo ao pedido francês para interrogar Astiz. Mas o fato era que ele não queria falar (triste ironia para quem sabia usar métodos terríveis para extrair confissões de sua vítimas, para depois jogar no mar o que sobrara delas). Insistir nesse ponto seria improdutivo e poderia provocar acusações de violação da Convenção de Genebra pelos

14 Falklands: UKE Paris to FCO ("Falklands) [Libyan arms to Argentina, Captain Astiz], 1982 June 2, PREM19/633 f90, MTF. Acesso em 6 de abril de 2020.

15 Ver o ofício de Palliser a Coles, datado de 1º de junho, que finalizava solicitando que o assunto fosse mantido estritamente entre os dois, além de dois outros altos funcionários do MOD e do FCO, em Falklands: Cabinet Office letter to No 10 ("Supply by France of Exocet Missiles to Peru), 1982 Jun 1, PREM19/650 f52, MTF. Acesso em 10 de abril de 2020.

argentinos (nem se considerava a ilegitimidade da Argentina neste aspecto, face à opinião pública mundial).[16]

Os outros argumentos a serem usados por Thatcher eram formais.[17] Vamos a eles: 1) não havia jurisdição no Reino Unido para processar Astiz; não era possível entregá-lo à França porque os crimes não tinham sido cometidos naquele país; 2) a Grã-Bretanha estava defendendo o direito internacional no caso das Falklands e não podia arriscar ser acusada de violar esse mesmo direito para atender os pedidos de França e Suécia; 3) manter a detenção colocaria em risco prisioneiros de guerra britânicos na Argentina; 4) era preciso conservar a boa vontade da Cruz Vermelha, num momento em que aumentava o número de POWs argentinos. Mas o argumento mais frágil era o quinto: ao decidir reter Astiz em Ascensão o Reino Unido já teria dado sua contribuição para publicizar a causa da França. A minuta terminava com duas perguntas a serem feitas por Thatcher a Miterrand: "seria muito difícil para a opinião pública entender a questão?" e "uma declaração parlamentar ajudaria?". Não se sabe se o diálogo sobre o caso Astiz chegou a ocorrer. Nada encontramos na documentação diplomática. Mas o ponto mais irônico da minuta parece ser a sugestão feita pelo FCO a Thatcher de uma frase pronta para amansar os franceses no caso Astiz: "Um homem odioso; a opinião pública tem razão em sua indignação". Palavras, como se diria aqui, para inglês ver.

No dia 6 de junho, um roteiro preparado para a premiê sobre assuntos que poderiam ser levantados na sua entrevista ao final do encontro em Versalhes, incluía uma questão sobre o suposto luxo nas instalações em que o oficial estava detido (a premiê devia responder que a Fortaleza de Chichester estava longe de ser luxuosa) e a pergunta: "Ele é um torturador/assassino?". Para esta, a resposta recomendada era: "Há, com efeito, acusações terríveis contra esse homem. Mas ele tem o status de prisioneiro de Guerra e como tal tem direito à proteção da Convenção de Genebra".[18]

---

16 G7: FCO letter to No.10 ("Lt Commander Astiz} [French seeking quid pro quo], 1892 June 3, PREM 19/724 f112, MTF, acesso em 6 de abril de 2020.

17 Lembravam o velho argumento britânico de que não podia intervir junto ao governo brasileiro frente a denúncias da Anistia Internacional sobre tortura no país, porque não havia *locus standi* (Martins Filho, 2019).

18 G7: Ingham minute to MT (Versailles economic summit: closing statements to media), PREM19/725 f193, MTF. Acesso em 6 de abril de 2020.

Três dias depois, o "Grupo de Informação sobre as Falklands" tomou conhecimento, via FCO, que as perguntas da França e da Suécia tinham sido apresentadas ao oficial no dia anterior e, conforme se esperava, ele se recusou a respondê-las (um direito que suas vítimas jamais tiveram). Esperava-se que ele fosse repatriado em seguida.[19] Na reunião do dia 10 do Estado-Maior, soube-se que o vôo de Astiz para o Brasil estava programado para a noite anterior, mas a embaixada brasileira teria se recusado a fornecer proteção ao argentino; diante disso, um oficial da Real Polícia Militar o acompanharia ao Rio naquela mesma noite.[20]

"Escoltado por um major inglês e sob a proteção de um dos maiores esquemas de segurança já montados no Aeroporto Internacional do Galeão, o prisioneiro de guerra argentino, capitão Alfredo Astiz, desembarcou ontem no Rio, de onde teria seguido para Buenos Aires, segundo informações não confirmadas", registrou no dia 12 de junho a imprensa brasileira.[21] Nenhum jornalista pode se aproximar do "anjo louro". Durante sua permanência no aeroporto, ele ficou na sala VIP, de onde saiu num carro do Centro de Informações da Aeronáutica (CISA). Até hoje não se sabe em que vôo – comercial ou militar – ele viajou à Argentina. Somente em 18 de junho, o Foreign Office enviou a notificação formal de repatriação à embaixada brasileira em Londres, que a encaminhou em seguida à Chancelaria em Brasília.[22] O Itamaraty negou que houvesse relação entre a repatriação do oficial e a liberação do Vulcan retido no Galeão. Ambas ocorreram no dia 11 de junho.

---

19 Falklands: Minutes of meeting of the Information Group on the Falklands, 1982 Jun 9, CAB 164/1622 f69, MTF. Acesso em 6 de abril de 2020.

20 Falklands: Brief for meeting of the Chiefs of Defence Staff (intelligence and own forces), Secret, 1982 Jun 10, PREM 19/551 f63, MTF. Acesso a 4 de abril de 2020.

21 "Astiz desembarca no Galeão, mas não fala à imprensa", *O Estado de S.Paulo*, 12 de junho de 1982.

22 J.O Rache de Almeida, encarregado de negócios, Embaixada do Brasil em Londres para Secretaria de Estado, 1982 Ofícios Seção de Correspondência Especial, Caixa 07-A, AMREB.

Oito dias em junho

"O Brasil intercepta bombardeiro inglês": a primeira página d'*O Estado de S. Paulo* do dia 4 de junho foi tomada pela notícia. À esquerda da chamada, uma fotografia com teleobjetiva mostrava um grande avião, com pintura de camuflagem, estacionado num local afastado, em meio ao capim alto. A legenda dizia: "O 'Vulcan' britânico, interceptado pelos 'F-5', na base aérea do Galeão". O *lead* da matéria informava: "Um avião bombardeiro *Vulcan* da Real Força Aérea inglesa invadiu ontem às 10h50 o espaço aéreo brasileiro, sendo localizado pelos radares do Sistema de Defesa e Controle do Espaço Aéreo brasileiro (Cindacta). Foi interceptado por dois *Tiger F-5* da (FAB), a 340 km do litoral, na direção de Maricá, Estado do Rio". Segundo o texto, a população do Rio de Janeiro assustou-se com o "grande estrondo" causado pelos dois supersônicos, "ao romper a barreira do som, partindo da base de Santa Cruz". A página 7 do jornal era toda dedicada ao assunto, com mais duas fotos, uma do bombardeiro no solo e outra de arquivo, de dois F-5 da FAB levantando vôo.

O aparelho da RAF desviou para o Brasil no dia 3 porque não conseguiu efetuar seu reabastecimento durante o vôo (houve um problema no mecanismo de conexão e o tanque ficou destampado, soube-se depois). Pelo noticiário da imprensa parecia que a FAB só então tomou conhecimento de que a operação Black Buck envolvia vários abastecimentos em pleno ar. Havia a bordo seis tripulantes. A missão do avião recebeu o codinome Black Buck 6. O ministro da Aeronáutica, Délio Jardim de Mattos, declarou em nota oficial: "Após entendimentos a nível diplomático, o governo brasileiro decidiu que a aeronave poderá retornar à sua base de origem, desde que totalmente desarmada". Seus assessores disseram que ele ficou "satisfeito e até orgulhoso" pela presteza com que o sistema de defesa aérea funcionou.

Parecia haver uma pequena imprecisão na notícia, segundo a qual Délio chamara o "adido militar" da Inglaterra, "que pediu desculpas pelo incidente da violação". O oficial britânico em questão talvez fosse o adido aeronáutico, Jerry Brown. Foi ele que relatou, no dia 16 de junho, os bastidores da estada dos seis tripulantes na base aérea, que examinaremos depois. Aqui basta dizer que, segundo esse testemunho, após alguma tensão inicial por parte dos britânicos, a ocasião se transformou numa inesperada oportunidade de confraternização entre os oficiais da RAF e os da FAB, longe dos olhos do público.

Nas altas esferas de ambos os governos o episódio marcou o momento mais tenso de toda a crise. Com base em documentos liberados em 2015, a imprensa inglesa afirmou que Margaret Thatcher, em Versalhes, para a cúpula dos países mais ricos do mundo ocidental, ficou "furiosa" com o Brasil.[1] De imediato, a aterrissagem do Vulcan no Galeão tornou-se notícia na imprensa internacional, nas vésperas do ataque final a Port Stanley. A equipe da BBC chefiada por seu editor internacional, John Simpson, que estava em Montevidéu para cobrir o desembarque de soldados argentinos repatriados pelo governo britânico, deslocou-se para o Rio e instalou "uma moderna câmera de cinegrafista" entre as duas pistas da estrada do Galeão, à espera da decolagem da aeronave, prevista para ocorrer a qualquer instante.[2]

Mas isso não ocorreu. O prometido foi revogado; o que parecia fácil se complicou. No dia 4 de junho, a embaixada em Brasília enviou freneticamente a Londres três telegramas secretos. No primeiro, de número 245 (20.00, horário local), repetido para o MOD e para o ministro Francis Pym, em Versalhes, e para a embaixada em Washington, o embaixador Harding comunicou que às 16.15 (hora de Brasília) o adido aeronáutico relatara que o míssil preso à asa do avião tinha sido retirado pela tripulação britânica assistida por membros da FAB, mas o abastecimento do avião estava pendente de autorização do Ministério da Aeronáutica, em Brasília. Os planos britânicos de chegada de uma equipe num Hercules C130, para remover o artefato e conduzi-lo à

1 Steven Taylor, "Margaret Thatcher's FURY at Brazil for refusing to hand back our bombers during Falklands", *Sunday Express*, 22 Nov 2015, https://www.express.co.uk/news/uk/621106/Margaret-Thatcher-Falklands-war-Brazil. Acesso em 7 de abril de 2020).

2 "A vigília na base aérea", *O Estado de S.Paulo*, 5 de junho de 1982.

Inglaterra, foram frustrados quando o comandante da base do Galeão comunicou ao adido que o pouso não seria autorizado. O míssil foi rebocado para uma área segura, a dois quilômetros do local onde estava estacionado o avião. Um auxiliar do adido vigiaria a transferência e ficaria de guarda até ser substituído por outro militar da equipe da embaixada, completou Harding. Irritado diante da reversão de expectativas alimentadas pelo próprio Ministério da Aeronáutica o embaixador escreveu a Londres: "é necessária ação no mais alto nível para desemperrar a situação".

Após prometer mais informações em uma hora, Brasília atualizou as informações: às 20.00, o adido tinha sido avisado pelo comandante da base que a supervisão do míssil "não será repito não será permitida". Ele poderia acompanhar o artefato ao depósito, ficaria com uma cópia da chave, "mas isso não garante, é óbvio, a segurança do míssil", embora seus auxiliares e ele próprio pudessem assegurar que a FAB dificilmente mexeria (*to tamper*) no artefato. O embaixador acrescentou: "Estou informando meu colega americano".[3] Tratava-se do embaixador Anthony Motley. A curta frase levantava uma lebre: haveria algum segredo no míssil que interessasse a ambos os países proteger?

Às 21.37 foi expedido o segundo telegrama secreto do dia para os mesmos múltiplos destinatários. Nele, Harding avisava que, "em resposta a minha pressão em vários níveis para uma explicação para o impedimento (*hold-up*, que em inglês também significa assalto)", por instrução do chanceler Guerreiro, o chefe do Departamento das Américas o chamara por telefone, às 17.45, para explicar a posição do Itamaraty. Ricupero disse que o ministério recebera às 10.00 uma nota formal do embaixador argentino solicitando ao governo brasileiro o internamento do Vulcan. O pedido se baseava nos seguintes fundamentos: a) o ponto 7 da resolução de 29 de maio do TIAR, que requeria dos países-membros que fornecessem à Argentina o que cada um julgasse necessário para assisti-la e que evitassem qualquer ato que pudesse colocar em risco tal objetivo; b) as Regras de Haia sobre Guerra Aérea, de 1923, artigos 39 ao 48, que especificavam os deveres dos estados neutros para com os beligerantes (neste ponto, ele respondera que "nem a Grã-Bretanha nem a Argentina eram estritamente falando beligerantes").

3 Falklands: UKE Brasilia to FCO ("Vulcan diversion") [diplomatic wrangling over diversion of a Vulcan to Brazil], Secret, MTF. Acesso em 7 de abril de 2020.

Não tivemos acesso ao documento argentino, mas o crucial parecer da consultoria jurídica do Itamaraty, que examinaremos adiante, cita os pontos do Art 42 do Código de Haia de 1923, "invocado pela Embaixada da Argentina":

> Cumpre a um governo neutro usar dos meios de que disponha para impedir a entrada, em sua jurisdição, das aeronaves militares beligerantes e para forçá-las a baixar à terra ou ao mar caso tenha penetrado.
>
> Cumpre igualmente a um governo neutro usar dos meios de que disponha para internar a aeronave militar beligerante que se encontre dentro de sua jurisdição, após haver baixado à terra ou ao mar por qualquer causa, bem como a tripulação e eventuais passageiros.[4]

De volta ao diálogo com o embaixador, Ricupero explicou que o governo brasileiro ainda não tinha chegado a uma decisão e estava numa "condição suspensiva" (termo empregado para descrever a situação que suspende os efeitos do ato jurídico durante o período de tempo em que determinado evento não ocorre). Se autorizassem a partida imediata do Vulcan, isso poderia prejudicar o resultado dessa consideração. O argumento seguinte explica porque no *affair* Astiz o ministério das Relações Exteriores negou qualquer vínculo entre a soltura do argentino e a liberação do avião, como vimos. Nas palavras do embaixador britânico, relatando a conversa com Ricupero:

> o Itamaraty acreditava que havia algum paralelo entre sua atitude e a nossa própria em relação a Astiz, onde, de acordo com declarações do MOD, dissemos que nossa intenção era repatriá-lo, mas nos contivemos à espera de esclarecimento de pedidos para ouvi-lo por parte de dois governos amigos.

4 O parecer fazia parte de Ministério das Relações Exteriores, "Dossiê 78º despacho, Questão das Malvinas. Bombardeiro Vulcan. Trânsito de armas pelo Brasil", Secreto-Exclusivo, BR DFANBSB N8.0.PSN, EST.43 – Dossiê II das Malvinas - Fundo: Conselho de Segurança Nacional, SIAN. Acesso em 10 de abril de 2020.

Harding retrucou que, até onde sabia, uma firme decisão a favor da repatriação já tinha sido tomada e isso seria feito em breve.[5]

Pela primeira vez durante toda a crise, o embaixador parece ter posto de lado a fleugma britânica: "Eu disse a Ricupero que essas notícias desagradáveis (*unwelcome*) poderiam causar tanto surpresa como desapontamento a meu governo". E perguntou: "deveríamos entender que o comunicado claramente escrito do ministro da Aeronáutica ontem, dizendo que o avião, uma vez desarmado, poderia prosseguir seu caminho, tinha sido invalidado por essa subsequente intervenção argentina?". Ricupero, segundo o relato, tergiversou (*wriggled*): nas circunstâncias, o governo brasileiro pensava que devia dar a devida consideração à solicitação urgente da Argentina. Diplomaticamente, sugeriu que se as autoridades britânicas desejassem lançar ideias novas para a consideração brasileira do problema, ele ficaria feliz em transmiti-las. O embaixador continuou: "quando eu perguntei a ele quando esperavam que sua 'consideração' terminaria, ele não foi capaz de dar uma resposta". Harding disse então que já comunicara seu governo sobre a permanência do avião sem combustível no Galeão e que o míssil fora levado ao depósito, sob supervisão do adido aeronáutico e sob protesto dele, neste ponto. Acrescentou que provavelmente receberia instruções para procurar o chanceler. Ricupero teria anotado a observação.

O terceiro telegrama secreto seguiu cerca de meia hora depois, em tom inusitado para o padrão das comunicações diplomáticas no decorrer da crise:

> Essa prevaricação é, eu temo, típica da irresolução (*spinelessness*) brasileira e exemplifica sua aguda ansiedade por não ofender os argentinos, a menos que não vejam alternativa. Pode ser, é claro, que eles estejam meramente ganhando tempo, a fim de mostrar aos argentinos que estão tomando a sério seu pedido e que sua intenção acabará por pender para a liberação do avião. Mas não

5 Falklands: UKE Brasilia to FCO ("Vulcan diversion") [diplomatic wrangling over diversion of a Vulcan to Brazil], Secret, 4 June 1982, MTF. Acesso em 8 de abril de 2020.

> podemos ter certeza disso: e obviamente devemos fazer todo o possível para empurra-los para a direção certa.[6]

A avaliação parecia descrever a atitude do próprio governo britânico frente aos pedidos da França e da Suécia no caso Astiz. A Grã-Bretanha demorava a acreditar no que estava acontecendo. Criticava suposta pusilanimidade do Brasil ao ceder ao vizinho, sem admitir que o outro lado da moeda era a disposição brasileira a contrariar o Reino Unido.

Para compor esse quadro já agitado, dois vôos da ponte área Buenos Aires-Trípoli fariam escala naquela noite em Recife, segundo informações detidas pela inteligência britânica (originárias provavelmente do contato do adido em Recife). Parecia, dizia Harding a seus vários destinatários, que apenas comunicar ao chanceler a inquietação britânica diante da demora desnecessária ou sugerir que o governo brasileiro pudesse mudar sua decisão, já comunicada à imprensa, não surtiria maior efeito. "Precisamos de um instrumento de pressão", desabafou o embaixador. Quem sabe este pudesse ser justamente a ponte aérea.

Não seria o caso de chamar a atenção dos brasileiros para esse fato (que já deviam conhecer)? E dizer-lhes que, enquanto estavam se permitindo alongar a consideração do caso Vulcan, deveriam segurar o vôo argentino, inspecionar seu conteúdo e confiscar as armas encontradas? Isso nada mais seria que aplicar com imparcialidade as Regras de Haia de 1923, louvadas pelos argentinos em apoio a sua solicitação de bloqueio do avião. Harding reconhecia que o pedido podia não gerar efeitos práticos, "mas certamente concentraria a atenção do governo brasileiro, especialmente em vista do fato de que o último vôo foi noticiado em dois jornais brasileiros". Nesse contexto, aventou a hipótese de vazar à imprensa o pedido feito ao Brasil. O telegrama terminava com a frase: "continuaremos a não fazer qualquer tipo de comentário sobre todo o episódio, a menos que instruídos do contrário".

Os dias seguintes foram frenéticos. A resposta veio algumas horas depois, na madrugada do dia 5, às 2.35 em Londres, com cópia para os destinatários usuais. Nela, o FCO dizia ao embaixador que ele devia conseguir uma audiência com o titular do Itamaraty "para expressar a surpresa e o de-

6 Idem, ibidem.

sapontamento de Sua Majestade com o atraso em permitir a partida do avião Vulcan". Em seguida, alinhava alguns argumentos legais a serem usados pelo embaixador. Vale dizer, a Grã-Bretanha, que naqueles mesmos dias brandia a Convenção de Genebra III para não atender ao pedido de dois países amigos, interessados em inquirir o comandante Astiz, procurava desconstruir a lei internacional para invalidar o pedido de nosso vizinho para que o Brasil segurasse um avião extraviado enquanto durasse o conflito. Para isso, propunha dizer que as Regras de Haia de 1923 eram um rascunho nunca transformado em instrumento de tratado jurídico e portanto não impositivo.

Reconhecendo em seguida que o internamento de aviões militares ingressantes em um país neutro era prática usual, já à época das referidas Regras, o argumento era que os dois lados não estavam em guerra e nenhum deles estava obrigado a aplicar as leis de guerra. "As partes com efeito não as aplicaram em sua plenitude. Não retiveram prisioneiros de guerra", salientava o FCO. Não havia razão para o Brasil não aplicar a esse caso as regras vigentes sob a lei da paz, basicamente, liberando o avião. Não deveria haver objeção dos argentinos, uma vez que o Brasil aplicasse o mesmo princípio a eles. No interesse do não exacerbamento da situação, o país não deveria agravar as hostilidades ou torná-las mais graves tratando-as como se equivalessem à guerra. Era difícil aceitar que os juristas brasileiros, assim como os próprios diplomatas, não percebessem o caráter "ad hoc" dessas sugestões, concluía o FCO.

Talvez por isso, o próximo argumento sugerido por Londres ao embaixador para ser transmitido ao chanceler Saraiva Guerreiro era que o governo britânico não via o assunto como jurídico, mas sim político. Esse seria o ponto real em questão. A Grã-Bretanha vinha destacando que sua disputa não era com a América Latina, nem mesmo com o povo argentino, mas com as ações do governo argentino. Era um problema que os britânicos não tinham buscado e no qual eles certamente não envolveriam o Brasil. O que era de esperar à luz das tradicionais relações bilaterais era um tratamento equilibrado. Nesse quadro, o governo de Sua Majestade tinha plena ciência de que aviões argentinos e de outros países tinham usado e ainda usavam campos de pouso brasileiros, transportando equipamento militar para emprego pela Argentina em ações contra os britânicos. Seria portanto igualmente apropriado que o Brasil retivesse esses aviões e suas cargas.

Nessas circunstâncias, continuavam as sugestões, os brasileiros não deviam duvidar que o governo britânico consideraria a reversão da decisão antes tomada como capaz de trazer "consequências muito sérias", que não conviria ao embaixador enumerar, para as relações bilaterais tão valiosas para ambos os países. Se fosse necessário, para que o Brasil chegasse a uma decisão favorável, seria possível oferecer a garantia de que tanto o avião quanto o míssil seriam trazidos ao Reino Unido e "colocados sob fiança" (*put in bond*), sujeitos a inspeção, e não mais seriam usados no conflito. Isso poderia ser interpretado como atendimento às exigências do ponto 7 da Resolução do Tratado do Rio, em 29 de maio, na medida em que eles seriam retirados das hostilidades. Se nada disso funcionasse, dizia o telegrama de Londres, o embaixador devia considerar "pressionar personalidades pró-britânicas nas Forças Armadas, na imprensa, comércio e finanças". Assinava o chanceler Francis Pym.[7]

Mas a pressão não se concentrou apenas em Brasília. Do outro lado do Atlântico, ao meio-dia do 5 de junho, o embaixador Roberto Campos foi convocado a uma entrevista com Anthony Acland, secretário permanente do FCO. A esta altura, Campos estava mais preocupado com sua estreia na carreira política, pois pretendia concorrer ao senado nas eleições daquele ano, por Mato Grosso, seu estado natal. No Foreign Office falava-se que ele tinha assumido "linha violentamente pró-argentina sobre as Falklands".[8] Era o decano do corpo diplomático em Londres e tinha relações pessoais com o establishment britânico. Participara da preparação da visita oficial de Geisel em maio de 1976.

Conforme o relato secreto que a embaixada do Brasil enviou à chancelaria, Acland disse ao embaixador, logo de início, que estava em "contato

7 Falklands: FCO to UKE Brasilia ("Vulcan diversion") [You should seek meeting with Foreign Minister etc], 1982 Jun 5, PREM19/633 f30, MTF. Acesso em 8 de abril de 2020. Na minuta apresentada pelo FCO no mesmo dia à delegação britânica em Versalhes e ao número 10 em Londres, dos 11 temas mais importantes nas relações externas, três se referiam ao caso Vulcan. Estes resumiam o que já vimos narrando. Falklands: FCO to UKDEL Versailles ("Falklands: Diplomatic Sitrep") [UN Security Council, Vulcan diversion etc, 1982 May 5, PREM19/633 f5, MTF, acesso em 8 de abril de 2020.

8 J E Holmes to Mr Fearn (SAMD), 27 April 1982, FCO 7/4213, 35a, NAK.

constante" com Mrs. Thatcher e o secretário Pym, que estavam em Versalhes para a reunião de cúpula, tendo sido instruído por ambos para expressar ao governo brasileiro uma série de pontos:

> a) o governo britânico atribuía "enorme importância à preservação de suas excelentes relações com o governo brasileiro";
>
> b) era desejo do governo britânico que o caso do internamento do "Vulcan" fosse decidido com base em considerações políticas "e não em termos exclusivamente legalísticos";
>
> c) receava-se que duas ocorrências recentes constituíssem indício de que o governo brasileiro estava abandonando sua política "extremamente construtiva" de "equilíbrio" (*evenhandness*) no conflito: I) a sustação da decisão de liberar o avião depois de desarmado; II) crescentes indícios de que armas da Líbia estariam transitando em aviões argentinos, ou de terceiros países, pelo Recife, "para reforçar o arsenal argentino";
>
> d) esperava o governo britânico "estar interpretando erroneamente esses sinais, pois desejaria estreitar e não esfriar as relações entre os dois países, apesar do conflito provocado pela Argentina";
>
> e) reiterava que o governo britânico atribuía "extrema importância" a uma solução "política" favorável do caso "Vulcan", comprometendo-se esse a "terminar" o uso bélico do avião mantendo-o "in bond" em base inglesa, caso isso facilitasse a decisão brasileira.[9]

Campos listou em seguida os pontos principais de sua resposta a Acland: a) que transmitiria ao governo brasileiro as "apreensões de Whitehall" (expressão equivalente ao Planalto, no Brasil) quanto a alegadas "mudanças de sinais" do governo brasileiro e ao desejo britânico de uma solução política e não jurisdicista para o problema; b) que não tinha instruções específicas sobre

9 Londres para Exteriores, 05/06/1982, Secreto, BR DFANBSB N8.0.PSN, EST.43 – Dossiê II das Malvinas – dossiê, Fundo: Conselho de Segurança Nacional, SIAN. Acesso a 9 de abril de 2020.

o caso e que, tanto quanto estava informado, o governo brasileiro ainda não tinha tomado decisão final; após recebida a nota argentina solicitando internamento do avião e tripulação, Brasília teria pedido dois pareceres jurídicos, um do Ministério da Aeronáutica e outro do consultor jurídico do Itamaraty, "a fim de se municiar adequadamente sobre os aspectos jurídicos do problema", antes de tomar uma decisão final; c) que não dispunha de informações sobre o eventual trânsito de armas por Recife. Neste ponto, o experiente embaixador perguntou quais seriam as fontes britânicas. Acland respondeu que as fontes eram notícias de três jornais brasileiros. Campos teria respondido que "especulações jornalísticas eram frequentemente extrapolações infundadas". O secretário do Foreign Office retrucou que essas especulações eram confirmadas por "fontes britânicas de inteligência".

O brasileiro reiterou que transmitiria aquelas ponderações ao Itamaraty, que certamente o instruiria sobre o assunto. Em seguida, lançou mão de um recurso diplomático usual, a expressão de opiniões em caráter "exclusivamente pessoal". Então, afirmou que no caso do avião a decisão brasileira "era complicada pela praxe internacional de observância informal das Regras de Haia sobre Guerra Aérea de 1923, conquanto não tenham sido elas formalmente aceitas", assim como pela recente resolução da Reunião de Consulta do TIAR. No caso do trânsito de armas, pelo fato de que o Brasil não reconhecia a validade jurídica das sanções impostas, seja pela CEE, seja pelos EUA, à Argentina, por não terem sido validadas pela ONU e por contrariarem dispositivos do GATT (da sigla em inglês para o Acordo Geral de Tarifas e Comércio).

Antes do final da entrevista, "ante ponderações do embaixador Acland sobre a estranheza com que via qualquer ação brasileira que facilitasse a 'tarefa perturbadora' do coronel Kadhafi", assim como sobre a responsabilidade argentina pela eclosão do conflito, Campos disse ter repetido os pontos de vista conhecidos do Brasil, quanto à necessidade de cumprimento integral da Resolução 502 da ONU. A conversa terminou com a lembrança por parte do embaixador de que o país vizinho se impacientara ante "longos anos de frustradas negociações" e de que o apoio brasileiro à tese da soberania datava de 1833. É difícil arriscar quem saiu mais contrariado da entrevista.

No final do mesmo dia, às 18.30, Saraiva Guerreiro concedeu audiência ao embaixador britânico. Segundo relato secreto do próprio chanceler ao

CSN, datado provavelmente de 7 de junho, a entrevista começou com a entrega por parte de Harding de um "papel" sobre o ponto de vista do Reino Unido a respeito do avião Vulcan retido no Galeão. O texto cumpria as instruções passadas pelo FCO na madrugada daquele dia, que já examinamos. Um ponto apenas não foi incluído, o que ficará claro no relato a seguir.

Após passar os olhos pelo documento, explicou o chanceler brasileiro, ele comentara os vários pontos. Sobre a inaplicabilidade das leis de guerra ao conflito das Malvinas, disse que situação não era tão clara e certamente o ponto era discutível. Não havia precedente similar e num primeiro momento a solução dada pela Aeronáutica havia sido adequada, mas o pedido argentino não podia deixar de ser levado em consideração. Por isso, a decisão fora suspensa, à espera de parecer dos consultores jurídicos do Itamaraty e do Ministério da Aeronáutica, à luz de normas como as Regras de Haia de 1923. O Brasil concordava até certo ponto com o tratamento político, sem prejuízo dos aspectos jurídicos pertinentes. Sobre o alegado tráfico de armas da Líbia, "os serviços competentes brasileiros tinham visitado a aeronave, nada encontrando de natureza militar". Desde o início se soube que a situação era difícil, mas o Brasil estava procurando, até agora com êxito, manter as relações com a Argentina "em plano de confiança e não de ressentimento". Essa meta era do próprio presidente Figueiredo, explicou.[10]

Diante de perguntas ou sugestões do embaixador, o chanceler esclareceu: a) a tripulação poderia partir, se o desejasse, ou ficar no Rio, a fim de cuidar do avião; b) seria inconveniente enviar outra tripulação em substituição à que estava no país, pois isso atrairia "atenção excessiva"; seria feita consulta à FAB sobre a possibilidade de um membro da tripulação permanecer dentro do Vulcan; c) as FFAA brasileiras possuíam apenas o mínimo indispensável de equipamentos modernos, não se colocando a questão de fornecer esse tipo de armas à Argentina; d) o Brasil ocupava o 16º lugar em gastos militares na América Latina; e) não se entendia a expressão "fim das hostilidades" como significando necessariamente o final de todas as operações, para fins de liberação do avião; f) diante da indagação específica sobre

---

10 "Secreto - Crise das Malvinas. Vulcan. Audiência ao embaixador britânico", BR DFANBSB N8.0.PSN, s/d, EST.43 – Dossiê II das Malvinas - Fundo: Conselho de Segurança Nacional, SIAN. Acesso em 10 de abril de 2020.

se o Brasil teria internado armas, se as tivesse encontrado nos aviões vindos da Líbia, o chanceler disse ao embaixador que "ao menos procuraríamos desencorajar os vôos e fazer com que fossem interrompidos"; g) era difícil fazer uma previsão sobre o tempo que demoraria o parecer jurídico. Diante da informação do embaixador Harding de que estivera com seu colega dos EUA, "o qual lhe expressara vivo interesse em garantir a segurança do míssil retirado do Vulcan", Saraiva Guerreiro reagiu explicando que havia clara decisão do governo brasileiro de só devolvê-lo uma vez findas as hostilidades. Disse que consultaria a FAB para verificar a possibilidade do míssil ser mantido fechado e selado.

Guerreiro registrou no mesmo relatório que o embaixador Motley tinha visitado na segunda-feira, dia 7, o chefe do Departamento das Américas do Itamaraty, junto ao qual expressou preocupação quanto à segurança do míssil e ante as notícias de trânsito de armas da Líbia via Recife. Ricupero forneceu ao embaixador as mesmas informações que o chanceler dera a Harding.

Depois de falar em estrita obediência às instruções que recebera do FCO, após a entrega da nota, Harding avisou que nos próximos pontos o faria em caráter pessoal. Dito isso, iniciou afirmando que compreendia a posição brasileira em relação à Argentina. Mas disse temer que não se entendesse no Brasil "os fortes sentimentos" que o caso provocava em Londres, onde era visto "como um teste da posição de equilíbrio do Governo brasileiro". Principalmente depois da nota da Aeronáutica que alimentou a impressão de que a aeronave seria liberada, a medida posterior apareceu como uma "reviravolta desagradável". O assunto despertava forte interesse "nos mais altos escalões do governo britânico". Neste ponto, o embaixador deu um passo adicional: a manutenção da decisão significaria que o Brasil "perderia alguma coisa" em relação ao governo de Londres (sempre citando aqui a versão de Saraiva Guerreiro sobre a conversa). Diante disso, ele pedia que, dada a delicadeza do assunto, a eventual decisão "sobre a substância do problema" fosse comunicada ao governo britânico antes de sua liberação para a imprensa.

Os dois interlocutores passaram então ao tema da visita recente do chanceler argentino Costa Méndez ao Brasil e ao da "aparente falta de perspectivas de uma saída negociada". Aproveitando o ensejo, Guerreiro expressou sua preocupação com a possibilidade de instalação de uma base conjunta com os

EUA nas ilhas, depois do fim do conflito. Se isso fosse feito, "inevitavelmente" a União Soviética teria interesse em fazer o mesmo na África "e se acabaria por precipitar o tipo de resultado que se queria evitar". Harding agradeceu a observação, que julgou útil para transmitir a seu governo. Este, segundo adiantou, também consideraria a posição brasileira "contrária a operações triangulares". Um documento que já examinamos marca a primeira vez que se falou em triangulação na documentação brasileira: "Na última 5a feira, dia 27 mai, a ARGENTINA recebeu 24 aviões SKYHAWK de ISRAEL, em triangulação com o PERU, o que, possivelmente, recompõe, em parte, o seu poder aéreo, já que teria perdido, até o momento, cerca de 60 aeronaves.[11]

Guerreiro encerrou essa parte de seu relato notando que, ao contrário do que fazia esperar o conteúdo da conversação de Roberto Campos com o secretário do Foreign Office, o embaixador não se referiu à possibilidade de declarar o Vulcan fora do conflito, mantendo-o retido em base inglesa, caso isso facilitasse a decisão do governo brasileiro sobre o assunto. Ele não sabia, mas esse quesito fazia parte, na forma de sugestão a ser utilizada ou não, a critério de Harding, das instruções dadas pelo FCO a Brasília, antes da audiência que o embaixador procuraria obter com o chanceler.

Nos dias seguintes, a tensão sobre o assunto se mantivera em Londres. O relato ao CSN continuava para informar que, em 7 de junho às 19.00, Harding voltara a procurar o chanceler com instruções adicionais de seu governo para reiterar: a) que as Regras de Haia não eram nem relevantes, nem obrigatórias; b) que a questão era política e não jurídica; c) que o desejo brasileiro de manter no conflito uma posição de equilíbrio não estava sendo demonstrado na prática, pois ao mesmo tempo em que nosso país aplicava as regras acima permitia o tráfego de armas argentinas pelo território brasileiro; se quiséssemos prolongar a detenção do Vulcan, deveríamos interromper os vôos argentinos. Se isso persistisse, as relações do Brasil com o Reino Unido sofreriam deterioração.

A reação de Guerreiro foi assim resumida por ele próprio: "Respondi, de início, que a referência à deterioração das relações, feita também no do-

11 "O mercado de ISRAEL colocou à venda, 190 SKYHAWK, à disposição da ARGENTINA". "Sumário Diário de Informações 37-E2.1/EME", 31 Mai 1982. Acesso em 31-3-20.

cumento entregue no sábado, era desproporcional ao incidente". Em seguida, disse que o Brasil não defendera que as Regras de Haia se aplicavam ao caso; era justamente isso que cabia aos consultores jurídicos deslindar, uma vez que não se podia simplesmente ignorar a invocação dessas regras pela Argentina. O parecer provavelmente estaria disponível no dia seguinte, 8 de junho. Se houvesse obrigação jurídica mais precisa, o país seria obrigado a cumpri-la. Caso contrário, seria necessário conversar com ambas as partes, a fim de encontrar solução satisfatória.

Quanto ao caso das armas líbias, a inspeção feita no Boeing não revelara sua presença. Se isso se verificasse, no futuro o Brasil "tentaria desencorajar a continuação dos vôos". O chanceler voltou a mencionar o caráter ambíguo e atípico da situação então vivida, uma vez que os dois países negavam estar em estado de guerra. Por essa razão, reiterou, a posição do Brasil não era "estritamente de neutralidade". O objetivo do governo brasileiro era encontrar "uma solução de caráter não-negativo, que não (fosse) mecânica". E isso seria tanto deixar o avião partir como mantê-lo internado até o final das hostilidades, sem explicação às partes. O Brasil preferia "uma fórmula menos dramática". Neste momento, ele lembrou que o secretário do FCO tinha mencionado a Campos a possibilidade de o avião ser confinado em base inglesa. O embaixador confirmou a informação. Essa ideia poderia fazer parte da solução do problema, concluiu Guerreiro.

Conforme seu relatório ao CSN, ao retomar a palavra Harding declarou compreender que ele tivesse considerado desproporcional a referência à possibilidade de deterioração das relações. Explicava-a contudo, "pelas circunstâncias das graves perdas humanas e materiais para as forças inglesas nas Malvinas e a comoção pública por elas ocasionadas". Segundo ele mesmo observou, afirmava o chanceler, o embaixador vinha tentando, até então com êxito, "fazer o Governo britânico entender que o Brasil adota posição de equilíbrio, mas pende para o lado argentino". A explicação teria sido aceita até o incidente do Vulcan. A partir daí, o caso foi vinculado à continuação dos "vôos transportando armas da Líbia, sobre os quais as autoridades britânicas disporiam de claras evidências" (vale dizer, o governo britânico fazia como o francês, que vinculou a suspensão da venda dos Exocet ao Peru à resistência britânica a atender ao pedido de interrogar Astiz).

De acordo com o embaixador, "naquele mesmo dia, duas fontes brasileiras diferentes ligadas à aviação civil, sem que ele tivesse solicitado nada, lhe teriam trazido espontaneamente a informação de que vinham fazendo escala em Recife dois vôos diários precedentes da Líbia para a Argentina, um da Aerolíneas e outro possivelmente um cargueiro militar". Harding perguntou se não seria possível passar essa informação aos serviços competentes do Brasil para que a investigassem e, se comprovada a presença de armas, que fosse determinada a interrupção dos vôos. Do contrário, a sua continuação, ao mesmo tempo em que o Vulcan permanecia detido, provocaria "impressão das mais negativas, pois haverá, inevitavelmente, um vínculo psicológico entre os dois fatos". O fato de as armas serem líbias aumentaria a sensibilidade em Londres, acrescentou.

Comentando essas palavras, Guerreiro disse que levaria esses dados ao conhecimento das autoridades competentes. Se fossem confirmadas, a impressão dele era que se procuraria desencorajar o prosseguimento dos vôos, mas essa decisão não era de sua competência, "mas do Governo como tal". Em resposta a uma indagação de Harding, o chanceler esclareceu que o alegado transporte de armas não tinha sido autorizado pelo governo brasileiro, "que jamais fora informado do fato".

O relato da mesma reunião feito pelo lado britânico guarda apenas ligeiras diferenças com o que acabamos de examinar. É bom lembrar que os relatórios sobre audiências dessa importância geralmente são elaborados por um assessor e depois revistos pelo embaixador, que pode suprimir ou enfatizar algum ponto, tendo em vista o destinatário final, uma alta esfera fora do ministério das Relações Exteriores, o chanceler, às vezes o próprio mandatário. Nesse quadro, Harding esclareceu melhor a questão do "fim das hostilidades": o Brasil entendia por essa expressão o término das ações militares em terra nas Ilhas Malvinas/Falklands. No ponto em que o chanceler explicou que a tripulação poderia ficar ou partir, no que a Argentina tinha concordado, o embaixador perguntou o que ocorreria se ela não tivesse anuído. A resposta foi que o Brasil estava confiante na eficácia do argumento que empregou e portanto isso não ocorrera.[12]

---

12 Falklands: UKE Brasilia record of conversation (FM Guerreiro-HM Ambassador) [RAF Vulcan, Brazil/Argentine/British relations], 82 Jun 5, FCO7/2143 f13, MTF. Acesso em 11 de abril de 2020.

O tema onde aparece maior contraste entre as duas versões foi a referência às atitudes da Argentina: Guerreiro teria dito a Harding que o país vizinho tinha se lançado na ação das Malvinas sem dizer nada ao Brasil. Naqueles momentos, os argentinos teriam sido "muito difíceis" de conversar; depois, teriam ficado mais "tratáveis". Mas, de novo, nos dias anteriores, eles teriam se tornado mais difíceis. Sobre a passagem de Nicanor Costa Méndez pelo Brasil (a caminho da reunião dos Não-Alinhados em Havana), mencionada *en passant* por Guerreiro, Harding também explicou melhor: contou que o brasileiro disse nada ter sido solicitado pela Argentina; a conversa tratara menos do presente que do futuro. O chanceler também teria dito que, apesar da linha de jornais como *O Estado de S.Paulo*, o Itamaraty via o país vizinho não como uma bomba a ser afastada (*kicked*), mas sim desativada (*defused*).

Não ficou clara também no ofício de Guerreiro a referência ao "comércio triangular" de armas que o Brasil não queria incentivar. A embaixada informou Londres que a expressão se referia a vendas à Argentina (não apenas de fornecedores árabes), via "entidades brasileiras". É provável que aqui a referência implícita fosse a Israel e que Guerreiro tenha feito uma inconfidência interessada. O já citado relatório secreto da Aeronáutica tem duas referências relevantes sobre o país do Oriente Médio, além da que consta do sumário da 1ª Subchefia do EME: a primeira datada de 12 de maio: "em virtude da guerra, os fornecedores de armas como Coréia, Singapura e Israel estão visitando a capital argentina, podendo ser destacada a venda de mísseis ar-ar por Israel"; a segunda de 17 de maio: "recebida mensagem criptografada do ADIAER em B. Aires, dando informes de que a Argentina estaria comprando aeronaves em Israel, podendo ser DAGGER ou Kfir, segundo outras fontes Sukoi e Mig apreendidos por Israel durante guerras com países árabes".[13]

Mas, completou o relato de Harding, no mesmo passo, o Brasil se sentiu obrigado a compensar o vizinho, permitindo a venda de armas fabricadas domesticamente. No ponto em que a conversa versou sobre os "fortes sentimentos" despertados na Grã-Bretanha pela mudança da decisão inicial de liberar

---

13 Ver Estado-Maior da Aeronáutica, 1ª Subchefia, Seção de Informações, "Acompanhamento da Guerra das Malvinas", secreto, BR DFANBSB N8.0.PSN, EST.43 – Dossiê II das Malvinas – dossiê, Fundo: Conselho de Segurança Nacional, SIAN. Acesso em 24 de fevereiro de 2020.

o avião, Harding foi mais explícito, referindo-se a Francis Pym e Margaret Thatcher, como o fizera, lembrou, o secretário do FCO em sua audiência com o embaixador Campos. E aqui se encerra a história das duas versões sobre o encontro realizado no auge da crise do Vulcan.

Da importância de ser neutro

No dia 8 de junho, o Itamaraty exarou um despacho *secreto-exclusivo*, na forma de uma "informação" ao Presidente da República, acompanhada pelo parecer do consultor jurídico do ministério, a respeito da situação do bombardeiro Vulcan, além dos três documentos que acabamos de examinar: os relatos das audiências concedidas ao embaixador Harding a 5 e 7 daquele mês e o telegrama do embaixador em Londres, dando conta das gestões feitas pelo Foreign Office, também no dia 5.[1] Os novos documentos são fundamentais para compreender temas-chave deste estudo sobre a participação do Brasil na crise das Malvinas/Falklands: a saber, a postura do Itamaraty face à pressão britânica no sentido da liberação do avião retido e a discussão, à luz do Direito Internacional, sobre o caráter da neutralidade brasileira, um tema desde o início central nas análises sobre o papel brasileiro na guerra.

O parecer jurídico abria-se com uma discussão sobre a própria definição de guerra, no passado e no presente. Antes conceituada como uma relação jurídica, "um meio de autotutela", esta passara a ser entendida, a partir da Carta das Nações Unidas, como um ato ilícito, na verdade um estado de fato, do qual decorrem consequências jurídicas. A situação vivida naquelas semanas podia ser definida não como um conflito tradicional, nos termos de Clausewitz, que se submete aos rígidos princípio do *Jus in Bello,* mas "um conflito num teatro de ação circunscrito", dizendo melhor "um conflito atípico", que originava

1 Ministério das Relações Exteriores, 78º despacho, "Questão das Malvinas. Bombardeiro Vulcan. Trânsito de armas pelo Brasil", Secreto-Exclusivo, cit. SIAN. Acesso em 13 de abril de 2020.

"situações atípicas", como a do caso Vulcan. Tudo isso segundo a consultoria jurídica do Itamaraty.[2]

O estado de guerra não foi notificado "às Potências" e não houve a consequente Declaração de Neutralidade, "ato jurídico que encerra uma correlação de direitos e deveres" (deixaremos de lado os termos em latim, em todo o texto). Neutro significa, em princípio, "nem de um, nem de outro". Em sua compreensão atual (1982), a neutralidade aparecia como "a imparcialidade na luta" e constituía um princípio geral que envolveria dois aspectos: não bastava a noção passiva da abstenção; havia também uma face ativa. Nesse sentido, "os beligerantes não encontrarão apoio para a guerra no Estado que proclame a sua Neutralidade". Esta não seria indiferença e implicaria em direitos e deveres no espaço jurídico internacional.

Segundo a consultoria do MRE, não era de estranhar que as hostilidades tivessem se iniciado sem a formalidade de uma declaração, pois, como diz Hildebrando Accioly (1957), "os internacionalistas ingleses sempre negaram a utilidade de tal ato, chegando alguns a considerá-la nociva". Isso ia no sentido contrário ao da 2ª Conferência de Haia, relativa ao rompimento das hostilidades, que estatuía a obrigatoriedade da notificação às potências signatárias. Aí também se estabelece, conforme o mesmo teórico, "que as potências neutras não poderão invocar a ausência de notificação uma vez que se possa provar, que, de fato, já era do seu conhecimento". Nessas condições, a atitude do Brasil era correta, "ao tornar-se automaticamente imparcial, situação jurídica que decorre de sua soberania estatal". Mas essa posição "não comporta uma atitude passiva, alheia, antes também ativa que se reflete na atitude jurídica da participação: é a abstenção" (Oppenheim). O chamado Direito de Guerra não distinguiria entre o Estado agressor e o Estado vítima de agressão, segundo o mesmo teórico. E nem seria fácil, naquela conjuntura, a sua qualificação.

Ao abolir a guerra, a Carta da ONU não extinguiu a neutralidade e seu artigo 2º estatui "que todos os Membros dar-lhe-ão toda a assistência e se absterão de dar auxílio a qualquer Estado contra o qual as Nações Unidas agi-

---

2 Ministério das Relações Exteriores, documento sem título, anexo a "Questão das Malvinas. Bombardeiro Vulcan. Trânsito de armas pelo Brasil", 78º Despacho (indiretamente, Item no 1), Secreto-Exclusivo, BR DFANBSB N8.0.PSN, EST.43 – Dossiê II das Malvinas, cit., SIAN. Acesso em 19 de abril de 2020.

rem de modo preventivo ou coercitivo". Esse seria o caso, dizia o consultor do MRE. Distingue-se assim, na noção de neutralidade, a *neutralidade imperfeita*, em que "o Estado, direta ou indiretamente, concede certa assistência a um deles, em virtude de compromissos assumidos anteriormente à guerra". Seria isso que se denominou de *neutralidade benevolente*, admitida no Direito Internacional, "um sinal de simpatia, que não fere a imparcialidade jurídica" (Klein). Ou, segundo outra visão, "a *neutralidade estrita* (grifos nossos), ou o dever de imparcialidade dos neutros, não é incompatível com o apoio moral e os testemunhos de simpatia em favor de um dos beligerantes" (Accioly). Isso não seria "sinônimo de indiferença" (Bluntshli).

No entanto, os neutros têm direitos e deveres. O primeiro deles, que caracterizaria a imparcialidade,

> é "dar igual tratamento aos beligerantes" (Kelsen, 1953). A 13ª Convenção de Haia (1907), sobre direitos e deveres em caso de guerra marítima (não havia à época guerra aérea), dizia: é proibida a entrega, seja a que título for, feita direta ou indiretamente, por uma potência neutra a uma potência beligerante, de vasos de guerra, munição, ou outro qualquer material de guerra.

Os deveres dos neutros podem ser passivos (não praticar) e ativos (o de se opor a toda violação de sua soberania), prosseguia o parecer. A mesma convenção rezava que "o território das potências neutras é inviolável". Cruzar-lhe as fronteiras (antes terrestres e marítimas, hoje, "o espaço aéreo sobrejacente") "por um beligerante, em ação hostil ou não, constitui uma violação da neutralidade".

Seria "evidente, defendia o parecer do MRE, que a passagem de um navio de guerra ou aeronave que favorece um dos beligerantes, não pode ser legítima". Na moderna doutrina, a simples passagem de tropa, navio ou aeronave em território nacional "depende de autorização legal", pois equivale a um auxílio a um beligerante em detrimento de outro" (Accioly). Resultaria claramente das Convenções de Haia 5, 3 e 13 "ser ilícita qualquer facilidade diretamente ligada às operações militares ou navais, ainda que consistentes apenas na permissão de passagem de forças beligerantes por território neutro – embora consentida a ambos os beligerantes" (Oppenheim-Lauterpacht). Artigos da

V e da XIII Convenções de Haia obrigavam os estados neutros a tratar os beligerantes de forma uniforme. O Artigo 2º da primeira delas interditava aos beligerantes "fazer passar através do território de uma potência neutra tropas ou comboios, exortando pelo artigo 5º a obrigação dos Estados neutros de não tolerarem tais atos".

Já o artigo 42 das Regras de Haia (1923, quando a aviação militar ainda engatinhava) sobre neutralidade aérea estipulava: "a aeronave beligerante que penetra no espaço aéreo neutro deve ser obrigada a aterrissar e ser internada" (Guggenheim, 1954). Isso vale mesmo que o espaço aéreo tenha sido violado por erro. "A internação de militares beligerantes, que penetram em território neutro sem o consentimento do estado neutro, é legítima", defendia o parecer brasileiro. E o material de guerra deveria ficar sob a guarda do Estado neutro. Em consequência, do mesmo modo, o acesso de portos (ou aeroportos) neutros, a navios de guerra ou aerononaves beligerantes. Ocorre que na prática navios beligerantes em perigo extremo têm tido permissão para entrar em portos neutros, embora alguns autores entendam que, no caso, estes devam ser desarmados e internada sua tripulação. Mas, segundo Accioly, "não existe nenhuma regra convencional que estabeleça tal obrigação, nem se acha ela consagrada pela política internacional". O que se reconhece "é o direito do estado neutro de exigir o desarmamento". Quanto a aeronaves militares beligerantes, também não haveria regra no Direito Internacional positivo, "quanto ao asilo em estado neutro" afirmava o parecer, aproximando-se cada vez mais do caso Vulcan.

Mas alguns princípios podiam ser deduzidos da prática internacional e de preceitos adotados nas guerras marítima ou terrestre, segundo o teórico citado acima. Dessa forma, podia-se concluir que: a) "não se deve permitir a uma aeronave militar beligerante penetrar na jurisdição de um Estado neutro"; b) se a aeronave *forçasse* a entrada nesse espaço, duas regras poderiam ser aplicadas: "por analogia à guerra terrestre, os aparelhos deveriam ser retidos ou sequestrados, com o respectivo material e a tripulação internada"; por analogia à guerra marítima, com base na XIII Convenção de Haia, as aeronaves militares poderiam pousar em território neutro, "mas somente por tempo não excessivo de 24 horas, salvo por causa de avaria ou por serem desfavoráveis as condições atmosféricas". Mas o texto reconhecia que a prática internacional não era uniforme a respeito e tinha variado com as circunstâncias.

Como não havia norma precisa, alguns pensavam em aplicar *com ligeira modificação*, o preceituado no Art 42 do Código de Haia, de 1923, como fez a Embaixada da Argentina, como vimos. O parecer reconhecia, seguindo Verdross, 1963, que as Regras de Haia de 1923 não eram fontes de Direito, mas "apenas a expressão da concepção jurídica de alguns internacionalistas eminentes". Não constituiriam novas normas, "mas a aplicação de princípios gerais do Direito de Guerra Terrestre às condições da Guerra Aérea". Não teriam sido ratificadas "e, portanto, não participariam do Direito Positivo". A Convenção de Haia sobre Guerra Marítima estipulava que "um navio de guerra de um beligerante não (podia) reparar as avarias a não ser na medida indispensável à segurança da navegação e desde que não aumente seu potencial bélico" (Oppenheim-Lauterpacht).

Do Preâmbulo da Convenção XIII de Haia, era possível depreender que "os neutros hão de ampliar imparcialmente aos beligerantes as normas adotadas", continuava o documento. Mas isso não significaria "um dever de equiparação absoluta dos beligerantes, já que o neutro é livre". O Direito de Neutralidade continha normas particulares que se afastavam do Direito Geral. Como não havia normas específicas universalmente aceitas o parecer propunha aplicar, por analogia, as normas da referida convenção de Haia, "'assemelhando' o avião militar britânico, em 'pane', a navio em 'arribada forçada'". Nada impediria a assimilação da guerra aérea aos princípios da guerra marítima. Quanto à chamada "regra das 24 horas" (artigo 12 da XIII Convenção de Haia), o texto defendia tratar-se de "noção superada, pois durante a 2ª Grande Guerra esse prazo foi várias vezes dilatado, 'pela necessidade de reparos'". Por fim, em 1942, em decorrência da Conferência dos Ministros das Relações Exteriores (Rio de Janeiro, 15-27 de janeiro), "foi também o prazo dilatado por uma atitude de *neutralidade favorável* aos Estados Unidos, com facilidades especiais de permanência, em contrário à *neutralidade indiferente*, estatuída na Haia em 1907" (Charles Rousseau, 1966) (grifos nossos).

Conforme esses argumentos, o parecer concluía:

> parece-nos lícita a devolução da aeronave britânica, desarmada e sua respectiva tripulação, após os reparos indispensáveis, observada uma rota de retorno pré-fixada; e levando-se em conta o espírito de *imparcialidade benevolente* (grifo nosso) que o

> Brasil perfilha, justo se afigura, ainda, um compromisso formal de que a citada aeronave não mais será empregada em operações no presente conflito.[3]

Pressurosa em encerrar pelo menos parte da questão, a embaixada britânica providenciou, já no dia 9 de junho, o documento solicitado. O ofício-garantia, "em retorno à concordância do governo brasileiro de permitir que a aeronave abasteça e volte a sua base, que a aeronave não tomará mais parte nas correntes hostilidades contra a Argentina".

Com base no parecer, no dia 8 de junho, o chanceler Saraiva Guerreiro dirigiu ao presidente João Figueiredo a crucial informação secreta-exclusiva que passamos a analisar.[4] O texto extraía dos outros documentos do dossiê suas "considerações sobre as gestões britânicas quanto ao (...) bombardeiro e ao alegado trânsito de armas pelo Brasil com destino final à Argentina" e constitui excelente síntese da atitude do Brasil diante do conflito. Quanto ao Vulcan, seus argumentos foram os seguintes:

> a) de um ponto de vista *jurídico*, tratava-se de uma situação atípica: não havia guerra no sentido jurídico, nem se colocava a questão da neutralidade, "que existiria apenas em caso de guerra *strictu sensu*"; por outro lado, não se aplicava também estritamente o direito de paz, pois existiam hostilidades; tanto o CS da ONU como o OC do TIAR tinham se pronunciado sobres elas;
>
> b) de um ponto de vista *político e diplomático*, o governo brasileiro vinha dando apoio à Argentina, inclusive, permitindo que adquirisse armamento de produção nacional, o que estaria de acordo com a resolução adotada na XX Reunião do OC

3 G W Harding a Ramiro Elysio Saraiva Guerreiro, 9 June 1982, Caixa 1730 940 (A30 (A19) à 940 (B29) (F27), Maço "Guerra. Invasões bélicas. Invasão. Bloqueio. Armistício. Grã-Bretanha-Argentina. Universo", 06-06 a 18-06, AMREB.

4 Ministério das Relações Exteriores, "Informação ao Presidente da República, 08 de junho de 1982, "Questão das Malvinas. Bombardeiro Vulcan. Trânsito de armas pelo Brasil", 78º Despacho (indiretamente, Item no 1), Secreto-Exclusivo, BR DFANBSB N8.0.PSN, EST.43 – Dossiê II das Malvinas - dossiê, Fundo: Conselho de Segurança Nacional SIAN. Acesso em 19 de abril de 2020.

do TIAR. Esta solicitava aos Estados Partes que prestassem à Argentina o apoio que julgassem apropriado e se abstivessem de qualquer ato que pudesse prejudicar esse objetivo. Portanto, não se devia tomar qualquer medida que pudesse dar alento ao Reino Unido;

c) a Argentina pedira que fossem aplicadas ao Vulcan as regras de *neutralidade estrita* (que não eram inteiramente claras com relação a aeronaves, por falta de convenção vigente). Se o Brasil atendesse o pedido argentino, a Grã-Bretanha poderia exigir que aplicasse o estatuto da neutralidade também em relação à Argentina, o que seria incompatível com as várias formas de apoio que o país vinha dando ao país vizinho;

d) nessas circunstâncias, parecia necessário ao chanceler "procurar uma solução *sui generis,* de caráter prático, que (atendesse) ao máximo à Argentina, sem caracterizar uma *neutralidade formal*, que (servisse) de argumento ao Reino Unido para outras questões". Aqui, Guerreiro notava que, verbalmente, o governo argentino havia pedido que "pelo menos se atrasasse" a entrega do avião. A nota escrita obviamente não mencionava essa hipótese, completava o chanceler (exceto a expressão latina todos os grifos são nossos).

Com relação ao trânsito de armas pelo Brasil, as considerações do chanceler encaminhadas ao Presidente eram três: a) o Itamaraty explicara ao embaixador britânico que o país não tinha interesse em participar de operações triangulares para o fornecimento de armas à Argentina, seja por uma questão de princípio, seja porque elas envolveriam terceiros países, "com os quais o governo brasileiro (poderia) não desejar estar associado"; b) por outro lado, ficara claro que o Brasil já vendera e continuaria a vender armas de produção própria à Argentina; c) a questão do trânsito de armas era de natureza diferente das precedentes. Tendo em vista que a Líbia, "país que desperta fortes resistências", alegadamente era o fornecedor e que as operações tenderiam a repetir-se (como demonstravam as gestões britânicas, as quais revelavam também que o Reino Unido dispunha de "fontes seguras dentro do Brasil para acompanhá-las"), nosso país tinha interesse em evitar que as mesmas se multiplicassem no futuro. Caberia notar que o governo argentino não pedira nada ao Brasil nem o avisara a respeito das alegadas operações. Os "serviços competentes" brasileiros tinham verificado as alegações "inglesas" mas não as confirmaram. Neste ponto, o chanceler era do parecer de que se deveria "procurar evitá-las, sem fazê-lo dramaticamente".

No que tange a "outros aspectos", o parecer esclarecia "quaisquer soluções que venham a ser adotadas devem evitar que os britânicos se sintam estimulados a utilizar território brasileiro como alternativa em casos de necessidade aparente e que os argentinos usem esse mesmo território com escala para seu ressuprimento".

Nessas condições, o chefe do Itamaraty sugeria ao Presidente:

> a) reter o armamento transportado pelo avião Vulcan, "cuja presença no Brasil foi permitida por razões exclusivamente humanitárias, até o final do conflito". Dessa forma seria dada alguma satisfação à Argentina;
>
> b) restituir o bombardeiro (após conseguir o compromisso já visto). Com isso seria atendida a solicitação "inglesa", aproveitando a fórmula proposta por eles próprios; por outro, o decurso de tempo entre o pouso do avião no país e sua liberação, sob condições, "dariam alguma margem de satisfação à Argentina";
>
> c) informar o governo britânico de que a decisão seria de caráter "puramente prático, não constituindo precedente jurídico". O governo brasileiro esperava que o episódio não se repetisse;
>
> d) informar também o governo britânico que, no interesse da manutenção das relações amistosas entre os dois países, "o governo brasileiro decidira não levar em consideração os termos do último parágrafo do 'papel' que o embaixador inglês deixara (com o chanceler) no sábado, por considerar que o mesmo contém um tipo de insinuação desnecessária e desproporcional";
>
> e) o governo argentino seria previamente informado da decisão brasileira;
>
> f) com relação ao trânsito de armamentos, seria repetido ao governo inglês que o governo brasileiro procuraria "desencorajá-

> -lo, sem porém, fazer nada dramático", uma vez que o Brasil não se juntou ao embargo de armas imposto à Argentina e "o Reino Unido continuava a suprir-se de armas junto a países ocidentais". O governo argentino seria informado da disposição brasileira a evitar o trânsito de armas pelo país.

O texto terminava com a observação: "Essas gestões tem caráter de absoluta urgência para que se possa aproveitar a relativa pausa dos combates que ora se verifica e que, provavelmente, só se prolongará enquanto o presidente Reagan estiver em Londres, ou seja, até o final" daquele mesmo dia.

No dia 11, uma pequena matéria no jornal *O Estado de S. Paulo* trazia o título "Vulcan vai embora mas não leva o míssil". O texto dizia; "sem o míssil Sidewinder, que ficará sob a guarda da FAB até o final da guerra das Ilhas Falkland, o bombardeiro inglês Vulcan decolou com destino à Ilha de Ascensão, depois de ficar uma semana retido na base aérea do Galeão". Segundo a nota, o avião fora liberado por ordem do presidente João Figueiredo, após se conseguir o compromisso acima mencionado. Terminava assim o caso Vulcan; permanecia o problema do míssil.

Os amigos britânicos

Logo no dia seguinte ao pouso do Vulcan no Galeão, ficou evidente que, embora a preocupação explícita dos britânicos fosse com a rápida liberação do avião, o motivo real era o artefato que permanecera na asa, quando da aterrissagem de emergência. Não tardou muito para o Itamaraty e as autoridades da Força Aérea perceberem que a segurança do míssil não era importante somente para a Grã-Bretanha, mas também para os EUA. Graças à liberação, em 2012, da documentação diplomática britânica é hoje possível entender melhor o que ocorreu.

Naquele agitado dia 4 de junho de 1982, às 21.40 (hora local), um telegrama secreto enviado pela embaixada britânica em Washington ao FCO dizia: "informamos o Departamento de Estado e pedimos a eles que façam o embaixador dos EUA exercer seu peso (*to weigh in*). Eles confirmaram que, tendo em vista a necessidade de proteger a tecnologia do míssil, (o embaixador) tem instruções de levantar a questão nos níveis mais elevados possíveis".[1] Parecia óbvio que o objeto em tela não era uma arma comum.

Um livro dedicado às operações dos Vulcan do início ao fim do conflito traz um pós-escrito sobre o caso que nos interessa: "Rio rendez-vous" (White, 2010). O texto afirma que "um jornal brasileiro por sorte (*helpfully*) identificou errado o grande (...) míssil como um AIM9 Sidewinder". Não houve desmentido dos militares brasileiros. "O transporte de uma arma de autodefesa para dentro do Rio era de alguma forma menos inflamatório que o de uma destinada ao ataque", explica o autor. Com efeito, o *Jornal do Brasil*

1 Falklands: UKE Washington to FCO ("Vulcan diversion") [UKE Washington asks US Ambassador to Brasilia to 'weigh in' on Vulcan dispute", 1982 Jun 4, PREM19/633 f33, MTF. Acesso em 8 de abril de 2020.

mencionou o suposto nome do míssil em matéria publicada naquele mesmo dia 5, provavelmente depois de ouvir fontes da FAB.[2] De fabricação norte-americana, o Sidewinder era amplamente utilizado em várias forças aéreas, inclusive a do Brasil.

Mas o míssil que foi guardado num depósito da Base Aérea do Galeão não era esse, embora também fosse produto da tecnologia americana. Não era de invenção recente (fora usado na guerra do Vietnã), mas sua capacidade de seleção de alvos era de última geração. Tratava-se de uma arma de ataque. Sua função era localizar e destruir radares ativos. Equipado com quatro desses artefatos (em outras missões, carregava dois), o Vulcan tinha se livrado de um deles em pleno mar. Restou o pomo da discórdia, cujo mecanismo de disparo travou. Para piorar a situação, no momento do pouso a arma estava ativa. Quando a aeronave pousou e taxiou até estacionar na pista, onde ficou sob o calor do meio-dia, a proximidade de radares na torre do Galeão tornava mais prudente que fosse desativado com urgência (White, 2010). Não se sabe se os especialistas da FAB, que certamente perceberam que não era um Sidewinder, tiveram de imediato alguma ideia do que era. Hoje se sabe que se tratava de um Westinghouse AGM-45 Shrike.

Segundo Middlebrook, a ideia inicial era equipar os Vulcan com o míssil francês Martel, "mas eles não foram considerados adequados para ação em torno de Stanley porque poderiam ser 'seduzidos' por um espectro muito grande de radares e poderiam acabar na cidade de Stanley, causando dano a civis". Em vez disso, "os britânicos apressadamente adquiriram os mais avançados mísseis Shrike americanos, que eram mais seletivos em sua detecção de emissões de radar" (Middlebrook, 2012). Isso explica a tensão do capitão Neil McDougall, do adido aeronáutico britânico, dos embaixadores dos EUA e do Reino Unido e de altas autoridades em Londres e Washington.

---

2 "A FAB já tomou posição: o míssil Sidewinder retirado do Vulcan deve permanecer no Brasil até o fim do conflito no Atlântico Sul", afirmou o periódico, "Pedido argentino leva Brasil a reter Vulcan", *Jornal do Brasil*, 5 de junho de 1982. Em outro diário, o especialista em armamentos Roberto Godoy afirmou, no calor da hora, que os seis homens a bordo "não podiam contar com quaisquer armas defensivas: o Vulcan não leva canhões nem mísseis ar-ar", "Ação rápida comprova capacidade do Brasil", *O Estado de S.Paulo*, 5 de junho de 1982.

A tripulação do avião era composta pelo copiloto Chris Lackman, o primeiro a perceber que faltaria combustível para chegar a Ascensão, além do navegador Barry Smith, encarregado de distribuir o combustível pelos 14 tanques do avião; do encarregado do radar, Dave Castle; do piloto reserva Brian Gardner e do operador de rádio Rod Trevaskus (White, 2010). A presença do copiloto levou oficiais da FAB a comentarem em *off* com a imprensa que o avião devia estar em missão de treinamento. Era a terceira viagem de longa distância do capitão e seus homens em seis dias (Black Buck 4, 5 e 6), embora a primeira não tivesse chegado às ilhas, por problemas de abastecimento. Na operação Black Buck 6, o Vulcan carregou quatro mísseis, ao contrário das duas anteriores, onde foram apenas dois (Middlebrook, 2012). Gardener foi o responsável por atirar na água, numa lata usada para guardar mantimentos, todo o material sensível. Este era o procedimento padrão previsto desde o início em emergências como a que levara o Vulcan ao Galeão (White, 2010).

No dia 11 de junho, a mesma data em que o Vulcan deixou o Rio rumo a Ascensão, um ofício ultra-secreto do MOD, com o aviso "British eyes only" alertou o gabinete da primeiro-ministro que John Nott acabara de autorizar mais uma operação Black Buck (a de número 7, que seria a última da série), outra vez para bombardear a pista do aeroporto de Port Stanley com 21 artefatos de 1000 libras. Dados os antecedentes, o ofício dizia: "o comandante da Força Tarefa pesou cuidadosamente o risco da aeronave ter que desviar para o Brasil na sua viagem de volta, em relação ao valor de um *raid* bem sucedido". E alertava a premiê: "a tripulação do avião foi avisada que se forem desafortunados o suficiente, a ponto de terem que desviar para o Brasil, devem ejetar todas as armas e o material sigiloso". E completava: "eles devem usar a história falsa (*cover story*) de que estavam numa saída de reconhecimento marítimo". Foi isso provavelmente o que fez a tripulação do outro Vulcan, depois de aterrissar no Rio de Janeiro.[3]

Em Londres, já no dia seguinte, segundo extratos transmitidos pela embaixada brasileira à chancelaria em Brasília, a imprensa seguiu a versão do

---

3 Falklands: MOD letter to nº 10 (Nott authorises further Operation Black Buck to attack Port Stanley airfield) [contingency in case Vulcan has to divert to Brazil], 1982 June 11, PREM19/651 f55, top secret UK eyes B, MTF. Acesso em 9 de abril de 2020.

Ministério da Defesa, britânico. O *Times* abriu matéria de primeira página em quatro colunas, com a frase "Um Vulcan da RAF em missão de reconhecimento sobre o Atlântico Sul, possivelmente em busca de navios argentinos, sofreu problemas de combustível e foi forçado a pousar numa base aérea brasileira". Questionando a nota das autoridades do país, que chamou o avião de bombardeiro, o jornal conservador defendeu que podia se tratar de uma versão de reconhecimento estratégico do avião e, embora não houvesse nada publicado, sua missão talvez fosse "estabelecer a concentração de tropas argentinas nas Falklands" e os danos provocados por ataques aéreos e bombardeios britânicos. Num dia inspirado, o diário também levantou a possibilidade de que o Vulcan poderia estar vigiando a longa costa da Argentina, em busca da marinha desse país. Completando sua colaboração com o MOD, o *Times* acrescentava: "sugeriu-se que a aeronave estava no trecho de ida (*outward leg*) de seu voo, em direção sul, quando o problemas de reabastecimento apareceu". Vale dizer, o avião da RAF estaria se dirigindo às ilhas, não retornando delas. O restante da imprensa, embora sem tantos detalhes, seguiu a mesma linha.[4]

Apenas o *Guardian*, o único órgão consistentemente crítico da guerra, em matéria com o título "Rio Lands a Vulcan", "pareceu dar mais ênfase à interceptação e ao uso da aeronave como bombardeiro", conforme avisou a embaixada brasileira em Londres. Com efeito, o jornal publicou aquilo que já era público, mas não interessava espalhar: "A Grã-Bretanha usou aviões Vulcan, baseados em sua ilha de Ascensão, para bombardear posições argentinas nas Ilhas Falkland, reabastecendo-os em vôo". Dessa forma, apenas os leitores do cotidiano de esquerda ficaram próximos da verdade.

No entanto, comunicado do Estado-Maior Conjunto argentino (número 128), divulgado às 23.30 do dia 4 de junho e repassado à chancelaria por nossa embaixada em Buenos Aires quinze minutos depois, revelava: a aeronave que desviou para o Rio "regressava do cumprimento de uma missão de bombar-

4 Londres para Exteriores, 04/06/82, Caixa 1730 940 (A30) (A19) a 940 (B29) (F27), Maço "Guerra. Invasões bélicas. Invasão. Bloqueio. Armistício. Grã-Bretanha-Argentina. Universo", 01-4-82 a 05-6-82, AMREB. A matéria do *Times* tinha o título "RAF Vulcan lands in Brazil"; a do *Daily Telegraph,* "Rio frees stranged Vulcan" e a do *Financial Times*, que a embaixada considerou "mais discreta", "Brazil to release Vulcan".

deio nas Malvinas". Ao lado desta informação chave o informe dizia que: 1) o ataque com bombas não produziu danos; 2) "conjuntamente com o bombardeio, devia produzir um ataque com mísseis que não pode se concretizar porque o sistema de lançamento do míssil travou" (os comunicados desse tipo devem aparentar onisciência) e 3) "com o míssil travado, com risco de explodir, dirigiu-se ao Rio de Janeiro". Todas essas qualificações, como veremos, eram falsas. De todo modo, segundo a mesma nota, "o governo da República Federativa de Brasil está analisando o problema a fim de adotar as medidas pertinentes". O telegrama que encaminhou o texto a Brasília era assinado pelo embaixador brasileiro, Carlos Duarte.[5]

Assim, fica claro que a Argentina transmitiu ao Brasil, em algum momento depois do pouso da aeronave no Rio de Janeiro e antes da divulgação do comunicado acima, a informação de que o Vulcan voltava de uma missão de ataque, o que dava a nosso país condições de saber se a versão britânica era ou não correta. Com essa informação em mãos, o Brasil tomou a decisão de reter o avião. Mas em nenhum momento contou ao embaixador britânico que sabia de onde viera o Vulcan e que missão desempenhara. Uma semana depois, reportagem de Patrick Knight publicada no *Times*, cujos trechos principais foram reproduzidos em telegrama de nossa embaixada em Londres para a chancelaria no mesmo dia, registrava: "o míssil será retido no Rio até o final das hostilidades. Fala-se aqui que o míssil Sidewinder no Vulcan era de um tipo especificamente projetado para ser guiado para instalações de radares, e que o Vulcan estava tentando anular as forças argentinas defensoras de Port Stanley". A conta-gotas, a verdade ia aparecendo.[6]

As primeiras notícias da imprensa tinham se referido a um segundo avião que acompanhava o Vulcan, segundo os dados do radar do Cindacta, sem maiores detalhes. Tratava-se de um Nimrod MR2, que dava apoio à operação de abastecimento feita por aviões-tanque Victor. Seu capitão, David

---

5 Telegrama recebido da Embaixada em Buenos Aires em 04/06/82, Caixa 1730 940 (A30) (A19) a 940 (B29) (F27), Maço "Guerra. Invasões bélicas. Invasão. Bloqueio. Armistício. Grã-Bretanha-Argentina. Universo", 01-4-82 a 05-6-82, AMREB.

6 Londres para Exteriores, 11/06/82, Caixa 1730 940 (A30 (A19) à 940 (B29) (F27), Maço "Guerra. Invasões bélicas. Invasão. Bloqueio. Armistício. Grã-Bretanha--Argentina. Universo", 06-06 a 18-06, AMREB.

Emmerson, acompanhou os diálogos tensos do Vulcan com a torre de controle do Galeão e se afastou quando veio a autorização de pouso (White, 2010).

Mas a informação completa viria quatro meses depois pela voz do próprio MOD. Trata-se da declaração formal de mérito (*citation*) para a condecoração por bravura (*gallantry*) conferida ao capitão Neil McDougall, que veio à luz a 12 de outubro na *London Gazette* (o *Diário Oficial* britânico). Sua publicação coincidiu com a parada da vitória que teve lugar em Londres, nesse dia. Em telegrama confidencial à embaixada em Brasília, datado de 8 de outubro, o MOD alertava sobre o conteúdo da "citação", visando reduzir eventuais danos nas relações com o Brasil.[7] O texto dizia que o homenageado comandara duas missões de ataque contra as East Falklands, a partir da ilha Ascensão, nos dias 31 de maio e 3 de junho. Na primeira, houve sucesso na ação contra radares argentinos. A arma utilizada foi o míssil anti-radiação Shrike. Na segunda, o inimigo desligou os radares, mas quando um deles foi religado, os mísseis ar-terra o atingiram (resolve-se aqui a incógnita do destino dos dois mísseis faltantes no Vulcan). Depois disso, foi efetuado o encontro com o avião-tanque, mas uma peça de conexão (*probe* ou "chupeta", no jargão aeronáutico) não funcionou e daí para a frente sabemos o que ocorreu. Para o MOD, a bravura e a perícia de McDougall possibilitaram o pouso "para uma recepção desconhecida numa base aérea estrangeira fora dos planos", mostrando qualidades de liderança e frieza que forneceriam um exemplo magnífico a outros oficiais. Por tudo isso, o capitão recebia a "Distinguished Flying Cross". O ofício dizia que, no dia 6 de outubro, essas informações foram passadas pessoalmente ao embaixador Harding, então de licença em Londres, quando ele esteve no MOD.

O alerta visava deixar de sobreaviso a embaixada, caso os detalhes da justificação da homenagem fossem colhidos pelo governo ou pela imprensa no Brasil. "Note que a declaração de mérito fornece detalhes mais completos do que os divulgados até aqui. Favor informar de imediato quaisquer comentários locais especialmente acusações de que fomos pouco francos na ocasião e favor certamente tomar as medidas necessárias para evitar problemas que possam afetar o uso futuro de campos de pouso brasileiros".

---

7 Falklands: Ministry of Defence to UKE Brasilia ("Vulcan diversion on 03 June 82") [causes of diversion], 1982 Oct 8, FCO 7/4124 f5, MTF. Acesso em 11 de abril de 2020.

Mesmo sabendo, sem maiores detalhes, que o avião britânico estivera em missão nas ilhas, os oficiais da FAB que serviam na base aérea do Galeão foram impecáveis em sua hospitalidade. Segundo um relato, "a tripulação do Vulcan foi tratada com decência e correção" (Middlebrook, 2012). Outro livro apresenta uma versão um tanto mais emocionante: os tripulantes não sabiam o que os encontraria no Brasil, se tivessem que aterrissar num campo perdido no interior do país, onde uma ação contra o Vulcan poderia ser disfarçada como "acidente de pouso". Afinal, o Brasil era uma ditadura militar, como a argentina. O pouso no Galeão trouxe a vantagem de ocorrer num local de grande movimento, podendo ser visto inclusive por viajantes britânicos. O grau de imaginação dos entrevistados pelo autor dessa história, ou do próprio autor, inclui uma menção do capitão da aeronave à música de gaitas de fole (em inglês, *shanter*, mais precisamente cantos de bordo) que ele tocava durante seus turnos de vigilância do Vulcan. O som "quem sabe afastaria as cobras" (no Galeão?). Por fim, há uma referência a uma escapada dos britânicos, a convite dos oficiais brasileiros "ao legendário Copacabana nightclub" (White, 2010). Havia um clube com esse nome e fama em Nova York, não no Rio. E outro em Havana, o Copacabana Club.

Encontramos um relatório mais fidedigno e completo, com data de 16 de junho de 1982, nos Arquivos Nacionais, em Kew, em setembro de 2019. Trata-se de uma correspondência entre o adido aeronáutico no Brasil, Jerry Brown e a chefia da inteligência da RAF no MOD, em Londres. O ofício começava dizendo que, diante da iminência do conflito das Falklands, infelizmente fora necessário adiar a planejada visita do avião Nimrod ao Brasil, ainda que restassem esperanças de remarcar para outra data, no mesmo ano. Porém, no dia 3, a aeronave Vulcan tinha desviado de sua rota para pousar no Aeroporto do Galeão. Uma lástima que um avião e seis tripulantes estivessem então "perdidos", em termos do esforço de guerra por oito dias, continuava o relato, aguardando o governo brasileiro decidir como responderia à situação e, mais especificamente, à nota argentina que pediu a retenção do aparelho. Mas, dizia o adido, talvez seus superiores gostassem de saber que, na sua visão, "a ocasião virou uma vantagem e no final um exercício extremamente útil em termos de boa-vontade e de relações entre a RAF e a FAB". Se ele estivesse se expressando em português, talvez dissesse que do limão se fez uma limonada.

O adido vinha gozando uma boa temporada no Brasil. "Brown e sua mulher, Daphne, amavam o vasto, diverso e vibrante país", diz um relato (White, 2010). Os oficiais da Base Aérea do Galeão não deram motivos para que ele mudasse de opinião. "Depois de alguma apreensão inicial, a tripulação, que realmente não tinha pista do tipo de recepção que teria, ficou agradavelmente surpresa ao descobrir como os brasileiros podem ser realmente amistosos", relatou ele a Londres. Independente do que os políticos brasileiros declarassem, "os oficiais da Força Aérea Brasileira que encontrei pareciam em privado solidamente a favor de nossos esforços mais ao sul e recebemos apenas amizade e cooperação durante toda a estada da tripulação do Vulcan". O comentário talvez explicasse porque o Itamaraty teve que correr atrás do Ministério da Aeronáutica para mudar decisões, em alguns momentos do caso. Só essa amizade, continuava Brown, seria capaz de explicar a pressão que ele e os tripulantes sofreram para deixar a base e relaxar um pouco. Mesmo assim, ele afirma que os aviadores de seu país recusaram as ofertas de passeios e mantiveram a vigilância 24 horas por dia sobre a aeronave. O contrário teria sido um erro, não apenas por razões de segurança, mas porque poderia passar a impressão de que não havia pressa de liberar o aparelho. No final, seu ponto de vista foi compreendido. Mas esta versão contraria a de White, um pouco mais animada.

Conforme o adido, a tripulação não teve dificuldades para se integrar e "muitos oficiais da FAB" teriam comentado com o adido sobre o alto nível de profissionalismo exibido e mantido pelos membros da RAF durante toda a estada. Enquanto um membro da tripulação ficava permanentemente com o avião, aceitaram-se convites para conhecer unidades da base e para participar em eventos sociais. Para o oficial britânico, o ponto alto da semana foi quando, depois da decisão de oferecer uma pequena recepção na hora do almoço para comemorar o aniversário da Rainha Elizabeth, em 9 de junho, para a qual foram convidados alguns oficiais ali estacionados e dois brigadeiros (em português no texto), o comunicativo chefe do Estado-Maior da Aeronáutica, que por acaso estava ali naquele dia, fez um discurso expressando seu grande prazer em ter por lá a tripulação da RAF e insistiu em levantar um brinde à saúde de Sua Majestade. Todos os oficiais da base levantaram suas taças. "Não vi ainda aqui gesto mais sólido de amizade e apoio", avaliou nosso amigo britânico. Não sei o que pensarão, hoje em dia, dessas cenas nossos amigos argentinos. Mas o entusiasmo de Brown com o FAB não tinha ainda terminado. O ofício concluía:

> É interessante refletir, quando se aproxima o fim de meu turno no Brasil, que alguns dos momentos mais memoráveis para mim estão associados às ocasiões em que RAF esteve em visita, mais notavelmente a visita do Chefe de nosso Estado-Maior da Aeronáutica, o VC 10 trazendo Lord Carrington em julho de 1980, e agora o Vulcan, sem mencionar outras. O Vulcan pode ter causado algum embaraço ao governo brasileiro, mas enquanto visita não planejada e completamente inesperada, de meu ponto de vista foi um bônus! Eu ficaria feliz se esse sentimento pudesse ser transmitido a um nível mais alto, se se considerar apropriado.[8]

Apenas na frase final, o adido aeronáutico britânico mencionava a questão das "medidas tomadas para salvaguardar o míssil para reduzir a publicidade a um mínimo aceitável etc". E informava que o tema seria tratado em um relatório separado, que ele preparava para o embaixador, com cópia, certamente, para o destinatário. Um mês e meio depois, o adido escreveu outro relato destinado ao ministro-conselheiro da embaixada, sob o título "The post-Falkland climate", onde ele comentava a cautela dos chefes militares em manter visitas já programadas ao Reino Unido ou de lá para o Brasil. O ponto 4 do documento estava coberto, quando o lemos, por uma faixa preta nas suas primeiras linhas. Na parte liberada, o adido dizia: "nas últimas três ou quatro semanas", o Itamaraty tinha decidido manter uma rédea mais curta sobre as Forças Armadas, em suas relações com os britânicos: "Eles não sentem que a situação já voltou ao normal e cabe a nós ir 'softly, softly'". E concluía: "Há óbvias implicações para vendas de defesa e seria muito errado para nós pretender ser "exagerados" (*pushy*) ou tentar impressionar audiências nas forças

8 Jerry Brown a Air Commodore R G Ashford CBE LLB RAF, Air Commodore Intelligence, Ministry of Defence, London, 16th June 1982,anexo a Longrigg (embaixada em Brasília) a Hugh MscPherson (South American Dept), 18 June 1982, FCO 7-4124,77, NAK.

com elogios ao desempenho de nossos equipamentos nas Falklands. Quando exibo meus filmes do Harrier, tomo muito cuidado em falar de 'piloto a piloto' sobre o conflito".[9]

9 Jerry Brown a Counselor, 30 Aug 82, Anexo a Perceval a MacPherson, "Brazilian military attitudes post-Falkland", FCO, 7-4124, 85. Neste ofício, se comunicava que o adido naval britânico "passou ao Ministério da Marinha informação sobre o desempenho de armas do Reino Unido no conflito das Falklands, o que pode provocar retorno".

Uma história de mistério

Quase 30 anos depois do final do conflito, um jornalista brasileiro especializado em armamentos afirmou sobre o Vulcan: "o míssil que trazia foi removido e minuciosamente examinado por especialistas do CTA. Ninguém confirma, mas a versão corrente é que a arma nunca foi devolvida e teria servido de base para o desenvolvimento da versão nacional do mesmo tipo de equipamento".[1] É hora de examinar a documentação diplomática britânica para conferir o que há de real nessa história.

Naquele 25 de junho de 1982, o leitor de jornais poderia com certa atenção descobrir nas páginas internas de um dos mais importantes matutinos do país, a pequena notícia que parecia dar um fim à novela do míssil. Em apenas três curtos parágrafos, o último dedicado a outro assunto,[2] a nota informava: "O Ministério da Aeronáutica já colocou à disposição da Força Aérea inglesa o míssil Sidewinder, que um bombardeiro Vulcan trazia preso sob as asas, quando entrou no espaço aéreo brasileiro sem autorização". E completava: "atendendo à praxe internacional, o Brasil liberou o avião sem o armamento, que ficou sob a guarda da FAB", condicionada sua liberação ao término da guerra.[3]

Mas a boa nova (pelo menos para os britânicos) foi prematura. Ainda havia pedras no meio do caminho, que contribuiriam para adiar em vários dias a resolução do problema.[4] O atraso aumentou a impaciência dos britâni-

1 Roberto Godoy, "Bastidores: ... e assim, naquela manhã de junho, o F-5 interceptou o Vulcan", *O Estado de S. Paulo,* 7 de junho de 2010.

2 A desativação da bomba que se incrustara no superpetroleiro *Hercules* quando este passou a 864 quilômetros das Malvinas/Falklands.

3 "Brasil devolve o míssil do Vulcan", *O Estado de S.Paulo,* 25 de junho de 1982.

4 Uma delas foram os jogos da Copa do Mundo de Futebol, onde o franco favorito Brasil ganhou da Argentina a 2 de julho por 3x 1 e perdeu para a Itália pelo

cos e fez surgir a desconfiança de que os amistosos irmãos em armas da FAB estavam fazendo alguma coisa com seu Westinghouse AGM-45 Shrike, além de contemplá-lo extasiados. A história está contida numa pasta guardada nos National Archives, com o título "Vulcan diversion to Brazil", em cujo interior há nove documentos datados dos últimos dez dias de junho de 1982. Um deles é o relato acima do adido Jerry Brown sobre a afabilidade dos brasileiros, outros quatro foram assinados pelo próprio chanceler britânico, Francis Pym e o mesmo número pelo embaixador Harding. Vamos a eles.

O primeiro telegrama é de 21 de junho e foi enviado pelo FCO para a embaixada em Brasília, com cópia para a representação em Washington. Nele, o foreign secretary dizia: "concordamos com os brasileiros de que eles devem ter a custódia do artefato 'até o fim do conflito'. Não sabemos como os brasileiros interpretam essa frase mas foi certamente nossa intenção que o míssil deva ser devolvido para nós assim que os combates terminarem". Agora que até a Argentina aceitava que se tinha chegado a um cessar-fogo *de facto,* lembrava Pym ao embaixador Harding, "agradeceríamos se você pudesse negociar a liberação dessa arma". Caso os brasileiros insistissem em retê-la até que houvesse um cessar-fogo formal, o embaixador devia dizer que isso não era relevante, para a guarda do míssil ou não. "Os combates estão agora terminados e portanto não existe a possibilidade de usar o míssil contra as forças argentinas", insistia o chanceler, reconhecendo a dificuldade de atingir um cessar-fogo *de jure*, como seria desejável. Isso poderia levar a um prolongamento da retenção do míssil pelos brasileiros, o que certamente seria um embaraço para eles, acrescentou.

Se achasse preciso, Harding poderia comparar essa "modesta demanda" com a ajuda "consideravelmente maior" dada à Argentina na forma da ponte aérea de equipamento militar via Recife.[5] Esse último ponto, registrava o ministro britânico, continuava a causar grande preocupação em Londres. Não havia nenhuma indicação, muito pelo contrário, de que ela tivesse deixado de funcionar depois do fim do conflito.

---

mesmo *score*, a 5 de julho, sendo desclassificado. Como sempre acontece, o Brasil parou para ver os jogos e a questão dos mísseis ficou para depois.

5 Telegram number 202 of 21 June, FCO to Brasilia, FCO 7-4423, "Vulcan diversion to Brazil", 1, NAK.

A resposta de Brasília demorou quatro dias, com cópia para o MOD (Air Force) e a embaixada em Washington. Nela, Harding explicava que as gestões relativas à questão, que ele pretendia fazer por meio do secretário pessoal do chanceler brasileiro, Orlando Carbonar, naquele momento em Assunção, foram sustadas pelo "vazamento insuspeitado e surpreendente" nos jornais da manhã, relativo à disposição brasileira de devolver o míssil, como vimos. Tudo indicava, dizia Harding, que o ministro da Aeronáutica não tinha acertado os pontos com o Itamaraty, que foi pego de surpresa. O próximo movimento pertencia ao chanceler. O vazamento tornara impossível para a diplomacia brasileira "dar uma de difícil" (*play awkward*) no tema da liberação do armamento, mesmo se estivesse disposta a fazê-lo. Mas, "de forma contrária, pode infelizmente oferecer aos argentinos uma oportunidade para jogar areia nos nossos planos (*put a spoke in our wheels*)", concluía o diplomata.[6]

Antes de continuar, cumpre esclarecer um ponto. Em algum momento depois do fim das hostilidades, os brasileiros identificaram corretamente o míssil. Tratava-se, como notamos, de um Shrike e não de um Sidewinder. Isso está registrado em dois documentos, ambos sem data. O último deles, uma avaliação do conflito dirigida à Secretaria-Geral do Conselho de Segurança Nacional, que incluía a análise do desempenho das forças terrestres, aéreas e navais dos dois contendores, além do inventário do equipamento empregado e de um balanço do impacto dessas informações sobre o futuro das forças armadas brasileiras, trazia detalhes completos: o Shrike AGM-45A era classificado como ar-solo, utilizava combustível sólido e operava como "radio radiation roaming" e "passive radar homing" (em inglês no texto). [7] O primeiro e mais antigo trazia o título "Guerra das Malvinas – Avaliação – Campo Militar" e dizia: "os sítios de radares localizados nas ilhas Malvinas foram alvos de ataques dos Vulcan que utilizaram os mísseis SHRIKE anti-radar para esse intento. Desconhece-se, no entanto, os resultados obtidos nos ataques".[8] Esta última

6 Telegram number 297 of 25 June 82 Brasilia to FCO, FCO 7-4423, 2, NAK.

7 "Malvinas – Força Naval", "Mísseis", Anexo C, p.705-736, Conflito no Atlântico Sul Falklands/Malvinas, BR DFANBSB N8.0.PSN, EST.44 – Dossiê I das Malvinas - dossiê, Fundo: Conselho de Segurança Nacional. SIAN. Acesso em 17 de abril de 2020.

8 Ver idem, p. 595-620, p.615.

observação permite supor que o relatório foi redigido logo depois do término das "hostilidades".

De volta à série de telegramas que examinamos, passaram-se mais cinco dias antes que viesse de Londres uma nova cobrança do FCO à embaixada, também com cópia para o MOD (Air Force) e Washington, desta vez com uma única pergunta: "Ainda sem novidades do governo brasileiro?".[9] Foi o que bastou para Brasília responder no mesmo dia, em telegrama de quase 50 linhas, no qual Harding explicou que estivera em contato por duas vezes com o secretário do ministro, o embaixador Carbonar. Guerreiro o avisou que não via problema em concordar com a liberação do míssil, mas que, antes de dar o sinal verde, gostaria de primeiro consultar seu colega da Força Aérea, no momento fora de Brasília. O embaixador britânico disse a Londres suspeitar que seria necessário o endosso do próprio Presidente.

Segundo Harding, Carbonar lhe contara que para o chanceler dificilmente haveria matéria de maior urgência que assegurar a imediata devolução do armamento. No entanto, a situação com respeito ao fim das hostilidades ainda estava de certo modo incerta. E era difícil para uma terceira parte decidir se o conflito no Atlântico Sul tinha efetivamente terminado, quando os próprios contendores pareciam discordar sobre a questão. Quanto ao tema da urgência, Harding teria solicitado a Carbonar fazer chegar ao ministro que as autoridades brasileiras deveriam saber que o governo dos EUA estaria "não menos interessado" na devolução imediata do míssil. Ambos os governos estavam ansiosos quanto à segurança do artefato e embora soubessem que estávamos cuidando bem dele (e aqui o texto continha uma irônica exclamação), havia um desejo compreensível de que fosse devolvido, quanto antes melhor.[10]

O secretário prometeu fornecer uma resposta final tão logo possível, mas alertou que isso poderia levar "alguns dias". Neste ponto, Harding alertou o FCO de que não via sentido em aumentar a pressão por uma decisão rápida, o que poderia levar os brasileiros a "fincar pé" (*dig em their toes*). A FAB fora muito prestimosa sobre o desvio de emergência para o Rio de um avião C130

9 Telegram 210 of 30 June, FCO to Brasilia, FCO 7-4423, 3, NAK.

10 Sobre a questão do fim das hostilidades, o embaixador disse que uma decisão rápida sobre o retorno do míssil poderia atuar de forma benéfica para a própria consolidação do final do conflito.

na noite anterior (29-6) e tinha deixado bastante claro que, se fosse por ela, o míssil já teria sido devolvido. O embaixador salientou que, por sua experiência pessoal, no caso do Itamaraty, se você os provocasse, eles se fechariam em copas (*if you stick a pin in them, they withdraw into their shell*). Harding afirmou que não sabia como interpretar "esse atraso insensato", embora achasse que a explicação capenga (*lame*) de Carbonar não estivesse muito longe da verdade. Embora o secretário insistisse em dizer que a decisão era do governo, Harding avaliava que quem estava no comando da questão era o Itamaraty, possivelmente apoiado pelo próprio presidente Figueiredo. E concluía: por mais insatisfatória e mesmo pueril que ela pudesse parecer, não via razão para fazer barulho sobre a decisão brasileira. Não tinha dúvidas de que a FAB estava tão incomodada com isso como qualquer pessoa e talvez fosse melhor deixar para aos brasileiros a resolução de suas próprias rusgas internas. A última frase do longo telegrama dizia: "Enquanto isso, eu recomendaria que o MOD faça planos firmes para buscar o míssil num dia da escolha deles, na terça-feira, 6 de julho, ou depois disso". Pela primeira vez, o fim da novela tinha uma data.[11]

Cinco horas depois, no mesmo dia 30, Harding informou a Londres ter recebido chamada telefônica do secretário de Saraiva Guerreiro para comunicar que o Shrike seria liberado em uma semana (contando do dia anterior), vale dizer no dia mencionado acima. O diplomata brasileiro sugeriu que o adido Brown tomasse as providências necessárias para a remoção do míssil diretamente com a FAB. Segundo o embaixador, Carbonar, "um burocrata ultra cauteloso" mas "altamente confiável" fora incapaz de dar uma explicação satisfatória sobre o atraso de uma semana, além do argumento de que a questão da total cessação das hostilidades ainda era imprecisa. Ambos concordaram que isso não se resolveria em uma semana. O brasileiro admitiu que seu governo estava sendo cauteloso (*playing safe*) na matéria. Harding então lhe perguntou se os argentinos seriam informados. Carbonar respondeu que sim. O embaixador indagou se os argentinos teriam algum poder de veto na decisão (do que ele próprio duvidava, como explicou a Londres). O secretário privado do chanceler não soube ou não quis informar. O embaixador pediu então ao diplomata brasileiro que informasse o ministro que as duas respostas – o porquê

11 Telegram number 210 of 30 June, Brasilia a FCO, FCO 7-4423, 4, NAK.

do atraso e o aviso aos argentinos – certamente despertariam desconfiança (*would undoubtedly raise eyebrows*) em Londres, o que não ajudaria o Brasil ou a Grã-Bretanha. Carbonar teria prometido levar a mensagem ao chanceler Guerreiro. Harding não acreditava que uma resposta às duas questões pudesse vir de um ou de outro e assim informou seus superiores.[12]

No dia seguinte, o FCO respondeu aos dois últimos telegramas de Brasília, com cópia ao Ministério da Defesa e a Washington: Pym não via vantagem em pressionar ainda mais os brasileiros. O MOD estava tomando as providências para que um avião pegasse o míssil. Detalhes do vôo seriam transmitidos assim que possível.[13] Mas um dia depois, veio de Londres uma informação de última hora: "você deve estar ciente das notícias de que podem estar mexendo no míssil (*that this missile may be tampering with*). A informação de Roberto Godoy citada acima adquire assim ares de verdade: o Brasil (provavelmente, por meio de técnicos do CTA) "buliu" com o Shrike. Alguém estava passando informações ao serviço secreto britânico, que desta vez as repassou ao FCO, de modo que chegaram à embaixada em Brasília. Diante disso, continuava a lacônica mensagem, "gostaríamos que você providenciasse que seu adido aeronáutico faça uma inspeção urgente nele, conforme os termos do entendimento alcançado com os brasileiros". Uma outra providência foi acrescentada: "você talvez queira consultar seu colega americano antes de qualquer ação". Mas isso não deveria trazer novo adiamento. Se dependesse de Londres, mais uma vez, Harding e Motley atuariam em dupla.[14]

A última comunicação da série encerrou a questão: Harding informou Pym que, como este devia saber, tinham sido tomadas providências para remover o míssil do Brasil na terça-feira, 6 de julho. A informação seguinte destoava do tom da conversa anterior: como Pym talvez soubesse o Brasil fechara para balanço (*has switched off completely*) naquele final de semana devido à "febre da Copa do Mundo". Talvez estivesse aí a prosaica razão para o atraso de

12 Telegram number 304 of 30 June, Brasilia a FCO, FCO 7-4423, 5, NAK.

13 Telegram number 211 of 1 July, FCO a Brasilia, FCO 7-4423, 6, NAK.

14 Telegram number 213 of 2 July 1982, FCO a Brasilia, FCO 7-4423, 7, NAK. O telegrama foi expedido com cópia para Washington (desta vez para Carrick) e para o MOD (tendo como destinatários, além da já conhecida Inteligência do Comando da RAF, misteriosos D14 e DS8).

uma semana na entrega do precioso Shrike. O embaixador certamente achou desnecessário mencionar o nome do país adversário do Brasil: a Argentina.

E chegamos enfim à questão mais candente: "se a FAB decidiu assumir o risco de desmontar o míssil, eles certamente já terminaram a tarefa antes da declaração não autorizada do Ministro da Aeronáutica à imprensa em 24 de junho, no sentido de que poderíamos remover o míssil quando o desejássemos".[15] Vale dizer, num lance digno de figurar no filme *A pele*, baseado no romance homônimo de Curzio Malaparte, sobre as artimanhas napolitanas no tempo da ocupação americana da II Guerra, tudo indica que a FAB deu um passa-moleque na RAF, agindo na surdina e com presteza, embora sobre isso não se possa ter certeza. De qualquer modo, a pasta FCO 7-4423 se encerra aí, com a usual folha onde se lê: "last document". É muito difícil supor que o Shrike não foi recolhido no dia aprazado. Se isso tivesse ocorrido, a temperatura teria subido e haveria registro documental. Assim, em 6 de julho de 1982, a última peça do drama das Malvinas/Falklands deixou incógnita o Brasil. Não se sabe se o míssil foi posteriormente devolvido pelos britânicos aos norte-americanos.[16]

15 Harding explicou que não via possibilidade de que o adido tivesse acesso ao míssil no final de semana. De resto, nunca ficou resolvido que se poderia ter acesso ao artefato à vontade. No entanto, deixou claro, Brown estaria presente quando da liberação do míssil e viajaria com ele até o Reino Unido.

16 Telegram number 307 of 2 July, Brasilia a FCO, FCO 7-4423, 8.

No calor da hora (final)

O primeiro sumário da 1ª Subchefia do Estado-Maior redigido depois da derrota argentina dizia que "após desencadear novo ataque noturno, bem-sucedido, as tropas inglesas entraram no dia 14 Jun 82 nos limites urbanos da capital das Ilhas Malvinas". E completava: "durante esse dia, os combates se desenvolveram, inclusive, dentro da cidade, ficando as tropas argentinas em situação insustentável". Face à "grave situação", após conferenciar com o general Jeremy Moore e aceitar um "cessar-fogo provisório", o general Menéndez "viajou para Buenos Aires, a fim de apresentar à Junta Militar de Governo uma Nota do Comandante inglês com os termos da rendição". Conforme as informações então disponíveis, não se tinha notícia àquela altura, "da aceitação pelo Governo argentino das condições da rendição".[1] A informação era incorreta. Um mês depois, outro documento relatava que, às 12.00 do dia 14 de junho, segunda-feira, "a guarnição argentina indicou o seu desejo de parlamentar. Pouco antes das 13.00 horas, uma bandeira branca apareceu sobre Porto Argentino (Stanley)". Por volta das 19.30, Moore e Menéndez conversaram. A rendição formal veio às 19.00.[2]

---

1 Ministério do Exército, Estado-Maior do Exército, 1ª SCH Exec – 2ª Seção, "Sumário diário de informações n. 46 – E2.1-EME", 15 Jun 82, "Ilhas Malvinas", 2 p., BR DFANBSB N8.0.PSN, EST.43 – Dossiê II das Malvinas, cit., SIAN. Sumários de números 46 a 59: acesso em 30 de abril e 1º de maio de 2020.

2 Ministério do Exército, Estado-Maior do Exército, 1ª SCH Exec – 2ª Seção, "Relatório Mensal de Informações Externas no 06/82, 15 de julho de 1982, secreto, BR DFANBSB N8.0.PSN, EST.44 – Dossiê I das Malvinas – dossiê, cit., SIAN. Acesso em 30 de abril de 2020.

Mais adiante, o primeiro documento repetia que "a luta pela posse de Porto Argentino (Stanley) chegou ao seu final". E sentenciava: "o insucesso militar teve suas origens, em grande parte, no despreparo da tropa, constituída basicamente de soldados com poucos mais de 3 meses de instrução, sem habilitação técnico militar e sem o necessário condicionamento psicológico, contra quem se antepuseram profissionais preparados, maduros e experientes". Quanto à situação interna, o adido do Exército observara "no seio da população, em Buenos Aires, um visível estado de decepção e consternação com o desenrolar dos acontecimentos, não havendo, até o momento, manifestações de grande vulto, contrárias ou de acusação ao Governo do Presidente Galtieri".

No segundo dia após a derrota, informes precedentes do ADIEX em Buenos Aires indicavam "que à tarde e à noite de ontem, inicialmente cerca de 4.000 pessoas que foram crescendo para mais de 8.000, começaram a se concentrar na Plaza de Mayo e a manifestar seu desagrado diante da rendição das tropas argentinas nas Ilhas Malvinas". O sentimento de decepção e consternação

> foi dando lugar a um clima de revolta, principalmente alimentado pelas declarações de Raul Alfonsín, líder político dissidente da União Cívica Radical (UCR), nos seguintes termos: "as Forças Armadas não merecem esse destino. O país não merece este Governo, portanto o governo deve ir-se já, deve cessar a usurpação do Poder, e hoje mesmo se deve pôr em marcha um período de transição civil, até a democracia".[3]

Em consequência, informava o sumário, "houve tumulto generalizado nas ruas de Buenos Aires, a polícia entrou em ação, tendo como resultado vários feridos e muitas prisões, entre os mais exaltados". Era a primeira vez que o nome do futuro presidente da Argentina aparecia nos sumários do EME brasileiro. O texto do EME continuava: "A UCR não tem interesse em que o Governo passe para as mãos de comunistas e/ou peronistas e, por isto, procura então insinuar o Brigadeiro Lami Dozo[4] como uma opção para um Governo

---

3 "Sumário diário de informações n. 47 – E2.1-EME", 16 Jun 82, "Ilhas Malvinas", 2 p., SIAN.

4 Lami Dozo esteve no banco dos réus em 1985, no julgamento das juntas militares, acusado pelo sequestro de 239 pessoas. Foi absolvido. Mas foi condenado por

de coalizão, até a restauração definitiva da democracia no país". A análise do panorama doméstico argentino concluía: "a derrota militar nas Malvinas liberou correntes políticas internas, que estavam contidas desde a ascensão do poder do atual regime". Diante disso, "caso não haja consenso entre os chefes militares, o Governo do Presidente Galtieri poderá perder o controle da situação e provocar um grave enfrentamento entre as facções (inclusive os peronistas e esquerdistas), que buscam se aproveitar da situação para alcançar o poder".

O fato é que nada parecia correr bem naqueles dias. "Não houve consenso entre os oficiais-generais", dizia o texto do sumário seguinte, "uma corrente é partidária do encerramento das operações militares, enquanto outra defende o prosseguimento das hostilidades, após a retirada dos prisioneiros das ilhas". Para piorar a situação, o chanceler Costa Méndez tinha pedido exoneração. E "os líderes dos principais partidos políticos – que constituem a Multipartidária (organização que também não tinha sido citada nos sumários anteriores) – recusaram convite para uma reunião na Casa Rosada com o Ministro do Interior, (general) Alfredo Saint Jean, para tratar da situação política do país". Na raiz dessa atitude, estariam as repercussões negativas da rendição "na opinião pública do país, que – exploradas pelas correntes oposicionistas e aproveitadas inclusive por grupos comprometidos com a subversão – provocaram as manifestações populares contra o regime". Nesse quadro, era lícito supor "que o retorno dos prisioneiros ao território continental poderá provocar novas manifestações populares de desagrado" e contribuir para o agravamento da crise político-militar, finalizava o sumário de 17 de junho.[5] O general Saint Jean (1926-1987) era irmão do já citado general Ibérico Saint Jean. Três dias antes do desembarque argentino nas Malvinas, chefiou a repressão à marcha "Paz, pan y trabajo", realizada em Buenos Aires, a qual atingiu vários sindicalistas que logo depois apoiaram Galtieri, entre eles o já mencionado presidente da CGT, Saúl Ubaldini.

---

um tribunal militar por suas responsabilidades na guerra das Malvinas/Falklands, sendo indultado em outubro de 1989 pelo presidente Carlos Menem. "Murió el brigadier Basilio Lami Dozo, membro de la junta militar durante la guerra de Malvinas", *La Nación*, 2 de febrero de 2017.

5 "Sumário diário de informações n. 48 – E2.1-EME", 17 Jun 82, "Ilhas Malvinas", 2 p., cit., SIAN.

"Informes precedentes do ADIEX em Buenos Aires" foram novamente citados como fonte para a análise do dia seguinte. Na reunião dos oficiais-generais do Exército argentino com Galtieri ficou decidida a passagem dele para a inatividade e seu consequente afastamento da Junta Militar. O substituto do ditador na chefia do Exército e na junta seria o general de divisão Cristino Nicolaides. Afinal, dizia o curto informe: "o General Galtieri estava sem condições para negociar a cessação das hostilidades, aceitando as imposições inglesas, uma vez que foi o principal responsável pela decisão de ocupar as Malvinas".[6]

No mesmo dia 18, com o título "Questão das Malvinas", a 6ª Subchefia do CSN apresentou relatório secreto sobre a colaboração brasileira ("avaliação preliminar"). O texto se referia a "uma hipotética participação nacional nas Ilhas Malvinas, em esquema pós-retomada inglesa", que vinha sendo especulada desde o início das hostilidades, "com base principalmente na facilidade de diálogo do Brasil com as partes em litígio". Dizia que "os parceiros naturais na fixação e conservação da soberania britânica nas Malvinas seriam os países-membros da Comunidade Econômica Europeia", mas considerava que "as potências europeias, embora solidárias na reação britânica, não estariam propensas a arriscarem mais o futuro das relações com a Argentina". Diante disso, não restariam dúvidas de que "o resultado inicial do restabelecimento da soberania britânica nas Malvinas paradoxalmente se assemelha tanto a um impasse quanto às condições que inicialmente levaram ao começo das hostilidades". Nesse quadro, ficariam, no momento, afastadas as hipóteses de participação do Brasil em esquemas de cooperação, "qualquer que (fosse) sua natureza".[7]

Em documento ultra-secreto em anexo, o tema era a "missão brasileira, com vistas à flexibilização da posição argentina diante das negociações em curso, em contrapartida a uma missão americana, em idênticos termos e simultânea, junto à Inglaterra".[8] Depois de estabelecer os pressupostos

---

6 "Sumário diário de informações n. 49 – E2.1-EME", 18 Jun 82, "Ilhas Malvinas", 2 p., cit., SIAN.

7 Ver BR DFANBSB N8.0.PSN, EST.44 – Dossiê I das Malvinas - dossiê, 669-673, idem, 668, cit., SIAN, acesso em 22 de abril de 2020.

8 "Questão das Malvinas", em idem, ultra-secreto, 674-75, cit., SIAN. Acesso em 22 de abril de 2020.

mínimos para tal possibilidade, o texto mencionava "conteúdo e limites da missão brasileira". O primeiro ponto era o lastreamento da iniciativa "sobretudo nos laços afetivos que sublinham as relações entre os dois governos". Conforme essa análise, "seu conteúdo emocional será a base para o levantamento de pontos racionais que possam sensibilizar os argentinos". Uma ênfase excessiva em argumentos de ordem puramente objetiva tenderia a "neutralizar seu conteúdo emocional e minimizar-lhe a efetividade". O objetivo nacional seria "criar uma atmosfera em que os argentinos (pudessem) se permitir uma aproximação mais distendida em relação às negociações". Num outro ponto, previa-se que, do ponto de vista político, a missão brasileira (deveria) se constituir para o Presidente Galtieri fator de persuasão junto às correntes mais radicais da Marinha". O texto enumerava as "tendências nefastas" presentes na situação, tanto para a Argentina como para o Brasil: a) "desmantelamento do potencial econômico argentino"; b) liberação incontrolável de forças políticas, cuja capacidade de arregimentação aumentaria proporcionalmente com a continuação do conflito; c) "potencialização da capacidade intervencionista das grandes potências nas políticas nacionais latino-americanas". E reconhecia que diante de tudo isso, Brasil e EUA atuariam "dentro de uma estreita faixa de ação, que se caracterizará mais como pressão benevolente".

Mas a esperança durou pouco. Três dias depois, o CSN discutiu a conjuntura política argentina. O documento começava assim: "a demissão de Galtieri, decidida pela ampla maioria dos oficiais-generais argentinos, indica ação das forças armadas no sentido de preservar o controle sobre o processo político". Continuava considerando "sugestivo" que os critérios para a escolha do novo comandante-em-Chefe do Exército, o general Alfredo Saint Jean, tivessem sido o fato de ele não ter participado ostensivamente no conflito das Malvinas e de não ter tomado parte nas etapas anteriores do processo político daquele país. E concluía, como o Conselheiro Acácio, "esse quadro configura a inexistência do consenso militar sobre os rumos políticos a seguir". Para os analistas brasileiros, na mesma linha dos sumários do EME, o nome mais forte para substituir os dois generais seria o do brigadeiro Lami Dozo, "mais popular" e tendo a seu favor "o prestígio que sua força adquiriu durante o conflito nas Malvinas". As previsões do CSN sobre tendências nos campos interno – política e economia – e externo não merecem atenção, de tal forma se dissolveram as expectativas brasileiras nas semanas seguintes.[9]

Em sua conclusão, o relatório salientava: "O relacionamento com o Brasil é bem mais complexo. Provavelmente haverá a possibilidade de uma cooperação mais íntima, sobretudo nos campos econômico e militar. No campo político, tudo indica que será preservado e expandido o patrimônio formado a partir de 1979, com a solução do contencioso do Prata". A última frase mostrava a gravidade da resistência do governo militar brasileiro em reconhecer a *débâcle* militar que se delineava no país vizinho: "a característica mais marcante do novo governo poderá ser o peruanismo, nos moldes do regime instaurado em 1968 pelo Gen Velasco Alvarado".

Voltando aos sumários, depois do final de semana, o de 21 de junho abria com a constatação: "a Junta Militar não chegou a um consenso com relação à indicação do substituto do Gen Galtieri na Presidência da República". Enquanto isso, o governo tinha dado salvo-conduto aos navios *Camberra* (sic) e *Norland*, para que fosse feita a devolução dos argentinos aprisionados nas Malvinas. Triste ironia: o *Canberra* fora anunciado como fora de combate em comunicado argentino, no final de maio. E era uma das unidades para as quais o governo britânico pensou em pedir permissão para fazer escala em portos brasileiros, no começo da crise. O informe trazia dados sobre a carreira militar do general Nicolaides. E o definia assim: "é um homem voluntarioso, temperamento violento, anticomunista radical e avesso à política partidária".[10] Como sempre, o texto terminava com uma apreciação. Esta dizia: "a pressão dos oficiais-generais do Exército para que o Brig Lamy (sic) Dozo e o Alte Anaya renunciem às suas funções tem em vista, principalmente, evitar que recaia sobre a Força Terrestre a responsabilidade pela derrota militar nas Malvinas".[11]

9 "Apreciação sobre a conjuntura política argentina", 21 Jun 82, 676-77, BR DFANBSB N8.0.PSN, EST.44 – Dossiê I das Malvinas - dossiê, idem, 669-673, cit., SIAN. Acesso em 22 de abril de 2020.

10 O oficial foi condenado a 25 anos de prisão, em 2007, no processo que examinou seu papel na repressão aos guerrilheiros montoneros que voltaram ao país no bojo da chamada "Operação Contraofensiva", entre outros crimes. Ver "Murió Nicolaides, último jefe del Ejército en la ditadura", *Clarín.com*, 31/01/2011.

11 "Sumário diário de informações n. 50 – E2.1-EME", 21 Jun 82, "Ilhas Malvinas", 2 p., cit., SIAN.

"Prossegue a evacuação dos militares aprisionados pelos ingleses nas Malvinas", informava o sumário de 22 de junho. Na cidade de La Plata, vizinha a Buenos Aires, estava prevista uma concentração dos pais dos soldados que regressavam à pátria, "para constatar o estado físico dos seus filhos e obter outras informações sobre o que ocorreu nas ilhas".[12] Segundo o texto do EME, a imprensa estaria incentivando a realização da concentração. Ao mesmo tempo, permanecia o impasse na Junta Militar, em torno da indicação do novo Presidente da República. Depois de aludir ao nome do brigadeiro Lami Dozo como possível alternativa, dado o prestígio com que saiu da guerra a Força Aérea, o analista registrava: "na população argentina nota-se profundo abatimento e decepção com o Exército e a Marinha, como consequência da insatisfatória participação dessas Forças Singulares nos combates contra as tropas inglesas".

Na capital federal, "os muros de diversos bairros apareceram 'pixados' com dizeres como 'Exército vergonha nacional', 'Galtieri traidor da pátria' e 'Exército vergonha do povo'". Impossível não pensar que as informações deviam parecer um pesadelo para o oficial do Exército brasileiro que as transmitia ao Brasil. Na apreciação do sumário a que nos referíamos, voltava-se ao tema da crise na cúpula em duas frases: "a Argentina vive uma séria crise político-militar" e "a indicação do novo Presidente da República estabeleceu um perigoso impasse entre os altos chefes militares". Nas ruas, fatos como os sentimentos da população, a reunião dos pais de soldados e os *slogans* nos muros seriam "indícios de que as correntes contestatórias ao regime vigente já começam a ocupar os espaços que ganharam, a partir da invasão das Malvinas". Tudo isso poderia conduzir "a Nação argentina para uma situação de grave ameaça às instituições".[13]

No mesmo dia 22, "após reuniões infrutíferas da Junta Militar", o general Nicolaides apresentou o nome do general Reynaldo Bignone para ocupar a Presidência e cumprir o restante do mandato do general Galtieri". A Força

---

12 Segundo me apontou Germán Soprano, é estranha a menção a La Plata aqui, pois "na realidade, as tropas foram enviadas à enorme guarnição de Campo de Mayo, que fica próxima à cidade de Buenos Aires, mas na direção noroeste. Ali funcionou o Centro de Recuperação do Pessoal da Força (Exército)".

13 "Sumário diário de informações n. 51 – E2.1-EME", 22 Jun 82, "Ilhas Malvinas", 3 p., cit., SIAN.

Aérea e a Armada não concordaram com a designação e, em virtude disso, deixaram de participar da condução do processo político do país, "que passou a ser de única responsabilidade do Exército". Como se não bastasse, havia divergências dentro da própria força terrestre "quanto à forma como foi encaminhada a solução do problema". Cada força distribuiu seu próprio comunicado ao público. No do Exército dizia-se que o governo Bignone buscaria a "institucionalização da nação, em prazo que não deverá ultrapassar os primeiros meses de 1984" e que seriam revistos os documentos básicos do regime. A Força Aérea avisou que permaneceria como membro da Junta Militar, porém "só tratará de temas relacionados com a segurança e a defesa". Os aviadores também pregaram a institucionalização até o início de 1984. Enfim, a Armada comunicou "a cessação de sua participação no processo de reorganização nacional e a entrega do poder aos civis em 1984". A frase seguinte do sumário da inteligência do Exército brasileiro soava patética: "Os comunicados acima referidos foram unânimes em garantir que a coesão das Forças Armadas não foi afetada pelos recentes acontecimentos".

Depois de reproduzir dados da fé de ofício de Bignone, o adido informava: "possui um temperamento moderado, é dado ao diálogo e goza de grande prestígio entre seus companheiros de arma. Dotado de grande e reconhecida cultura, o que lhe dá autoridade aos pontos de vista e pareceres".[14]

As relações entre as três forças armadas argentinas voltaram a preocupar o adido brasileiro no sumário de 24 de junho. "A decisão da Força Aérea e da Armada de não mais participarem da condução política do país", inclusive com a determinação de que seus oficiais não mais exercessem qualquer função pública de natureza civil, agravaria as dificuldades a serem enfrentadas pelo

14 "Sumário diário de informações n. 52 - E2.1-EME", 23 Jun 82, "Ilhas Malvinas", 3 p., cit., SIAN. Em março de 2007, depois de longos processos por violações de direitos humanos e uma anistia, Bignone foi preso e enviado a uma base militar. Em abril de 2010, foi condenado a 25 anos de prisão, por crimes de privação ilegal de liberdade e tortura. Um ano depois, foi novamente sentenciado, agora à prisão perpétua, por crimes contra a humanidade. Ver "Dura condena a Reynaldo Bignone por crímenes en Campo de Mayo: 25 años en una cárcel común", *El Clarín*, 20/04/2010, "Patti fue condenado a prisón perpetua y deberá ir a uma cárcel común", *La Nación*, 14 de abril de 2011 e "Morre aos 90 anos Reynaldo Bignone, o último ditador da Argentina", *O Estado de S.Paulo*, 7 de março de 2018.

novo general presidente. Este se veria na contingência de recorrer exclusivamente aos quadros do Exército, ao mesmo tempo em que poderia ser forçado a se aproximar das lideranças políticas civis. Segundo o informe, a personalidade do novo presidente favoreceria o estabelecimento de um diálogo "com as lideranças mais representativas da sociedade argentina". Mas permaneceriam como obstáculos à plena normalização política do país "a falta de unidade militar, os objetivos de correntes político-ideológicas interessadas na queda do (...) regime e os reflexos ainda presentes da guerra no Atlântico Sul".[15]

Mas os problemas só estavam começando. "Violentas declarações à imprensa", atribuídas a "soldados e graduados" que lutaram nas ilhas, passaram a ser feitas contra oficiais argentinos, registrou o informe seguinte. As acusações envolveriam "aspectos de estratégia e de tática, falta de suprimentos, inadequação do material bélico à disposição das tropas argentinas para enfrentar os britânicos, deficiência do preparo técnico-profissional do combatente argentino e, até mesmo, falta de vontade dos oficiais para a luta". Na apreciação, o documento da 1ª Subchefia do EME afirmava: "os fatos indicam que está em curso uma campanha visando a desmoralização das Forças Armadas argentinas, em particular do Exército, com objetivos político-ideológicos". Esta se aproveitaria de declarações de militares sem hierarquia, instrução ou cultura profissional para analisar os assuntos tratados nas acusações feitas aos oficiais, "não se descartando, também, a possibilidade de que algumas declarações estejam sendo forjadas".[16] Essa era a versão mais palatável ao autor do informe.

Na análise da situação feita a 28 de junho se reproduzia o levantamento estatístico sobre os combates no Atlântico Sul divulgado em Londres pelo chanceler Pym. A Argentina teria perdido 33 aeronaves A4 Skyhawk, 28 Mirage Dagger, 5 Pucará e mais sete aviões de outros tipos. Os Harrier britânicos teriam abatido 32 aeronaves argentinas, sendo 23 por mísseis Sidewinder e 9 por canhões. Aos mísseis Sea Dart, Sea Cat, Sea Wolf e Rapier se atribuía, a cada tipo 6 a 8 aviões inimigos derrubados. O bloqueio aéreo decretado em torno das ilhas foi considerado falho, pois durante todo o conflito as aeronaves argen-

15 "Sumário diário de informações n. 53 – E2.1-EME", 24 Jun 82, "Ilhas Malvinas", 2 p., cit., SIAN.

16 "Sumário diário de informações n. 54 – E2.1-EME", 25 Jun 82, "Ilhas Malvinas", 1 p., cit., SIAN.

tinas C-130 continuaram operando entre o continente e as ilhas. "A serem verdadeiros os números fornecidos pelos ingleses quanto às aeronaves abatidas no Atlântico Sul, concluía o informe, a Argentina teria ainda disponível 50% a 60% das suas aeronaves de combate". Mas para o país "outra resultante dos combates aéreos seria a perda de um número significativo de pilotos de guerra".[17]

No sumário do dia 30 dizia-se de relevante apenas: "a composição do Ministério do Gen Bignone, integrado por apenas um militar, revela a intenção de composição com as forças políticas e demonstra a transitoriedade de seu governo". O informe incluía também uma nota otimista: "a ideia de criação do cargo de Vice-Presidente, a ser exercido por um civil, reaproxima as três Forças Singulares e cria possibilidades de recomposição da Junta Militar, mesmo antes da posse do Gen Bignone".[18]

No primeiro dia de julho, os informes provenientes de Buenos Aires anotaram que, de um efetivo total de cerca de 11 mil militares das três forças argentinas combatentes nas ilhas, já tinham sido evacuados do arquipélago aproximadamente 8200 homens. Cerca de mil permaneciam presos. As atividades de evacuação pareciam encerradas. Para o analista, "a indefinição a respeito do destino de considerável parcela do efetivo enviado às Malvinas pode contribuir para ampliar o movimento denominado 'Mães da Praça de Maio' (...) com a participação de familiares dos militares em questão".[19] Na visão do EME, esta organização congregaria "familiares de subversivos, cujo destino é ignorado". O eufemismo substituía a designação de "desaparecidos", utilizada amplamente por movimentos de defesa dos direitos humanos dentro e fora da Argentina, desde essa época. Tal situação já vinha sendo explorada, dizia o sumário, "por grupos contrários ao governo, que buscam influenciar a opinião pública contra o regime militar".[20]

17 "Sumário diário de informações n. 55 - E2.1-EME", 28 Jun 82, "Ilhas Malvinas", 2 p., cit., SIAN.

18 "Sumário diário de informações n. 57 - E2.1-EME", 30 Jun 82, "Ilhas Malvinas", 2 p., cit., SIAN. O sumário número 56 não consta da pasta digital.

19 Também segundo Germán Soprano, "na realidade, nunca aconteceu que familiares de militares combatentes na Guerra das Malvinas (oficiais e sargentos) se aproximassem das Madres de Plaza de Mayo".

20 A organização mencionada foi fundada em 30 de abril de 1977, quando 14 mães foram à Plaza de Mayo para exigir que se revelasse o paradeiro de seus filhos.

O documento continuava: "o desconhecimento, por parte das autoridades, do destino de um elevado número de combatentes, pode indicar que as tropas argentinas não contaram com um apoio administrativo adequado, no que diz respeito a controle de pessoal". A junção desses casos diferentes de desaparecimentos parece, com a perspectiva de quase quatro décadas, outra triste ironia. Concluindo, o texto dizia que a posse do general Bignone dava início a uma nova fase no após-guerra.[21] O último dos sumários emitidos diariamente pela 1ª Subchefia do EME abria com a informação de que o almirante Anaya comparecera à solenidade de posse do general Bignone "na condição de convidado especial e não como membro da Junta Militar". O brigadeiro Lami Dozo limitou-se a enviar um representante.[22]

Como se vê, o otimismo já salientado nos textos anteriores continuava neste: a falta de consenso na Junta Militar era vista como fiadora de maior liberdade do presidente na composição de seu gabinete e "a persistir a atual falta de unidade da Junta, o general Bignone poderia "ter maior autonomia

---

Reuniam-se todas as quintas-feiras à tarde e ficavam em pé, em silêncio e sem se mover. Logo, os policiais que vigiavam a praça exigiram que circulassem e elas passaram a dar voltas ao histórico logradouro. As mães levavam lenços brancos à cabeça, simbolizando as fraldas de pano de seus filhos desaparecidos. Durante a Copa do Mundo de 1978 na Argentina, ganharam matérias nos principais jornais do mundo. Em setembro de 1979, puderam apresentar formalmente suas denúncias à Comissão Interamericana de Direitos Humanos da OEA, em sua visita a Buenos Aires. "A partir de tais denúncias, os crimes contra a humanidade que o governo militar estava cometendo ficaram conhecidos em todo o mundo", Maria Seoane, "Mães da Praca de Maio", *Enciclopédia Latinoamericana*, www.latinoamericana.wiki.br. Acesso em 2 de maio de 2020.

21 "Sumário diário de informações n. 58 – E2.1-EME", 01 Jul 82, "Ilhas Malvinas", 2 p., cit., SIAN.

22 Em maio de 1986, o almirante Anaya foi condenado pelo Conselho Supremo das Forças Armadas a 14 anos de prisão e à destituição de seu posto na Armada, entre outras coisas, por ter retirado a frota do teatro de operações. Após ter a pena reduzida para 12 anos, ganhou indulto de Carlos Menem em outubro de 1999, como ocorreu com seus colegas de Junta, no âmbito das leis conhecidas como "Punto Final" e "Obediencia debida". Com a abolição dessa legislação, foi acusado de 266 sequestros e torturas, mas uma sucessão de enfartes impediu que ouvisse sua condenação. "Anaya murió antes de volver a los Tribunales", *Página 12*, 10 de enero de 2008.

para conduzir os destinos do país, nesta fase de transição, no exercício do poder delegado pelo Exército". A presença do almirante e do representante do brigadeiro na posse traduziria "um reconhecimento tácito do novo Governo" e abriria "perspectivas para um novo acordo e normalização das relações entre as três Forças Singulares". O Estatuto do Processo de Reorganização Nacional continuara a existir, e em decorrência, a Junta Militar. Como o conflito das Malvinas deixara a fase de operações militares "para se situar no plano político, uma vez que a derrota militar argentina gerou uma grave crise interna, ainda em desenvolvimento, a distribuição do Sumário Diário" seria suspensa a partir daquela data, como já apontamos, sendo substituído por apreciações sobre o processo político do país vizinho.[23]

Nem bem finda a guerra, surgiram as primeiras avaliações brasileiras sobre a atuação dos combatentes, as deficiências observadas e, por fim, os ensinamentos a serem colhidos, que poderiam servir de subsídios para as Forças Armadas brasileiras. É o caso de um documento discutido no âmbito do CSN entre julho e julho. Seu exame, ainda que breve, permite constatar a surpresa brasileira com a eclosão de um conflito com uma potência extracontinental. E com a constatação de que o regime militar brasileiro descuidara perigosamente da defesa nacional. Nesta altura, as principais hipóteses de guerra brasileiras eram com a própria Argentina. Tudo se passou como se a guerra no Atlântico Sul despertasse o Brasil para pensar na guerra, depois de décadas em que a missão principal das Forças Armadas foi a ordem interna e o combate à subversão.[24]

No caso da Marinha, a primeira e crucial conclusão foi sobre a necessidade de "implementação, a curto prazo, do fortalecimento do nosso Poder Naval". Nesse sentido, o PRM – Programa de Reaparelhamento da Marinha – em curso, ao invés da planejada avaliação prevista para 1984, deveria ter seus

23 "Sumário diário de informações n. 59 – E2.1-EME", 2 Jul 82, "Ilhas Malvinas", 2 p., cit., SIAN.

24 "Guerra das Malvinas – avaliação – campo militar", em BR DFANBSB N8.0.PSN, EST.44 – Dossiê I das Malvinas - dossiê, idem, 595-620, cit., SIAN. Acesso em 22 de abril de 2020. As referências acadêmicas são a tese de Doutorado de Campos (2011), *A guerra das Malvinas-Falklands e suas repercussões no Exército brasileiro* e os artigos de Alves & Campos (2012), "A Guerra das Falklands/Malvinas e o Exército Brasileiro" e Pivatto Junior & Svartman (2018), "O impacto da guerra das Malvinas/Falklands no pensamento da Marinha do Brasil".

elementos adquiridos "desde já", permitindo assim que, ainda na década de 1980, o Brasil pudesse dispor de um "razoável poder naval, condizente com o desejado equilíbrio com os demais países sul-americanos". Era imprescindível que a Marinha do Brasil contasse com Aviação de Ataque e apoio logístico móvel. Para tanto, até 1990, era necessário ter um NAE/NCAM (Navio Aeródromo e Navio de Controle de Área Marítima), conforme os ensinamentos recém-colhidos. Também era crucial a constituição pela FAB de um esquadrão de aeronaves de interceptação e ataque operadas de um NAE.

Quanto ao poder terrestre, seria necessário que o Exército verificasse a "organização dos grandes comandos e suas localizações, fundamentadas nas hipóteses de guerra, modificando e/ou adaptando no que (fosse) necessário para atender à realidade". O mesmo deveria ser feito com os equipamentos e armamentos individuais e coletivos. Seria também necessário selecionar os engenhos passíveis de serem fabricados no Brasil ou que devessem ser importados. Era fundamental criar núcleos-bases eficientes ou "mesmo uma força profissional, devidamente equipada e altamente adestrada, apta a uma pronta resposta, substituindo o ideal que seria a profissionalização do Exército (o que não se atingiu até hoje, em 2022). Enfim, o documento propunha que fosse tomada a decisão de "investir efetivamente na manutenção de um exército operacional e capaz de garantir a paz frente ao oponente que for".

No que tange ao poder aéreo, os ensinamentos colhidos incluíam prioritariamente "que os segmentos armado e industrial do Poder Aeroespacial Brasileiro" contassem com "programas prioritários", que visassem "a concepção, a pesquisa, o desenvolvimento e o emprego de modernos sistemas de armas", o que compreendia uma política de pesquisa e desenvolvimento de tecnologia própria, a implementação, a médio prazo, do sistema de controle do espaço aéreo DACTA II e a eficiência do apoio de fogo aéreo. Era chave a ativação do Grupo de Comunicações e Controle na FAB. Além disso, previa-se a implementação do emprego da Guerra Aérea Eletrônica, do reabastecimento em vôo e a adaptação da plataforma de tiro mais adequada ao conjugado míssil superfície-ar/artilharia antiaérea.

Outro documento apresentado ao CSN à mesma época abria seu capítulo sobre conclusões e ensinamentos com um esboço de sociologia cultural amadora:

> A índole do povo argentino é muito suscetível de apoiar iniciativas extremadas e atitudes tendenciosas da parte de seus governantes, desde que sejam invocados os brios nacionais, como pudemos observar recentemente no caso Beagle e na crise das Falklands. Assim, devemos estar preparados para, eventualmente, vermos reabertos sem aparentes motivos, a questão Itaipu e até antigos litígios de fronteiras considerados de há muito superados.[25]

25 Ver documento em idem, 651-55. SIAN, acesso a 22 de abril de 2020.

Os dias seguintes

No plano diplomático, a crise das Malvinas/Falklands foi para nosso país uma guerra de notas. Depois da rendição, o governo brasileiro deu à luz por meio do Itamaraty a última delas:

> Neste momento, o Brasil não pode deixar de expressar ao país-irmão sua solidariedade e sua convicção de que, assim como o povo argentino tem o direito e o dever de honrar-se com o patriotismo e coragem de seus filhos, saberá igualmente unido e fortalecido superar dificuldades ocasionais, e dar fundamental contribuição à paz e ao progresso próprios e de toda a região.[1]

Com data do dia anterior, a embaixada britânica em Brasília tornou pública declaração sobre a "cessação de hostilidades nas Ilhas Falkland (Malvinas)":

> Estamos todos muito aliviados pela cessação das lutas nas Ilhas Falkland, e por haver sido evitada grande perda de vidas que temíamos seria acarretada pela retomada de Porto Stanley.
> O governo Britânico está tomando as mais rápidas providências para repatriar as tropas argentinas que se renderam, o que pode ser feito diretamente para a Argentina, desde que, conforme esperamos, concorde o Governo Argentino com a cessação total das hostilidades.

---

1 Minuta de telegrama 12510 de Exteriores às missões relacionadas em anexo, 16-6-82, urgentíssimo, Caixa 1730 940 (A30 (A19) à 940 (B29) (F27), Maço "Guerra. Invasões bélicas. Invasão. Bloqueio. Armistício. Grã-Bretanha-Argentina. Universo", 06-06 a 18-06, AMREB.

> Agora que a paz, rompida pela invasão argentina a 2 de abril, foi restaurada nas Ilhas, nossa primeira prioridade deverá ser reparar a destruição ocasionada pelo conflito e ajudar os ilhéus a reconstruir suas vidas.
> O Governo Britânico espera ansiosamente um breve retorno à tranquilidade no Atlântico Sul, cujo transtorno trouxe lamentavelmente consequências prejudiciais para países, como o Brasil, que não têm qualquer responsabilidade no conflito.[2]

No dia 17 de junho, o *Times* de Londres publicou matéria de seu correspondente em São Paulo, Patrick Knight, com o título "Relief in Brazil over end of conflict" ("Alívio no Brasil com o fim do conflito"), onde se lia: "a reação brasileira à rendição da Argentina é de profundo alívio por um conflito para o qual o Brasil, em certa medida, estava sendo arrastado ter chegado a um abrupto fim". Mas o texto ressalvava: "há, ao mesmo tempo, extrema preocupação com o que acontecerá em seguida no vizinho meridional, que está entrando agora, aparentemente, em uma de suas crises periódicas de graves convulsões". Quanto ao Brasil, prosseguia a matéria, a "aventura argentina nas Falklands" deixou uma lição salutar para os setores militares ainda relutantes em prosseguir o caminho rumo à democracia. Artigos de opinião em jornais críticos do regime já tocavam nas implicações dos riscos de um domínio militar total, dizia o jornalista. O governo, que em suas declarações tinha salientado a amizade do país tanto com a Argentina como com a Grã-Bretanha, esteve sob "tremenda pressão", à qual resistiu, enquanto o Brasil procurou trilhar o estreito caminho da neutralidade". Para o jornal, nosso país dera à Argentina o "mínimo de apoio", como no caso do empréstimo de aviões de reconhecimento, mas não passou disso, tendo se recusado a liberar mísseis Exocet.[3]

Ao contrário do que deveria ocorrer na Argentina e em outros vizinhos latino-americanos, o apoio dos EUA à Grã-Bretanha não deveria deixar no Brasil a mesma amargura, previa o correspondente do *Times*. A política externa e a visão de mundo brasileiras eram bastante diferentes das da "isolada

---

2 Ver BR DFANBSB N8.0.PSN, EST.44 – Dossiê I das Malvinas - dossiê, Fundo: Conselho de Segurança Nacional, 666. SIAN, acesso em 22 de abril de 2020.

3 Londres para Exteriores, 17/6/82, urgente, idem.

e insular" Argentina, "pois o Brasil está envolvido firmemente no mundo interdependente das trocas e do comércio, numa extensão que a auto-suficiente Argentina não está". O país estava se preparando para sair de dezoito anos de ditadura. Ainda assim, havia simpatia considerável pelo destino do vizinho menos afortunado, apesar das antigas rivalidades. Mas a profunda diferença de temperamento abrandava a simpatia oficial num grau considerável, afirmava o jornalista britânico e "em muitos círculos há um prazer secreto de que os presunçosos (*uppity*) argentinos tenham tomado o que pediram e passado um mau pedaço (*have brought down a peg*)". Aqui o oficialismo do *Times* aparecia no uso de termos quase idênticos aos encontrados na correspondência diplomática de Brasília a Londres.

Visão bastante diferente aparecia no outro artigo selecionado por nossa embaixada em Londres, para envio ao Itamaraty. No *Guardian* de 16 de junho, o correspondente em Brasília, John Rettie, dizia: "o fim dos combates foi saudado com alívio no Brasil, mas há também uma sensação de que a reação contra a Argentina por parte da Grã-Bretanha, da Europa e dos EUA foi bem mais forte que aquela contra Israel, a África do Sul, ou a União Soviética, quando esses fizeram uso da força contra seus vizinhos". O desafio mais importante para o país seria encontrar uma solução negociada que satisfizesse a Grã-Bretanha e, especialmente, a Argentina. Qualquer ponto que esta considerasse inaceitável ou humilhante prolongaria o problema e "continuaria a envenenar a atmosfera", dizia a matéria, citando fonte do Itamaraty. O Brasil estaria insatisfeito com os termos da rendição, que exigiam a saída das tropas argentinas sem suas armas. Temia-se que isso fosse tomado como humilhação.[4]

No mesmo dia em que seguiu o telegrama com os trechos de notícias que acabamos de examinar, a delegação do Brasil na OEA enviou a Brasília partes do longo e duro discurso pronunciado na Assembleia Geral da ONU pelo presidente do Panamá, Aristides Royo. "A crise das Malvinas deixou manifesto que a Grã-Bretanha e os Estados Unidos concebem sua segurança em função de seus próprios interesses egoístas e os de seus aliados", disse a certa altura o mandatário. Os EUA tinham virado as costas ao TIAR e graças "a seu significativo apoio bélico fora possível que a Grã-Bretanha levasse a

4 Idem, ibidem.

cabo uma expedição retaliatória e uma guerra colonial contra a Argentina, a 8.000 milhas de distância das ilhas britânicas, visando restaurar uma situação colonial em território latino-americano contrária à Carta das Nações Unidas e às múltiplas resoluções pró descolonização adotadas por esta Assembleia Geral", prosseguiu o mandatário panamenho. Para ele, a desilusão sofrida pela região "frente à inesperada decisão dos Estados Unidos de inutilizar o TIAR" havia deixado claro "que a América Latina não forma nem tem por que formar parte de nenhuma das alianças militares do Ocidente". O discurso terminava louvando o renascimento do "solidário nacionalismo latino-americano". Parecia difícil que o Brasil do general Figueiredo se alinhasse a manifestações como essa.[5]

Ainda na capital britânica, o *Financial Times* publicou, a 16 daquele mês, sob o título "Diplomatic line", na seção "Men and matters", um elogio à atuação dos embaixadores Roberto Campos e William Harding nos dois meses anteriores. Para o jornal, nessa fase, as energias diplomáticas dos homens do FCO nas capitais da América Latina tinham sido dedicadas a "manter a luta dentro do ringue". No Brasil, essa tarefa coube a Bill Harding, que teve a boa sorte de contar com "a cobertura de imprensa mais favorável à Grã-Bretanha do continente, com a possível exceção da Colômbia". Mas o presidente João Figueiredo era pessoalmente simpático à Argentina. Os bem-sucedidos esforços em Brasília foram igualados pelo desempenho de Roberto Campos em Londres, em quem recaiu a tarefa de manter aberta a linha de comunicações entre a Grã-Bretanha e a Argentina. Para o embaixador, esse fora seu canto de cisne no mundo da diplomacia. Antigo ministro das Finanças e prodígio do altamente profissional ministério das Relações Exteriores brasileiro, ele final-

5 DELBRASUPA para Exteriores, 17/6/82, ostensivo urgente, idem. Em contraste, a embaixada em Santiago comentou as conversações ocorridas em Washington entre o chanceler chileno René Rojas e o secretário de Estado dos EUA, Alexander Haig no dia 15 de junho. Segundo o texto enviado ao Itamaraty os temas foram a rendição das tropas argentinas e suas consequências para as relações no Hemisfério. Para a imprensa chilena houve concordância das duas partes sobre a necessidade de reforçar o sistema interamericano. Rojas se reuniu no dia seguinte com o secretário interino de Defesa, Frank Carlucci, para discutir o tópico da assistência militar ao Chile, telegrama 849, da Embaixada em Santiago para Exteriores, 16-6-82, em BR DFANBSB Z4.REX.IPS.231, cit., SIAN. Acesso em 20 de abril de 2021.

mente deixara Londres na semana anterior, para se dedicar à sua candidatura ao Senado em seu estado natal.[6]

Enquanto isso, telefonema da embaixada brasileira em Buenos Aires, relatava as primeiras notícias sobre as condições impostas pelos britânicos para a rendição argentina, referia-se ao pedido de renúncia da Junta feita pela UCR, dizia que "todos os jornais de hoje já explicam a rendição à 2ª potência do Ocidente apoiada pela 1ª (EEUU)" e informava que à uma da tarde um diplomata compareceria à Secretaria de Inteligência do Estado para receber informações.[7] Ao contrário do que faziam ainda naquela manhã, as "rádio-emissoras" argentinas não se referiam mais ao "cessar-fogo para negociações", mas à *rendição* nas Malvinas. Os noticiários radiofônicos passaram a citar "com ênfase", a superioridade tecnológica dos ingleses, "como principal causa da rendição", listando equipamentos e armamentos específicos. "O moral da população está muito baixo, reinando o sentimento de abatimento", registrou o chamado da capital platina.

Por volta do meio-dia, novo telefonema registrava que houve na Praça de Maio "um princípio de manifestação de apoio ao governo", porém o número de manifestantes não passou de mil pessoas, como alguém da embaixada pode presenciar pessoalmente. A poderosa SIDE tinha se declarado "ausente do fluxo de informações sobre os fatos relativos às Malvinas" e o embaixador recebera "apenas a promessa de ser cientificado sobre qualquer fato significativo que o governo lhes transmita". Dessa forma, "não sabiam dos resultados e consequências da reunião entre os Gen Menéndez e Moore iniciada (no dia anterior) e da qual não se (tinha) ideia se já estaria terminada".[8]

---

6 A memória do economista liberal da segunda metade dos anos 1960 e primeira metade dos 1970 era mais forte, no porta-voz por excelência do capital financeiro britânico, que a do embaixador que durante quase uma década enfrentara as críticas da esquerda do Partido Trabalhista, com vigor que algumas vezes beirou a grosseria. Ver o capítulo "O brasileiro intranquilo", em Martins Filho, 2019, p. 191-207.

7 "Telefonema de Buenos Aires – 10.05h de 15/06/1982", BR DFANBSB N8.0.PSN, EST.44 – Dossiê I das Malvinas - dossiê, Fundo: Conselho de Segurança Nacional, 667, SIAN. Acesso em 22 de abril de 2020.

8 "Telefonema de Buenos Aires: às 13.55 de 15/06/82", sem remetente ou destinatário, BR DFANBSB N8.0.PSN, EST.44 – Dossiê I das Malvinas - dossiê, secreto, idem, 668. SIAN, acesso em 20 de abril de 2020.

De Moscou, o embaixador resumiu o quadro visto do Leste: "a súbita eclosão da crise anglo-argentina confrontou a União Soviética com a inesperada necessidade de tomar posição num conflito em que se defrontavam (dois) dos regimes mais anticomunistas da atualidade". A posição da URSS sobre o governo Thatcher e a possibilidade de angariar apoio no Terceiro Mundo, levantando a bandeira anticolonialista, impediam qualquer conivência com a Grã-Bretanha. No que se referia à Argentina, "a ideologia nunca apresentou entrave a uma cooperação política (...) mesmo no auge da repressão anticomunista", concluiu o texto. Bastaria ver "o constante apoio soviético em Genebra à delegação argentina assediada nos debates da Sub-Comissão das Nações Unidas para os Direitos do Homem" e o crescimento das importações de cereais do país platino.[9]

O telegrama lembrava, em seguida, que no governo Galtieri "vinham-se sucedendo sinais de crescente reaproximação com os EUA e com sua política de contenção do comunismo cubano-soviético, especialmente na América Central e no Caribe", o que teria tornado urgente e imperativo para o Kremlim "sustar e desviar essa tendência". Não escapara também aos soviéticos a localização estratégica das ilhas no Atlântico Sul, principalmente para a política naval da URSS, "cujo desenvolvimento se veria comprometido, na medida em que as referidas ilhas permanecessem sob o domínio de um país-membro da OTAN conhecido por seus antecedentes marítimos". Superada a decepção inicial com a abstenção soviética na votação da Resolução 502 da ONU, a aproximação entre os dois países evoluiu para a "reativação do diálogo argentino-soviético".

O texto tratava também dos encontros já mencionados entre o embaixador soviético em Buenos Aires e o presidente Galtieri, bem como do encontro no Kremlin de autoridade da URSS com o secretário-geral do pequeno Partido Comunista Argentino, Athos Fava, no dia 29 de abril, noticiado com destaque na imprensa moscovita. O embaixador repetia aqui informações passadas na ocasião a Brasília no sentido de que as negociações com a Argentina incluiriam "amplas concessões" ao PCA, além da "plena democratização da vida do

---

9 Telegrama 834, da Embaixada em Moscou para Exteriores, 17-6-82, em BR DFANBSB Z4.REX.IPS.231, cit., SIAN. Acesso em 20 de abril de 2021.

país". Segundo a mesma análise, seria mesmo provável que "alguma colaboração, em escala limitada e de forma discreta, tenha sido prestada pela URSS aos militares argentinos". A forma mais provável dessa ajuda seriam informações colhidas por satélites soviéticos sobre a posição da força-tarefa. O *New York Times* de 4 de junho tinha falado inclusive em um acordo secreto entre os dois países, que teria propiciado a ida de 20 técnicos soviéticos à Argentina, para instalar uma rede de radar no sul do país. Para o embaixador Sizínio Pontes Nogueira, "o espectro da intervenção soviética (continuava) a ser agitado pelos dirigentes argentinos para promover os obscuros objetivos de sua política na confusa questão das Malvinas, cuja solução se (afigurava) tão complexa como remota".

Longo telegrama de Londres, assinado pelo encarregado de negócios Rache de Almeida, descrevia o clima do imediato pós-guerra na capital britânica e especulava sobre o futuro: "nesses dias que se seguem à rendição da guarnição argentina em Port Stanley o Reino Unido foi invadido por um sentimento de júbilo pela vitória e de fervor nacionalista". Nesse quadro de jingoísmo inusitado, destacava-se a declaração de um obscuro deputado conservador na Câmara dos Comuns: "esta nação sempre deve deter a liberdade, os recursos e a resolução para agir independentemente em defesa dos princípios que sustentamos". A premiê concordou plenamente: "Concordo plenamente. Temos que ter a capacidade para agir de forma independente. Concordo em que precisamos tanto do poder para agir como da vontade para pô-lo em ação".[10]

O restante do telegrama se estendia sobre as possíveis consequências da vitória no panorama interno, os efeitos adversos potenciais para o Foreign Office do anunciado inquérito sobre o processo de decisões que levou à crise e as divisões no seio dos conservadores e dos trabalhistas. Para o diplomata brasileiro, o clima de união nacional duraria pouco. Por último, registrava-se que diante da incerteza sobre o futuro das ilhas, era unanimidade nos dois grandes partidos que o Brasil teria um papel: "na maioria dos pronunciamentos feitos sobre administração conjunta ou negociações sobre o futuro das ilhas, menção é feita ao Brasil".

10 Telegrama 884, Embaixada em Londres para Exteriores, 17-6-82, em BR DFANBSB Z4.REX.IPS.231, cit., SIAN. Acesso em 21 de abril de 2021.

Poucos dias depois, Rache de Almeida complementou esse telegrama a Brasília, informando sobre as perspectivas da Grã-Bretanha no plano externo: "concluído o conflito, estão os aliados britânicos em condições de cobrar seu apoio, inclusive porque tal apoio representou um importante desgaste no relacionamento desses países com a América Latina". Na visão da embaixada, "a cobrança só poderá ter um sentido: exigir do Reino Unido uma moderação em seu objetivo de restauração total do controle britânico sobre as Malvinas e a reabertura, a curto prazo, de negociações com a Argentina sobre o futuro das ilhas".[11]

No polo oposto da crise, o embaixador Carlos Duarte relatou ao ministério conversa que manteve com o embaixador Gustavo Figuero, chefe de gabinete do chanceler Costa Méndez. O tema do diálogo foi a conjuntura política na Argentina do pós-guerra. Na versão do diplomata teriam ocorrido "recentemente discrepâncias na cúpula do Exército sobre o rumo a tomar no conflito do Atlântico Sul", mas esses desentendimentos teriam sido sanados, em nome da unidade da força terrestre. O diplomata teria caracterizado a Armada como "o grande elemento complicador na formulação de uma política definida quanto ao tema, em virtude da postura intransigente de seus chefes". Já a chancelaria se considerava plenamente satisfeita com seu desempenho diante da crise: "se houve fracasso, este não fora político e sim militar". O grande problema seria "encontrar uma fórmula de completa cessação de hostilidades que ao mesmo tempo garantisse a realização de negociações para a reivindicação da soberania argentina sobre as ilhas".

Figuero também revelou a seu interlocutor "ser desejo de seu governo a recomposição com os Estados Unidos". Enfim, "criticou a iniciativa da convocatória à Praça de Maio" dois dias antes, que terminou em distúrbios e em manifestações contra o governo". Para ele a decisão fora "um sério engano".[12] Uma semana depois, nova comunicação da embaixada informou a Chancelaria: "as incógnitas e indefinições do atual panorama político-institucional da Argentina impedem uma previsão segura quanto aos rumos da política exte-

11 Telegrama 912, Embaixada em Londres para Exteriores, 21-6-82, em BR DFANBSB Z4.REX.IPS.231, cit., SIAN. Acesso em 22 de abril de 2021.

12 Telegrama 1661, Embaixada em Buenos Aires para Exteriores, 17-6-82, em BR DFANBSB Z4.REX.IPS.231, cit., SIAN. Acesso em 22 de abril de 2021.

rior do governo de transição, previsto para iniciar-se a primeiro de julho, sob a presidência do general Bignone".[13]

Para complementar o quadro sobre os primeiros dias depois da derrota argentina, traçado pelas embaixadas brasileiras nos principais centros da crise, telegrama enviado de Washington dava destaque à entrevista concedida em Nova York pelo vice-presidente cubano, Carlos Rafael Rodrigues, segundo o qual "a crise das Malvinas criou um novo relacionamento entre os países da América Latina", fundado no enfraquecimento da posição dos EUA e num clima mais favorável a Cuba. O cubano lembrou também que "a Argentina retirou da América Central, há algumas semanas, cerca de 200 militares que lá se encontravam para ajudar assessores norte-americanos a treinar comandos para desestabilizar o governo nicaraguense". O telegrama, assinado pelo embaixador Azeredo da Silveira, citava o *New York Post* para outras declarações de Rodrigues: "está claro que nem todas as forças na Argentina tem o mesmo medo de nós, porque a aliança entre os radicais (UCR), os peronistas e as forças de esquerda, tão logo integrada à vida política argentina, introduzirá uma mudança em nossas relações".[14]

13 Telegrama 1733, Embaixada em Buenos Aires para Exteriores, 24-6-82, em BR DFANBSB Z4.REX.IPS.231, cit., SIAN. Acesso em 22 de abril de 2021.

14 Telegrama 1942, Embaixada em Washington para Exteriores, 21-6-82, em BR DFANBSB Z4.REX.IPS.231, cit., SIAN. Acesso em 22 de abril de 2021.

A volta do Belgrano

Em meados de agosto, a imprensa britânica publicou notícias sobre o uso de instalações militares brasileiras por três aviões da RAF. Segundo notícia do *Times*, o MOD teria confirmado que as aeronaves "usaram base ou bases no Brasil para suprir a guarnição britânica nas ilhas Falklands. A unidade foi utilizada na segunda, na terça e na quarta desta semana. O ministério negou, porém, que os pousos no Brasil signifiquem algo mais que arranjos *ad hoc*, enquanto o Foreign Office descreveu como 'completamente inverídica' a reportagem do *Times* de ontem sobre um arranjo que tinha sido alcançado depois de semanas de conversas diplomáticas". Para o FCO, o trato se referia a "itens não-militares de rotina". Segundo o jornal, o pouso foi autorizado por autoridades da FAB.[1]

No mesmo dia, o embaixador interino em Buenos Aires enviou, sem comentários, à Chancelaria informação publicada nos jornais argentinos sobre o encontro que mantivera com o subsecretário de Relações Exteriores, no Palácio San Martin. A notícia dizia "o Ministério das Relações Exteriores e Culto informou à noite que ontem visitou o subsecretario da pasta, embaixador Enrique Lupiz, o encarregado de negócios do Brasil, conselheiro Luis Amado. Por 'expressas determinações do governo' desmentiu o diplomata de forma "categórica as informações de imprensa procedentes de Londres sobre uma suposta utilização de bases aéreas e portos no território do país vizinho por aeronaves e barcos ingleses, como escalas de aprovisionamento nos voos para as Ilhas Malvinas".[2]

1 Telegrama 1139, Embaixada em Londres para Exteriores, 13-8-82, em BR DFANBSB Z4.REX.IPS.231, cit., SIAN. Acesso em 23 de abril de 2021.

2 Telegrama 2156, Embaixada em Buenos Aires para Exteriores, 13-8-82, em BR DFANBSB Z4.REX.IPS.231, cit., SIAN. Acesso em 23 de abril de 2021.

Em meados de fevereiro de 1983, surgiram rumores suficientemente fortes a ponto de levar nosso embaixador em Buenos Aires a relatar à Chancelaria, em telegrama secreto, que os embaixadores do Paraguai e da Itália o tinham procurado para "apurar informações que lhes haviam chegado ao conhecimento, por fontes diferentes, acerca de preparativos ora supostamente em curso, por parte dos setores militares argentinos, para a realização de novo ataque armado às ilhas Malvinas", provavelmente no primeiro aniversário do 2 de abril de 1982. Os embaixadores mencionaram notícias de concentração de forças no sul do país. Para Carlos Duarte, tudo isso apontava para "um contexto de 'guerra psicológica' contra os britânicos" e seria oriundo "das próprias áreas militares da Argentina, interessadas em pressionar e manter sob permanente pressão o governo de Londres com vistas obviamente a apressar a eventual retomada das negociações bilaterais e aumentar o ônus da presença inglesa nas Malvinas".[3]

O tema voltou no dia seguinte, numa conversa privada entre o novo embaixador brasileiro em Londres, Mario Gibson Barbosa, e o antigo negociador britânico junto à ONU e à época assessor especial da premiê Thatcher, Anthony Parsons. O primeiro tema do diálogo de duas horas foram as perspectivas de retomada das negociações entre a Grã-Bretanha e a Argentina. Segundo Parsons, não haveria possibilidade de os dois países sentarem-se à mesa nos próximos doze meses, mesmo se ocorresse uma vitória trabalhista nas próximas eleições gerais, uma vez que a atual orientação de seu país era "a de não negociar coisa alguma com a Argentina sem que esta preliminarmente reconheça o término oficial das hostilidades e se comprometa formalmente a não voltar a agredir as ilhas".[4]

---

3 Telegrama 413, Embaixada em Buenos Aires para Exteriores, 17-2-83, em BR DFANBSB Z4.REX.IPS.231, cit., SIAN. Acesso em 23 de abril de 2021. No dia seguinte, novo telegrama secreto dizia "a imprensa de hoje veicula notícia de que, desde ontem, as tropas britânicas nas Malvinas estão em estado de alerta, diante de possíveis ataques ou ações militares provocativas por parte da Argentina", telegrama 420, idem, 18-2-83, em BR DFANBSB Z4.REX.IPS.231, cit., SIAN. Ambos com acesso em 23 de abril de 2021.

4 Telegrama 327, Embaixada em Londres para Exteriores, 18-2-83, em BR DFANBSB Z4.REX.IPS.231, cit., SIAN. Acesso em 24 de abril de 2021.O embaixador brasileiro também escreveu: "apraz-me registrar aqui que Sir Anthony

Gibson teria ponderado a Parsons se este considerava "plausível ou razoável" que os argentinos se despojassem da "carta única" que possuíam no momento, "ou seja, a de obrigar a Grã-Bretanha ao pesadíssimo sacrifício de manter nas Falklands uma guarnição de mais de 4000 homens e cerca de um terço de suas unidades navais em consequência da permanente incerteza em que vive quanto às incertezas argentinas". Em resposta, o interlocutor dissera que se fosse a Argentina não o faria. O brasileiro introduziu então a questão da possível mudança do regime argentino ainda naquele ano e se isso poderia alterar a posição argentina. Parsons teria dito que não tinha certeza mas que "alimentava esperanças nesse sentido", aproveitando para perguntar a opinião do embaixador. A resposta foi que este não acreditava em mudança nesse aspecto, "pela simples razão de que se trata, para os argentinos, de uma causa verdadeiramente nacional", que engajava a nação "em todos os seus segmentos sociais e políticos", com o que, após refletir, o diplomata britânico disse concordar.

O ex-chanceler brasileiro teria então argumentado que, ao contrário do que se ouvia em Londres, a volta da democracia em Buenos Aires poderia "fornecer maior confiabilidade (ao) comportamento internacional (da Argentina)" e "lhe conferiria enorme vantagem nos foros externos", principalmente junto àqueles países que teriam apoiado a causa argentina, não fosse o caráter do regime. O britânico reconheceu que sem "o fator ideológico antiargentino" durante as discussões no Conselho de Segurança teria sido impossível obter a aprovação da resolução 502. O brasileiro então indagou, na hipótese de declaração do fim das hostilidades, o que a Grã-Bretanha efetivamente negociaria. Parsons afirmou: "este é um problema gravíssimo pois uma coisa é certa: de nossa parte não negociaremos em absoluto a soberania". Gibson defendeu que "num ponto os argentinos concordam com os ingleses: é que não há o que negociar em matéria de soberania, uma vez que esta é indiscutivelmente deles, argentinos". E concluiu que era melhor esquecer essa palavra mágica, soberania, pois esta seria um símbolo "e contra os símbolos não se luta". A conversa terminou com o tema dos interesses dos ilhéus e o diplomata perguntou se estes seriam atendidos pela atual posição britânica da "fortaleza

elogiou, sem reservas, a atuação diplomática do Brasil durante o conflito, declarando muito haver apreciado nossa conduta e ter compreendido perfeitamente nossa posição".

Falkland". O inglês respondeu que seria melhor para os habitantes das ilhas se pudessem contar, como antes, com o apoio logístico da Argentina, mas que era melhor a situação atual que o risco de uma nova invasão.

No final de maio de 1983, o tópico da cessação das hostilidades reapareceu já no contexto das eleições presidenciais argentinas, marcadas para outubro. No dia 29, conforme relato do embaixador Carlos Duarte, o Conselho Nacional do Partido Justicialista e a Mesa Nacional das 62 organizações peronistas desautorizaram a declaração feita pouco antes pelo embaixador Leopoldo Tettamanti, "que se manifestou favorável à formalização do término das hostilidades com a Grã-Bretanha". O Movimento Nacional Justicialista disse em nota que "longe de propiciar a imediata cessação das hostilidades *de jure*, se opõe a ela". O comunicado do MNJ negou a existência de "candidatos naturais à chancelaria ou a qualquer outro cargo", o que constituía resposta a versões publicadas na imprensa platina sobre a possibilidade de o embaixador assumir a Chancelaria "na hipótese de o peronismo vencer as eleições de outubro próximo". Para Carlos Duarte, a discussão explicitava a natureza controversa do assunto no âmbito partidário".[5]

Um mês depois, voltou à correspondência diplomática o tema da aterrissagem na Base Aérea de Canoas (RS) de aeronaves britânicas a caminho das ilhas. O chefe de missão em Buenos Aires relatou ter recebido telefonema do Palácio San Martin para expressar preocupação com a repercussão de recente pouso de uma aeronave da RAF naquela base. No diálogo, o já mencionado sub-secretário de Relações Exteriores tentou convencer sem sucesso o embaixador brasileiro a solicitar a Brasília que fossem "tornados públicos esclarecimentos mais precisos sobre as circunstâncias em que havia ocorrido o pouso". Carlos Duarte explicou que o interesse do governo brasileiro era o mesmo do argentino: evitar que casos excepcionais como pousos de emergência ou por

5 Telegrama 1391, Embaixada em Buenos Aires para Exteriores, 30-5-83, em BR DFANBSB Z4.REX.IPS.231, cit., SIAN. Acesso em 24 de abril de 2021. Segundo o texto, o episódio poderia aumentar as divisões internas no movimento peronista, colocando em confronto as posições das "correntes mais ortodoxas do justicialismo" e o Movimento de Unidade, Solidariedade e Organização (MUSO), facção liderada por Antonio Cafiero, ex-ministro da Economia do governo de Isabel Perón (7-1974 a 3-1976), no qual militava Tettamanti.

motivos humanitários fossem explorados pela imprensa. Lembrou também que o Itamaraty e o 5º Comando Aéreo já tinham se manifestado sobre o caso. Segundo o telegrama, Dumont terminou por não insistir mais no assunto.[6]

Mas dois dias depois o caso tomou um rumo inesperado – e ligou-se ao tópico da estratégia argentina já mencionada de forçar o custo da manutenção de tropas britânicas nas ilhas –, quando o embaixador argentino no Brasil, Hugo Caminos, disse em entrevista ao *La Nación* que "as relações entre o Brasil e a Argentina poderiam deteriorar-se caso persistissem (as) aterrissagens". Com isso, nas palavras do embaixador brasileiro, o chanceler "alterou o tratamento discreto que o assunto vinha tendo entre as duas chancelarias, no propósito então comum de evitar repercussões ostensivas prejudiciais ao relacionamento bilateral". Lembrando opinião segundo ele já externada ao chanceler verbalmente, Carlos Duarte afirmou: "o Palácio San Martin está insistindo em nos pressionar na questão, com o propósito de apresentar-se perante o país como atento defensor dos interesses nacionais argentino, nesse tema de extrema sensibilidade para os círculos militares". Tal atitude, segundo informações que teriam chegado ao embaixador brasileiro, se inspiraria no firme propósito argentino de não abrir mão do principal trunfo para pressionar os britânicos a aceitarem uma negociação para o problema da soberania, a saber, "o de procurar encarecer o máximo possível o custo da manutenção das tropas e unidades britânicas no arquipélago". Segundo o telegrama secreto, "a parte argentina estaria considerando as escalas inglesas" como sinal de que o Brasil "estivesse facilitando a posição do governo Thatcher na matéria, na medida em que contribui para subsidiar o esforço britânico no abastecimento regular das ilhas por via aérea". Além disso, a Grã-Bretanha teria com esses pousos o objetivo de "romper a solidariedade latino-americana".

Em continuação, o embaixador alertava a chancelaria para a necessidade de encontrar "uma fórmula mutuamente satisfatória para o tratamento da questão", a fim de evitar que o incidente fosse "explorado negativamente no quadro pré-eleitoral". Nesse sentido, o embaixador avisava que acabara de estar com Raúl Alfonsín, então pré-candidato presidencial pela UCR, que

6 Telegrama 1655, Embaixada em Buenos Aires para Exteriores, 27-6-83, em BR DFANBSB Z4.REX.IPS.231, cit., SIAN. Acesso em 25 de abril de 2021.

teria manifestado "enfaticamente grande preocupação pelo assunto", tendo confidenciado que pretendia ir a Brasília para "conseguir uma declaração dos partidos de oposição (mencionou expressamente o PMDB, com o qual mantinha contatos) de repúdio à realização dos pousos dos aviões britânicos em território brasileiro". Para o embaixador, se isso ocorresse, era de esperar que "outros líderes partidários viessem sentir-se forçados a se manifestarem na mesma linha".[7]

No sábado, 2 de julho, telegrama da embaixada brasileira comunicou ao Itamaraty, que numa de suas conversas regulares com o subsecretário Alberto Dumont sobre a questão do pouso dos aviões britânicos, o embaixador recebera a sugestão de que seria útil sua presença no Palácio San Martin, "a fim de ressaltar perante a opinião pública a atenção especial que ambos os governos estavam dispensando ao caso". Em conversa informal sobre o tema, "em clima de grande cordialidade", Duarte manifestou a Dumont que o governo brasileiro estava dando ao assunto um tratamento prioritário e empenhando-se na busca de uma pronta solução, ao mesmo tempo em que salientou "a conveniência de ambas as partes manterem uma atitude de prudência no que se (referia) a manifestações públicas". No curso da conversa, continuou nosso embaixador, seu interlocutor mencionou que o tema "estava causando preocupação na área militar deste país". E completou: "pude comprovar, em conversa informal que tive ontem à noite, em reunião social, com o subchefe do Estado Maior do Exército, que me externou com cortês insistência, sua 'estranheza' pelo comportamento brasileiro na questão dos pousos".[8]

Enquanto isso, na Inglaterra, o assunto ganhava a atenção da imprensa. Matérias dos correspondentes em São Paulo do *Guardian* e do *Daily Telegraph*, Bernardo Kucinski e Richard House, trataram das aterrissagens. Para o primeiro, "as relações entre a Argentina e o Brasil tornaram-se tensas, depois de um segundo pouso em uma semana de uma aeronave britânica *en route* para Port Stanley". Depois de descrever as atitudes já examinadas do embaixador Caminos e a resposta do Itamaraty a elas e mencionar uma foto de um

7 Telegrama 1682, Embaixada em Buenos Aires para Exteriores, 29-6-83, secreto, em BR DFANBSB Z4.REX.IPS.231, cit., SIAN. Acesso em 25 de abril de 2021.

8 Telegrama s/n, Embaixada em Buenos Aires para Exteriores, 2-7-83, secreto, em BR DFANBSB Z4.REX.IPS.231, cit., SIAN. Acesso em 26 de abril de 2021.

Hercules publicada na imprensa local, a matéria de Kucinski dizia: "os pousos recentes foram explicados como consequência do mau tempo, mas a Grã-Bretanha e o Brasil parecem ter chegado a um entendimento há algum tempo, pelo qual os aviões tem permissão para aterrissar e reabastecer se forem cumpridas certas regras, sendo uma delas que devem estar desarmados e sem soldados a bordo".[9] A outra regra seria que as autorizações seriam concedidas "caso a caso, os pousos não poderiam ter um padrão regular, de tal modo que as autoridades pudessem descrevê-las como emergências". Segundo o texto, parecia possível que o Brasil pedisse à Grã-Bretanha que interrompesse os pousos por algum tempo.

O *Daily Telegraph* deu destaque a declarações do ministro da Aeronáutica, Délio Jardim de Mattos, que confirmou o pouso de um avião da RAF em Florianópolis. Segundo o brigadeiro, o aparelho foi inspecionado e só foram encontrados a bordo mantimentos. Na semana anterior, o ministro admitira que aviões britânicos estavam pousando na Base Aérea de Canoas para reabastecimento, mas apenas em emergências, mas negara a existência de um acordo entre o Brasil e a Grã-Bretanha sobre pousos regulares. Para Richard House, o incidente representava uma guinada do Brasil, que durante o conflito do ano anterior apoiara a Argentina e retivera o avião Vulcan no Galeão. Segundo a reportagem, os rumores de um acordo tinham surgido um mês antes, mas tinham sido veemente negados pelas autoridades do país, até a publicação da foto do avião Hercules já mencionada.

Em Londres, segundo avisou nossa embaixada, porta-vozes do FCO e do MOD defenderam que os pousos estavam em concordância com a prática internacional e dependiam de autorização caso a caso.[10] No dia 5 de julho, telegrama de Buenos Aires informou a Chancelaria:

---

9 A foto do repórter fotográfico Fernando Gomes apareceu na capa do jornal *Zero Hora* de 24 de junho de 1983, com o título "Exclusivo. Na Base de Canoas, o avião inglês que abastece as Malvinas".

10 Telegrama 1038, Embaixada em Londres para Exteriores, 2-7-83, secreto, em BR DFANBSB Z4.REX.IPS.231, cit., SIAN. Acesso em 26 de abril de 2021. No dia 11 de julho, de Georgetown, o embaixador brasileiro informou a Chancelaria: "fonte jornalística com a qual a embaixada mantém bom relacionamento comentou-me ontem, dia 10, em conversa informal, que os britânicos estariam instalando base

> aproximadamente às 15h40m de hoje, uma voz masculina chamou a embaixada e dizendo-se pertencente ao movimento ultranacionalista de extrema-direita "Comando 2 de abril" (data do aniversário das Malvinas), ameaçou tomar represálias contra caminhões e veículos brasileiros na zona de fronteira entre os dois países, caso o Brasil não adotasse medidas efetivas para resolver satisfatoriamente a questão dos pousos de aviões militares britânicos em seu território, no trajeto para as Malvinas.[11]

No início de 1984, o embaixador argentino em Brasília passou ao Chefe do Departamento das Américas do Itamaraty, em papel não timbrado, texto que anunciava a intenção da República da Argentina "de iniciar um primeiro intercâmbio de ideias com o Reino Unido, basicamente sobre temas suscetíveis de agravar a tensão na área e que exigem atenção imediata". O documento salientava, no entanto, que esse procedimento não afetaria a importância que o tema da soberania assumia para a Argentina, "em razão do que subsistem todas as razões para que o Governo da República Federativa do Brasil mantenha as medidas adotadas, a fim de evitar que o Governo do Reino Unido conte com pontos de apoio ou qualquer outra forma de ajuda ou de cooperação do governo brasileiro para voos da e para as ilhas Malvinas".[12]

---

militar no Chile, numa ilha que me foi soletrada como 'Dawson', com o propósito de facilitar o transporte de tropas para as Malvinas". Cerca de 30 militares do Reino Unido estariam na localidade. O projeto teria sido descoberto pelo serviço secreto francês, telegrama 245, Embaixada em Georgetown para Exteriores, 11-7-83, secreto, em BR DFANBSB Z4.REX.IPS.231, cit., SIAN. Acesso em 28 de abril de 2021.

11 Telegrama 1751, Embaixada em Buenos Aires para Exteriores, 5-7-83, secreto, em BR DFANBSB Z4.REX.IPS.231, cit., SIAN. Acesso em 26 de abril de 2021. No início de agosto, telegrama da Associated Press traduzido pela Embaixada em Berlim dizia: "O Brasil não mais permitirá, em território brasileiro, a escala intermediária para o abastecimento de aviões militares britânicos em vôo para as Ilhas Falkland – segundo assegurou o Presidente Figueiredo por telefone, de Brasília, ao seu colega argentino Bignone". Ver folio 641, em BR DFANBSB Z4.REX.IPS.231, cit., SIAN. Acesso em 28 de abril de 2021.

12 Minuta de telegrama, número 245, para Embaixada em Londres, 23-2-84, secreto, em BR DFANBSB Z4.REX.IPS.231, cit., SIAN. Acesso em 28 de abril de 2021.

Nos dias 18 e 19 de julho, a convite do governo da Suíça e em presença de um representante do Brasil, reuniram-se em Berna altos funcionários argentinos e britânicos. Um comunicado assinado pela presidência do país sede e pela representação brasileira informou que a parte argentina reiterou a necessidade de discutir o estabelecimento de mecanismo que permitisse iniciar uma discussão a propósito da soberania sobre as ilhas. A parte britânica disse que o governo de Sua Majestade não estava disposto a discutir o tema. Ao mesmo tempo, expôs proposições em diferentes domínios que poderiam se prestar a conduzir, por etapas, à normalização das relações entre os dois países. A parte argentina respondeu que não estava disposta a examinar tais propostas, enquanto não se enfrentasse a questão da soberania. O comunicado concluía, em francês que as discussões "permitiram às duas partes ter um primeiro contato direto e de expor claramente seus respectivos pontos de vista".[13]

No dia 20, as embaixadas brasileiras em Buenos Aires e em Londres enviaram informações sobre desdobramentos do encontro. Nosso embaixador na Argentina avisou à Chancelaria que fora convocado, juntamente com os demais representantes latino-americanos e o chefe de missão da Índia (país que presidia o movimento dos não alinhados), pelo ministro Caputo, que desejava informar o grupo em primeira mão sobre os acontecimentos de Berna. Segundo o argentino, o combinado era que, no primeiro dia de conversações caberia inicialmente à parte argentina, pela ordem alfabética, fazer uma intervenção de ordem protocolar para a iniciativa suíça. Em seguida, os britânicos fariam o mesmo e a palavra voltaria à Argentina, "para o início do diálogo propriamente dito". No entanto, a parte britânica não seguiu o script e leu uma declaração em que indicava que não estava "disposta" a tratar do tema da soberania, desrespeitando totalmente as regras do jogo, segundo o chanceler argentino. O texto aprovado pelas partes dizia que a Grã-Bretanha "não estava preparada" para discutir a soberania. Por fim, a leitura do texto contrariava a ideia de um "diálogo informal e aberto", conforme a expectativa dos argentinos.

---

13 *Boletim de Notícias Oficiais* de 20 de julho de 1984, n. 48, em BR DFANBSB Z4.REX.IPS.231, cit., SIAN. Acesso em 29 de abril de 2021.

Para Caputo, seu país continuava pronto a reiniciar negociações com o Reino Unido e seus representantes estavam cientes de que a primeira reunião não deveria discutir questões substantivas, servindo apenas para que as duas partes "se conhecessem" e para que os britânicos se dessem conta de que estavam tratando com "um novo governo argentino" (o de Raúl Alfonsín, eleito em finais de 1983). Ao final da reunião, o chanceler pediu ao embaixador que transmitisse a seu colega brasileiro seus agradecimentos pela participação do Brasil na reunião.[14]

Pouco depois, novo telegrama da capital platina adicionava que "a suspensão da reunião de Berna, por iniciativa da Argentina, está repercutindo intensamente nos meios locais". Tanto na área política como na imprensa havia concordância no apoio à decisão do governo, "destacando que a recusa britânica em tratar o tema da soberania anulava integralmente o sentido da reunião, pois para a Argentina o fundamental era a discussão desse tema". O governo argentino tinha se apressado a divulgar sua versão tratando de deixar claro que a causa da suspensão das negociações se devia exclusivamente à "intransigência do lado britânico". Segundo o telegrama, a impressão geral sobre o desenlace negativo das conversações era que a Argentina saíra fortalecida para suscitar o assunto na próxima assembleia geral da ONU. "Do ponto de vista interno – concluía o texto – as repercussões do episódio foram, sem dúvida, positivas para o governo".[15]

No mesmo dia, de Londres, o embaixador Gibson procurou apresentar sua avaliação pessoal do que ocorrera em Berna. Para ele, "a causa principal do lamentável desfecho" teria sido de política interna, ao que se devia acrescentar alguma descoordenação entre órgãos de cada país (em Londres, "como frequentemente acontece em matéria de política externa, mesmo nos assuntos mais delicados, o Foreign Office e 10 Downing Street não viam o problema com os mesmos olhos"). O embaixador lembrava que a premiê estava "a braços com a mais grave crise que seu governo já enfrentou, acossada por várias derrotas e pela interminável greve dos mineiros de carvão, à qual se havia

14 Telegrama 2211, Embaixada em Buenos Aires para Exteriores, 20-7-84, em BR DFANBSB Z4.REX.IPS.231, cit., SIAN. Acesso em 30 de abril de 2021.

15 Telegrama 2219, Embaixada em Buenos Aires para Exteriores, 20-7-84, em BR DFANBSB Z4.REX.IPS.231, cit., SIAN. Acesso em 29 de abril de 2021.

juntado a paralisação dos portos", tendo sido inclusive aventada a possibilidade de decretação do estado de emergência, nos dias em que se desenrolava a negociação na Suíça. Seria possível, assim, que Thatcher tivesse no último momento "chamado a si a apreciação direta do assunto", mandando endurecer a posição britânica", como seria de seu "notório temperamento". Do lado argentino, dizia-se em Londres, pesou o fato de que o governo se preparava para fazer importantes concessões ao Chile no caso do canal de Beagle, não podendo enfrentar a aparência de um enfraquecimento perante os ingleses.[16]

Nesta altura, reaparece um dos temas mais polêmicos do conflito. Escrevendo de Londres, a embaixada brasileira comunicou à Chancelaria que a revista *New Statesman* publicaria artigo baseado em documentos secretos obtidos pelo deputado da esquerda trabalhista Tam Dalyell. O tema era o afundamento do Belgrano e os planos secretos para o uso de armas nucleares contra o continente, provavelmente contra a cidade de Córdoba. Mais especificamente, vinha à luz a decisão do governo Thatcher, dois dias antes do caso do cruzador argentino, de "autorizar também o afundamento – sempre fora da zona de exclusão – do porta-aviões *25 de Maio* e ademais de ter considerado a possibilidade" de utilizar um submarino *Polaris* no conflito.[17] Segundo o arti-

16 Telegrama 1689, Embaixada em Buenos Aires para Exteriores, 23-7-84, em BR DFANBSB Z4.REX.IPS.231, cit., SIAN. Acesso em 30 de abril de 2021. No dia 31 de julho, o embaixador Carlos Duarte relatou a Brasília a visita que lhe fizera o embaixador da Suíça em Buenos Aires, "especialmente para inteirar-me de que a chancelaria helvética ficara extremamente reconhecida pela colaboração positiva prestada pelo embaixador Rubens Ricupero" no curso da reunião de Berna. No diálogo que se seguiu Jean-Pierre Keusch disse concordar com a interpretação dada pelo embaixador Gibson Barbosa sobre o papel pessoal desempenhado por Thatcher na questão. Keusch aceitou que "a Argentina teve uma atitude flexível e de boa fé" e que "as autoridades inglesas ficaram descontentes com a atuação do governo suíço", que segundo ele só podia agir com neutralidade, como anfitrião, telegrama 2336, Embaixada em Buenos Aires para Exteriores, 31-7-84, em BR DFANBSB Z4.REX.IPS.231, cit., SIAN. Acesso em 30 de abril de 2021.

17 É bom notar que *Polaris* não é o nome de um submarino ou de uma classe de submarinos, mas de um programa norte-americano dos anos 1950 de desenvolvimento de um submarino nuclear armado com mísseis balísticos, ou um sistema de mísseis balísticos lançados de submarino, que a partir de 1962 foi adotado pelo Reino Unido e cuja tecnologia seria cedida pelo aliado atlântico aos britânicos

go citado pelo embaixador, "o porta-aviões argentino só não teria sido afundado, com seus mil e quinhentos tripulantes porque o submarino britânico *HMS Splendid* não fora capaz de localizá-lo a tempo". Quanto ao *Polaris,* a revista alegava que este "fora enviado para o sul, pelo menos até a ilha de Ascensão, e que a ameaça da utilização de mísseis nucleares, ao que se crê assestados contra Córdoba, estaria prevista, na eventualidade de vir a força-tarefa a sofrer perdas ingentes".

Em seguida, o telegrama citava literalmente o semanário: "O gabinete de guerra, impressionado por conselhos militares, optara já há dias por um ataque geral contra as forças argentinas" e comentava que daí se induzia que "nunca teria existido verdadeiramente disposição de negociar a paz, após a chegada da força tarefa ao arquipélago". "Das alegações do *New Statesman,* concluía o embaixador Gibson, a da ameaça de utilização de mísseis nucleares é, sem dúvida, a mais grave, não apenas por sugerir o que sugere, mas pelas implicações que pode vir a ter na discussão das relações Leste-Oeste e da política nuclear da OTAN".[18]

A embaixada continuou a seguir o desenrolar do caso. Em meados de setembro, comunicou ao Itamaraty que o novo ministro da Defesa, Michael Heseltine, concordara em prestar depoimento ao Comitê de Relações Exteriores dos Comuns sobre as circunstâncias do afundamento do *Belgrano.* O testemunho ocorreria em outubro, quando chegasse ao fim o recesso parlamentar. Segundo o telegrama, o comitê tinha decidido preparar um relatório específico sobre o tema. Para o embaixador, as medidas visavam dar uma satisfação à opinião pública, em meio à negativa de Thatcher em publicar um *white paper* sobre o caso, atendendo a pedido de ex-chanceler David Owen (SDP), o que a colocou em rota de colisão com o Foreign Office.[19]

---

para construção de seus próprios submarinos: "a ideia seria copiar desenhos e conceitos operacionais dos EUA". Uma das motivações para a adoção do sistema pela Royal Navy foi que "essas armas não marcariam o campo britânico – perto de Londres ou Edimburgo. Elas seriam empregadas bem longe no mar". Ver Moore, 2001, cap. 5, "Polaris and beyond", p.152-183.

18 Telegrama 1902, Embaixada em Londres para Exteriores, 23-8-84, em BR DFANBSB Z4.REX.IPS.231, cit., SIAN. Acesso em 1 de maio de 2021.

19 Telegrama 2050, Embaixada em Londres para Exteriores, 14-9-84, em BR DFANBSB Z4.REX.IPS.231, cit., SIAN. Acesso em 2 de maio de 2021. Tam Daly-

No dia 19, como comunicou ao ministério o embaixador em Londres, foi publicada "a mais contundente reação da primeiro ministro a todas as novas informações e alegações recentemente vindas a público a respeito das circunstâncias que cercaram a decisão de afundar a belonave argentina *Belgrano*, deflagrando, sem retorno, a guerra no Atlântico Sul". A resposta de Thatcher veio em três cartas, dirigidas aos líderes do SDP (David Owen) e dos trabalhistas (Neil Kinnock) e ao parlamentar do Labour George Foulkes, esta a mais importante por conter um relato dos acontecimentos em dezessete pontos, explicou o chefe de missão. A premiê admitiu que a comunicação proveniente do submarino britânico, dando conta da mudança de rumo do *Belgrano*, não foi transmitida ao gabinete de guerra, pois segundo ela esses dados eram naquele momento irrelevantes.[20] Thatcher também tentou justificar as declarações do então ministro da Defesa, John Nott, de que o navio rumava em direção da força-tarefa, atribuindo-as ao clima confuso em que se deram os acontecimentos. Consubstanciavam-se aí dois temas cruciais, lembrou o embaixador: a mudança nas regras de engajamento e a mentira oficial ao Parlamento. Um terceiro ponto sensível foi a afirmativa da premiê de que não divulgaria as informações disponíveis em 1982 aos ministros, em nome da segurança nacional. O tema conduzia a uma outra questão: o da forma como o governo britânico conseguiu informações precisas sobre intenções e decisões secretas do governo argentino, ou em outras palavras, o da cooperação norte-americana. Para o embaixador, Thatcher não convencera. A questão em aberto continuava a ser que o governo mentira ao Parlamento sobre as circunstâncias do afundamento do *Belgrano*.[21]

Após a leitura dos telegramas do Itamaraty, permanecem as questões: os submarinos de propulsão nuclear portadores de mísseis convencionais

---

well, descrito pelo embaixador como "incansável líder da campanha a favor de maiores esclarecimentos por parte do governo sobre acontecimentos pouco claros durante a guerra das Malvinas" – um tom impensável à época do antecessor de Gibson Barbosa –, declarou-se "delighted" com a decisão de ouvir o ministro.

20 Embora deixassem patente que o cruzador argentino não entraria na zona de exclusão.

21 Telegrama 2095, Embaixada em Londres para Exteriores, 20-9-84, em BR DFANBSB Z4.REX.IPS.231, cit., SIAN. Acesso em 2 de maio de 2021.

enviados ao Atlântico Sul levaram também armas nucleares?; um submarino *Polaris,* que dispunha de mísseis nucleares, foi enviado para o teatro de guerra? Duas respostas, uma delas disponível na correspondência diplomática, a outra em uma obra comemorativa do Tratado de Tlatelolco merecem consideração, antes de encerrarmos este livro. Em abril de 1985, o embaixador brasileiro no Reino Unido registrou em telegrama a Brasília que, no clima da retomada dos protestos antinucleares que tradicionalmente eclodiam naquele país na primavera, o deputado Tam Dalyell referiu-se numa conferência em Londres "à presença de submarino *Polaris* no teatro da guerra das Malvinas".[22] Respondendo a uma indagação sobre por que os três submarinos de propulsão nuclear – *Conqueror, Spartan* e *Splendid* – "permaneceram tanto tempo na guerra", correndo mesmo o primeiro o risco de ficar sem alimentos, o deputado da esquerda trabalhista afirmou, com base nos documentos de que dispunha naquela altura, que eles não puderam se afastar antes por um motivo simples: "porque escoltavam um submarino *Polaris*". A presença de tal "unidade de intimidação nuclear" ao largo da Argentina levaria à "conclusão, de dar calafrios, (...) de que a primeira ministra, em circunstâncias de possível humilhação, não descartava a opção por uma ameaça nuclear à Argentina. Se tal ação nunca fora contemplada, por que então enviar um submarino *Polaris* escoltado a águas sul-americanas", resumiu o embaixador Gibson ao ministério. Por fim, o telegrama previa que, por se tratar de "pertinaz parlamentar oposicionista", a denúncia de Dalyell seria ignorada pelo governo.[23]

No entanto, dois anos depois, Gros Espiell, assessor especial da OPANAL, agência encarregada de fiscalizar o cumprimento do acordo de Tlatelolco, à época da guerra, escreveu na obra *Vigesimo aniversario del Tratado de Tlatelolco* (Mexico City, MX, p. 1987): "Está claro que não há prova plena e direta de que navios britânicos portassem armas nucleares. Mas, pessoalmente, estou convencido disso; acredito que elas foram trazidas para o Atlântico Sul a fim de serem utilizadas em caso extremo, numa situação crítica e final,

22 Para uma boa análise da Campanha pelo Desarmamento Nuclear, lançada publicamente em 1958 e definida como "um dos maiores movimentos de protesto de massas jamais visto pelo Reino Unido", ver Rees (2003, p. 56-76).

23 Telegrama 384, Embaixada em Londres para Exteriores, 10-4-85, em BR DFANBSB Z4.REX.IPS.231, cit., SIAN. Acesso em 2 de maio de 2021.

se a existência e o sucesso da força expedicionária (Britânica)" estivesse em questão (Apud Musto, 2015, p. 11).

Em outra dimensão, de maio a agosto, singelos papéis remetidos pelo Foreign Office à embaixada do Brasil, para envio a Brasília e daí a Buenos Aires, contavam uma história em geral esquecida. Um deles, sem data, "rogava providências" para o envio às autoridades argentinas de "correspondência remetida por prisioneiros de guerra argentinos", até aí em mãos do Ministério da Defesa britânico. Um outro encaminhava duas cópias do relatório oficial sobre a morte do suboficial Felix Artuso, em 26 de abril. Um ofício em inglês do FCO, datado de 18 de agosto de 1982, anexava cópias dos certificados de óbito, expedidos em 11 de junho, de quatro membros das forças armadas argentinas "que morreram nas ilhas Falklands". Tratava-se dos soldados Carlos Mosto, Mario Rodriguez e Ignasio Indino, todos da 10ª Brigada de Infantaria Motorizada e do cabo Oscar Eduardo Labalta, da 3ª Companhia Médica.

Antes disso, ainda em maio, foram enviadas à embaixada do Brasil fotografias da cerimônia do enterro do sub-oficial F. Artuso, "que teve lugar em South Georgia", no dia 30 de abril, "com todas as honras militares". As fotos chegaram a mãos brasileiras a 24 de maio. Foram anexadas listas autenticadas de prisioneiros da mesma ilha e do navio argentino *Narwal*. Num documento de julho, a Cruz Vermelha Internacional cobrava do governo argentino o reembolso de 525.290 florins holandeses "correspondente ao fretamento de avião para o transporte de prisioneiros argentinos, conforme fatura inclusa". Enfim, em ofício urgente e confidencial, a embaixada em Londres rogava à Secretaria de Estado que transmitisse às autoridades argentinas onze atestados de óbito de soldados mortos em combate nas ilhas. Três deles tinham nome: Mateo S. (primeiro sargento), Horacio Giraundo (número desconhecido) e Frics, Carlos Alberto (n. 14981339). Os outros oito atestados referiam-se a combatentes anônimos. Destes, sobraram apenas os números de identificação: 16371663, 162029296, 16118001, 14634712, 14662887, 14816021, 221563 e 14930624.[24]

24 Todos os documentos disponíveis para consulta presencial em 1982 Ofícios Seção de Correspondência Especial, Caixa 07-A, AMREB.

Referências bibliográficas

Aldous, R. (2012). *Reagan & Thatcher: the difficult relationship.* New York: Norton/Cornerstone.

Alves, V. C., & Campos, M. T. (2012). A Guerra das Falklands/Malvinas e o Exército Brasileiro. *Tensões Mundiais, 8*(14).

Badsey, S. (n.d.). An overview of the Falklands War: politics, strategy and operations.

Bandeira, L. A. (2012). Guerra das Malvinas, petróleo e geopolítica. *Espaço Acadêmico*, 157-165.

Beckett, A. (2015). *Promised you a miracle: why 1980-82 made modern Britain.* London: Penguin.

Beetham, M. (2005). The Falklands War, seminar held 5 June 2002 (Centre for Contemprary British History, 2005, http://www.icbh.ac.uk/witness/falklands/).

Callaghan, J. (1987). *Time and chance.* London: Collins.

Campos, M. T. (2011). *A guerra das Malvinas-Falklands e suas repercussões no Exército brasileiro,* Tese de Doutorado em Ciência Política, Niteroi, Universidade Federal Fluminense. Niterói.

Campos, R. (1994). *A lanterna na popa: memórias.* Rio de Janeiro: Topbooks.

Cardoso, O. R., Kirschbaum, R., & Kooy, E. V. (2012). *Malvinas: la trama secreta.* Buenos Aires: Sudamericana.

Coggiola, O. (2014). *A outra guerra do fim do mundo: a batalha pelas Malvinas e a América do Sul.* Cotia: Ateliê Editorial.

Dalyell, T. (1982). *One Man´s Falklands.* London: Cecil Woolf.

Espósito, T. (2005). O Brasil e o conflito das Falklands/Malvinas. *ANPUH, XXIII Simpósio Nacional de História*, (p. 8). Londrina.

Finchelstein, F. (2016). *Origines ideológicos de la "guerra sucia": fascismo, populismo y dictadura en la Argentina del siglo XX.* Buenos Aires: Sudamericana.

Franco, G. (2008). *A política externa do governo Figueiredo: a abertura democrática e o debate na imprensa – o Brasil entre os Estados Unidos, o Terceiro Mundo e o eixo regional.* UNB, Tese de Doutorado. Brasília.

Freedman, L. (2005). *The official history of the Falklands campaign: war and diplomacy, volume 2.* London: Routledge.

Guerreiro, R. S. (1992). *Lembranças de um empregado do Itamaraty.* São Paulo: Siciliano.

Harding, W. (2014, March 26). Interview with Sir William Harding for Diplomatic History. (B. D. (BDOHP), Interviewer)

Hastings, M., & Jenkins, S. (1983). *The battle for the Falklands.* Londres: Book Club.

Hobsbawm, E. (2002). *Tempos interessantes: uma vida no século XX.* São Paulo: Companhia das Letras.

Howard, M. (2006). *Captain Professor: a life in war and peace.* Londres: Continuum.

Jackling, R. (2005). *The Falklands War, seminar held 5 June 2002 (centre for Contemporary British History.* Retrieved from www.icbh.ac.uk/witness/falklands/

Junior, D. R., & Svartman, E. (2018). O impacto da guerra das Malvinas/Falklands no pensamento da Marinha do Brasil. *Décimo Encontro Nacional da Associação Brasileira de Estudos de Defesa.* São Paulo.

Lehman, J. F. (1988). *Command of the seas.* New York: Charles Scribner's Sons.

Mackie, C. (2014). *A directory of British diplomats, Part 2.* Londres: FCO.

Martins Filho, J. R. (2019). *Segredos de Estado: o governo britânico e a tortura no Brasil (1969-1976).* Salvador: Sagga.

McCoubrey, H. (2019). *International humanitarian Law: modern developments in the limitation of warfare.* Londres: Routledge.

Middlebrook, M. (2012). *The Falklands War.* Barnsley: Pen & Sword.

Miyamoto, S. (1999, Junho). O estudo das relações internacionais no Brasil: o estado da arte. *Revista de Sociologia e Política*, pp. 83-98.

Moore, R. (2001). *The Royal Navy and nuclear weapons.* Londres: Frank Cass.

Musto, R. A. (2015, July). Tlatelolco tested: The Falklands/Malvinas War and Latin America's Weapon Free Zone. *NPIHP Working Paper, 7*, pp. 1-31.

Nott, J. (2005). The Falklands War, seminar held 5 June 2002 (Centre for Contemprary British History, 2005, http://www.icbh.ac.uk/witness/falklands/).

Novaro, M., & Palermo, V. (2007). *A ditadura militar argentina, 1976-1983.* São Paulo: Edusp.

O'Donnell, G., & Schmitter, P. (1988). *Transiciones desde um gobierno autoritario.* Buenos Aires/Barcelona/Mexico: Paidós.

Osborne, E. W. (2005). *Destroyers.* Santa Barbara, Denver, Oxford: ABC Clio.

Rees, D. (2003). Resisting the British bomb: the early years. In D. Holdstock, & F. Barnaby, *The British nuclear weapons programme, 1952-2202* (pp. 56-76). Londres: Frank Cass.

Rentschler, J. (n.d.). James Rentschler's Falklands diary 1 April - 25 June 1982.

Soares, J. C. (2006). *Sem medo da diplomacia.* Rio de Janeiro: FGV.

State Department, Office of the Historian. (1984). *Foreign relations of the United States, 1981-1988, Volume XIII, Conflict of the South Atlantic.* Washington.

Thatcher, M. (1993). *The Downing Street years.* Londres: Harper Collins.

Urt, J. N. (2009). *Construção de confiança na América do Sul: a política externa do governo Figueiredo (1979-1985).* Brasília.

Vidigal, C. E. (2007). *Relações Brasil-Argentina: a construção do entendimento, 1962-1983.* UNB, Tese de Doutorado em Relações Internacionais. Brasília.

Walsh, M. V. (1997). *A atuação do Brasil frente à crise das Malvinas (1982).* UNB, Dissertação de Mestrado em História. Brasília.

White, R. (2010). *Vulcan 607.* Transworld Digital.

Woodward, J. (2005). The Falklands War, seminar held 5 June 2002 (Centre for Contemprary British History, 2005, http://www.icbh.ac.uk/witness/falklands/).

Yofre, J. B. (2011). *1982: los documentos secretos de la guerra de Malvinas/Falklands y el derrumbre del Proceso.* Buenos Aires: Sudamericana.

Young, H. (1993). *One of us.* Londres: Pan Books.

Alameda nas redes sociais:
Site: www.alamedaeditorial.com.br
Facebook.com/alamedaeditorial/
Twitter.com/editoraalameda
Instagram.com/editora_alameda/

Esta obra foi impressa em São Paulo no outono de 2022. No texto foi utilizada a fonte Minion Pro em corpo 10,5 e entrelinha de 15,3 pontos.